Die Zulässigkeit einer Due Diligence im Rahmen des Erwerbs von börsennotierten Gesellschaften nach Inkrafttreten des Anlegerschutzverbesserungsgesetzes (AnSVG)

Schriften zum Unternehmensrecht

Herausgegeben von Katja Langenbucher

Band 2

PETER LANG

Frankfurt am Main · Berlin · Bern · Bruxelles · New York · Oxford · Wien

Marcus Andreas Klie

Die Zulässigkeit einer Due Diligence im Rahmen des Erwerbs von börsennotierten Gesellschaften nach Inkrafttreten des Anlegerschutzverbesserungsgesetzes (AnSVG)

PETER LANG
Internationaler Verlag der Wissenschaften

Bibliografische Information der Deutschen Nationalbibliothek
Die Deutsche Nationalbibliothek verzeichnet diese Publikation in der Deutschen Nationalbibliografie; detaillierte bibliografische Daten sind im Internet über <http://www.d-nb.de> abrufbar.

Zugl.: Marburg, Univ., Diss., 2007

D 4
ISSN 1861-325X
ISBN 978-3-631-57389-1

www.peterlang.de

Vorwort

Diese Arbeit wurde vom Fachbereich Rechtswissenschaften der Philipps – Universität Marburg im Sommersemester 2007 als Dissertation angenommen.

Meinen herzlichen Dank für die intensive Förderung und Unterstützung der Arbeit möchte ich meiner verehrten Doktormutter aussprechen, Frau Prof. Dr. Katja Langenbucher. Sie hat nicht nur meine Dissertation mit ausgesprochen viel Geduld betreut, sondern auch ihr Erscheinen in der vorliegenden Reihe ermöglicht.

Herrn Prof. Dr. Wertenbruch danke ich für die zügige Erstellung des Zweitgutachtens.

Besonderer Dank gilt meinen Eltern, die mich während meines Studiums und meiner Promotion immer und in jeder Hinsicht unterstützt haben.

Mein Dank gilt ferner den Herren Rechtsanwälten Stephan Altenburg und Dr. Stephan Morsch, die mir in der schwierigen Anfangsphase der Promotion zur Seite standen.

Darüber hinaus möchte ich allen Partnern und Associates der Kanzlei Linklaters LLP danken, für die ich fast drei Jahre lang während meiner Promotions- und Referendarszeit in München tätig sein durfte und die mir die notwendige Praxiserfahrung im Bereich Corporate/M&A vermittelt haben.

Bedanken möchte ich mich aber auch bei meinem Freund Frank Müller, der mich sowohl in persönlicher als auch in fachlicher Weise bei der Erstellung dieser Arbeit stets unterstützt hat, sowie bei meiner Freundin Staša Kosler, auf deren persönlichen Rat und Aufmunterungen ich mich immer verlassen konnte. Beiden wünsche ich viel Erfolg beim Abschluss ihrer Ausbildung.

München, im September 2007 Marcus Andreas Klie

Inhaltsverzeichnis

Teil 1: Einleitung und Gang der Untersuchung

Einleitung

M&A Transaktionen sind mit einem hohen Misserfolgsrisiko verbunden. Misserfolg ist dabei nicht zwingend mit einem formalen Scheitern der Transaktion gleichzusetzen. Vielmehr bedeutet Scheitern in diesem Zusammenhang auch, dass die angestrebten Ziele nicht bzw. nicht vollständig erreicht werden.[1] Nach einer „saloppen Praktikerregel" ist dies bei der Hälfte der Transaktionen der Fall.[2] Dies kann zum einen an der mangelhaften Integration des erworbenen Transaktionsobjekts in den eigenen Unternehmensverband liegen. Zum anderen kann die hohe Misserfolgsquote aber vor allem auch auf das nicht ausreichende Wissen um das Transaktionsobjekt im Hinblick auf die geplante eigene Strategie sowie auf überbewertete Markt- und Synergiepotenziale zurückgeführt werden.[3] Grund dafür ist die vor Vertragsschluss zwischen dem Käufer und dem Verkäufer vorhandene Informationsasymmetrie. Jenem fehlen vor Vertragsschluss in der Regel die entscheidenden Informationen, die dieser offen oder latent besitzt. Es besteht mithin die Gefahr für den Erwerber, sprichwörtlich die „Katze im Sack" zu kaufen. Dieses Risiko lässt sich vermeiden, wenn bei einer M&A Transaktion im Vorfeld oder während der Durchführung von Vertragsverhandlungen eine Due Diligence durchgeführt wird. Dabei handelt es sich in diesem Zusammenhang um die systematische und detaillierte Prüfung, Analyse und Bewertung von Geschäftsabläufen und rechtlichen Beziehungen eines Unternehmens mit dem Ziel, ein Gesamtbild der Zielgesellschaft zu erstellen und Synergieeffekte zu erkennen.[4]

Wie entscheidend sich die Durchführung einer Due Diligence auf den weiteren Verlauf des Transaktionsprozesses auswirkt, wurde in einer empirischen Untersuchung aus dem Jahr 2001 analysiert.[5] Dabei hat sich ergeben, dass sich der Kaufpreis bei 67,4 % der Akquisitionen nach bzw. aufgrund der Due Diligence verringert hat. Bei insgesamt 73,8 % aller Transaktionen wurde zur Minimierung des Risikos ein Garantiekatalog erst aufgrund der Due Diligence erstellt bzw. ein zuvor bestehender Garantiekatalog infolge der Due

---

[1] *Pack* in: Handbuch Mergers & Acquisitions, S. 267.
[2] *Huber*, AcP 202 (2002), 179, 202; *Mutschler / Mersmann*, DB 2003, 79; dies ergibt sich auch aus einer empirischen Untersuchung der Unternehmensberatungsgesellschaft McKinsey & Co., vgl. *Reiche*, DStR 2000, 2056.
[3] *Pack*, in: Handbuch Mergers & Acquisitions, S. 267.
[4] *Pollanz*, BB 1997, S. 1351, 1354.
[5] *Berens / Strauch*, WPg. 2002, S. 511 ff.; eine weitere empirische Untersuchung zum Verbreitungsgrad der Due Diligence in Deutschland aus dem Jahr 1999 findet sich bei *Marten / Köhler*, FB 1999, 337 ff.

Diligence erweitert.[6] Dies belegt, dass die Durchführung einer Due Diligence die Verhandlungsposition des möglichen Käufers stärkt und es ihm ermöglicht, negative Sachverhalte und aufgedeckte Risiken kaufpreismindernd in die Kaufpreisverhandlungen einzubringen oder im Rahmen von vertraglichen Garantien zu berücksichtigen. In 38,3 % der Fälle hat der potentielle Erwerber nach Durchführung einer Due Diligence gänzlich von der Transaktion Abstand genommen.[7] Eine Due Diligence bietet somit für den Erwerber in praxi die Möglichkeit, die genannten Risiken zu minimieren und frühzeitig absolute Kaufhindernisse zu erkennen (sog. *deal breaker*). Aus diesem Grund ist sie in der M&A Praxis mittlerweile Standard im Rahmen von Unternehmenstransaktionen. Im Rahmen der empirischen Untersuchungen ergab sich, dass bei insgesamt 74,1 % der von den antwortenden Unternehmen durchgeführten Akquisitionen eine Due Diligence stattgefunden hat.[8] In zunehmendem Maße werden dabei solche Prüfungen auch im Zusammenhang von M&A Transaktionen mit börsennotierten Aktiengesellschaften als Zielobjekt durchgeführt.[9]

Es stellt sich die Frage, ob die Due Diligence in diesen Fällen überhaupt rechtlich zulässig ist. Grund dafür sind eine Vielzahl aktien- und vor allem insiderrechtlicher Vorschriften, die bei derartigen Transaktionen berücksichtigt werden müssen. Denn in der Regel dürften im Rahmen dieser Prüfungen Interna zu Tage treten, die bei Bekanntwerden erheblichen Einfluss auf den Börsenkurs eines Unternehmens haben können. Diese Interna können Insiderinformationen darstellen. Damit könnten sich dann aber sowohl für die Weitergabe der Informationen im Zuge einer Due Diligence als auch für den sich an die Due Diligence anschließenden Erwerbsvorgang aus dem Insiderhandelsverbot rechtliche Schranken ergeben. Schon in der Vergangenheit waren auf diesem Gebiet rechtliche Unsicherheiten[10] vorhanden. Daran hat sich durch die neuesten Tätigkeiten des Gesetzgebers auf dem Gebiet des Kapitalmarktrechts nichts geändert. Im Gegenteil, die rechtlichen Zweifel werden durch das Inkrafttreten des Gesetzes zur Verbesserung des Anlegerschutzes vom 28. Oktober 2004 (AnSVG)[11] noch verstärkt. Dieses Gesetz ist Teil eines Zehn-Punkte-Kataloges, mit dem die Bundesregierung den Finanzplatz Deutschland stärken will.[12] Im Vordergrund stehen dabei die

---

[6] *Berens / Strauch*, WPg 2002, S. 511 (522 f.).
[7] *Berens / Brauner / Strauch*, S. V.
[8] *Berens / Strauch*, WPg 2002, S. 511 (525).
[9] *Berens / Strauch*, WPg 2002, S. 511 (515 f.); *Hasselbach*, NZG 2004, 1087.
[10] Zusammenfassend zum bisherigen Recht: *Banerjea*, ZIP 2003, S. 1730 ff.
[11] BGBl. I 2004, S. 2630.
[12] Abrufbar im Internet unter http://www.bundesregierung.de/artikel-,413.469121/Der-Massnahmenkatalog-in-Kuerz.htm.

Schaffung transparenterer Kapitalmärkte, die Stärkung der unternehmerischen Verantwortung und schließlich die Verbesserung des Anlegerschutzes. Dazu wird durch das AnSVG in der ersten Stufe im Wesentlichen die Publizitätspflicht und das Insiderrecht neu geordnet. Insgesamt jedoch wird der Beginn der gesetzlichen Umsetzung des Zehn-Punkte-Plans durch das AnSVG von der Praxis mit Argwohn betrachtet.[13] . Gerade im Hinblick auf die Verschärfung der Insiderregeln herrscht bei den M&A Beratern erhebliche Verunsicherung, wie derartige Transaktionen in der Zukunft praktisch zu handhaben sind.[14] Dies geht hin bis zu der Befürchtung, dass der Markt für Beteiligungen durch die neue Rechtslage nicht nur belastet, sondern sogar weitgehend zum Erliegen kommen könnte.[15]

In der Tat verträgt sich die nun vorherrschende Rechtsunsicherheit nicht mit der aufgezeigten Bedeutung der Due Diligence für die M&A Praxis. Hinzu kommt, dass die Strafvorschrift des § 38 Abs. 1 des Wertpapierhandelsgesetzes (WpHG) für einen Verstoß gegen die einschlägigen insiderrechtlichen Vorschriften einen Strafrahmen von bis zu fünf Jahren Freiheitsstrafe vorsieht. Nicht zuletzt hat des Bekanntwerden von Insiderstraftaten Imageschäden zur Folge, die schon für sich allein die Beteiligten erheblich beeinträchtigen können.[16]

Von dieser Ausgangsposition aus soll im Rahmen der vorliegenden Untersuchung der Versuch unternommen werden, aufzuzeigen, inwieweit sich die Änderungen des WpHG durch das AnSVG auf den Prozess des Erwerbs oder der Veräußerung einer bedeutenden Beteiligung an einer börsennotierten Gesellschaft auswirken. Dabei soll die Frage nach der weiteren Zulässigkeit der Durchführung einer Due Diligence im Rahmen dieser M&A Transaktionen im Vordergrund stehen.

---

[13] *Kramer*, Financial Times Deutschland v. 15.03.2005, S. BE 1.
[14] *Flämig*, Börsenzeitung vom 29.01.2005, S. 3; vgl. auch *Koch*, DB 2005, 267, 269.
[15] *Drost*, Handelsblatt vom 21.02.2005, S. 27; *Ponick*, Börsenzeitung vom 09.03.2005, S. 2.
[16] *Hasselbach*, NZG 2004, 1087; *Wolfram*, WpHG – Praxis für Investor Relations, S. 97.

Gang der Untersuchung

Die vorliegende Untersuchung ist in drei Teile untergliedert.

Nach den einleitenden Bemerkungen des **ersten Teils** analysiert der **zweite Teil** der Arbeit, welche Bedeutung einer Due Diligence im Zusammenhang mit einer M&A Transaktion zukommt. Dabei legt er die Grundlagen für die sich anschließenden Kapitel. Ausgangspunkt bildet ein Blick auf die Herkunft und die verschiedenen Bedeutungen des Begriffes „Due Diligence". Im weiteren Verlauf wird der Hauptanlass einer Due Diligence, der Unternehmens- und Beteiligungskauf, als ein aus verschiednen Teilprozessen bestehender Gesamtprozess dargestellt. Darauf aufbauend erfolgt eine Einordnung der Due Diligence in den Akquisitionsprozess. Daneben werden die verschiedenen Informationsquellen, die im Rahmen einer Due Diligence zur Verfügung stehen, aufgezeigt. Schließlich widmet sich dieses Kapitel der Frage, ob und warum eine Due Diligence im Vorfeld einer Transaktion notwendig ist. Die Darstellung orientiert sich dabei an den verschiedenen Zielen und Motiven, die mit einer Due Diligence von den an der Transaktion beteiligten Parteien verfolgt werden. Insbesondere wird untersucht, ob mittlerweile sogar von einer Pflicht des Erwerbers zur Due Diligence im Vorfeld eines Unternehmenskaufs ausgegangen werden muss.

Der **dritte Teil** der Untersuchung befasst sich mit der insiderrechtlichen Zulässigkeit einer Due Diligence im Rahmen einer M&A Transaktion. Die Darstellung richtet sich dabei nach den chronologisch aufeinanderfolgenden Phasen des Informationsflusses im Rahmen einer Due Diligence aus, in denen insiderrechtliche Probleme auftreten können. Konkret muss hier zwischen der Zulässigkeit der Informationsweitergabe durch das Zielunternehmen einerseits und der sich zeitlich anschließenden Informationsverwendung durch den potentiellen Erwerber andererseits unterschieden werden.

Bevor jedoch auf die Einzelaspekte dieser Teilprozesse eingegangen wird, werden im **ersten Abschnitt** die Erwägungen vor die Klammer gezogen, die bei beiden Problemkreisen relevant werden. Hierzu gehört die Darstellung der Aufgaben und Funktionen der Bundesanstalt für Finanzdienstleistungsaufsicht (BaFin). In diesem Zusammenhang wird auf den auf den von ihr im Jahr 2005 herausgegebenen Emittentenleitfaden eingegangen und insbesondere dessen Rechtsnatur untersucht.

Der **zweite Abschnitt**, der die Zulässigkeit der Due Diligence beim Beteiligungskauf im Hinblick auf das insiderrechtliche Weitergabeverbot aus § 14 Abs. 1 Nr. 2 WpHG analysiert, stellt zunächst klar, von wem bei derartigen Transaktionen die Informationen im Dreieck zwischen Veräußerer, Erwerber und Zielunternehmen regelmäßig weitergegeben werden. In der Folge wird der persönliche und sachliche Anwendungsbereich der Norm dargelegt. Insbesondere wird dabei untersucht, welche Auswirkungen das Anlegerschutzverbesserungsgesetz auf die Unterscheidung zwischen Primär- und Sekundärinsider sowie auf den Begriff der Insidertatsache hat. Im Anschluss hieran wird analysiert, wann im Zusammenhang mit der Gewährung einer Due Diligence von einer unbefugten Weitergabe im Sinne von § 14 Abs. 1 Nr. 2 WpHG ausgegangen werden muss. In Ermangelung einer Legaldefinition wird das Tatbestandsmerkmal im Rahmen der richtlinienkonformen Auslegung konkretisiert.

Dabei wird klar, dass die insiderrechtliche Bewertung der Informationsweitergabe zum einen eng mit der aktienrechtlichen Zulässigkeit im Hinblick auf § 93 Abs. 1 Satz 3 AktG zusammenhängt. In der Folge wird die Reichweite der aktienrechtlichen Verschwiegenheitspflicht erläutert, bevor die einzelnen Voraussetzungen dargestellt werden, die sich hieraus für die Zulässigkeit der Gestattung einer Due Diligence ergeben. Insbesondere wird in diesem Zusammenhang auf die notwendigen Maßnahmen zur Begrenzung des mit der Informationsweitergabe verbundenen Risikos eingegangen.

Auf der anderen Seite gilt es bei der Frage nach der insiderrechtlichen Zulässigkeit der Informationsweitergabe, den Schutzzweck des Weitergabeverbots zu beachten. Hieran anknüpfend wird erläutert, dass im Hinblick auf die Befugtheit der Weitergabe letztlich das Interesse des Zielunternehmens an der Weitergabe von entscheidender Bedeutung ist. Folglich wird im Anschluss untersucht, im Rahmen welcher Transaktionen ein derartiges Interesse regelmäßig angenommen werden kann.

Der **dritte Abschnitt** befasst sich mit der Zulässigkeit der Verwendung der im Rahmen einer Due Diligence erlangten Informationen durch den Erwerber im Hinblick auf das Insiderhandelsverbot aus § 14 Abs. 1 Nr. 1 WpHG. Im Vordergrund steht hierbei die Änderung des Wortlauts der Norm durch das Anlegerschutzverbesserungsgesetz, wonach es für das Eingreifen des Verbots nunmehr nicht mehr darauf ankommt, ob die erlangte Insiderinformation für den Erwerb oder die Veräußerung von Wertpapieren ausgenutzt wird, sondern de lege lata auf den Begriff der „Verwendung“ abgestellt wird. Dabei wird zunächst untersucht, ob aus diesem Grund von einem Wegfall des bisher von § 14 Abs. 1 Nr. 1 a.F. vorausgesetzten Kausalzusammenhang zwischen der Kenntnis des Insiderwissens und der jeweiligen Transaktion ausgegangen werden muss. In diesem Zusammenhang wird ein Vergleich mit der Behandlung des Kausalitätskriteriums im US – amerikanischen Insiderrecht angestellt.

Steht mit dem Ergebnis dieser Untersuchung der generelle Maßstab für die Zulässigkeit der Informationsverwertung fest, gilt es im Anschluss diese Grundsätze bei der insiderrechtlichen Bewertung der Due Diligence anzuwenden und jeweils danach zu fragen, welche Änderungen sich hier im Vergleich zur alten Rechtslage ergeben haben. Die Darstellung wird dabei nach der Art der verwendeten Informationen einerseits sowie danach gegliedert, ob vor Durchführung der Due Diligence bereits ein fester Kaufentschluss vorlag oder nicht. Abschließend wird die praktische Handhabung des Insiderhandelsverbots durch das Komitee der Europäischen Wertpapieraufsichtsbehörden sowie durch die BaFin näher betrachtet.

Teil 2: Bedeutung der Due Diligence im Rahmen von M&A Transaktionen

Abschnitt 1: Herkunft aus dem US - Wirtschaftsrecht

Der Begriff „Due Diligence“ gehört zum Standardvokabular der deutschen wie der internationalen Praxis des Unternehmenskaufs. Er kommt aus dem US-amerikanischen Recht, das gerade für den Bereich des Unternehmenskaufs seit jeher prägend war.[17] Um die Bedeutung der Due Diligence zutreffend verstehen zu können, ist ein kurzer Blick auf ihre US-amerikanische Herkunft voranzustellen. Dem Begriff „Due Diligence“ kommt im US-amerikanischen Recht eine doppelte Bedeutung zu:

§ 1 „Due Diligence“ als Haftungsmaßstab

Obwohl der Begriff „Due Diligence“ häufig im Zusammenhang mit Unternehmenskäufen erwähnt wird, handelt es sich bei der Due Diligence im US-amerikanischen Recht nicht um ein speziell unternehmenskaufrechtliches, sondern um ein allgemeines privat- bzw. wirtschaftsrechtliches Konzept."[18] Der Begriff „Due Diligence“ bezeichnet in diesem Zusammenhang in etwa das, was wir im deutschen Recht unter „gebührender“ oder „im Verkehr erforderlicher Sorgfalt“ verstehen und kommt damit dem Sorgfaltsmaßstab des § 276 BGB nahe.[19] „Due Diligence“ wird in den USA in sehr verschiedenen Zusammenhängen zum Sorgfaltsmaßstab gemacht.[20] So gilt speziell im Gesellschaftsrecht die Due Diligence oder auch Due Care als Maßstab für die Sorgfalt, die *directors* und *officers* der Gesellschaft im Rahmen ihrer Tätigkeit beachten müssen.[21] Darüber hinaus kommt ihr vor allem eine Bedeutung in kapitalmarktrechtlicher Hinsicht zu. Im Zusammenhang mit der Emission von Kapitalbeteiligungen (*securities*) wird nach dem US-amerikanischen Kapitalmarkt- und Anlegerschutzrecht (*Securities Act* von 1933) von den Emittenten die Erstellung eines sog. *registration statements* verlangt.[22] Dieses *registration statement* enthält umfassende Angaben über die ausgebende Gesellschaft und ist bei der zuständigen Bundesbehörde (*Securities and Exchange Commission – SEC*) einzureichen. Die Ersteller des *statements* (*underwriter*), der Emittent, die Mitglieder des *board of directors* sowie alle Berater, die als Verfasser oder Prüfer des *registration statements* genannt sind,

---

[17] *Fleischer / Körber*, BB 2001, 841.

[18] *Merkt*, WiB 1996, 145.

[19] *Black's* Law Dictionary, S. 468, definiert "due diligence" als :"1. The diligence reasonably expected from, and ordinarily exercised by, a person who seeks to satisfy a legal requirement or to discharge an obligation."

[20] Detailliert *Merkt*, WiB 1996, 145 f; *Meßmer / Kessler*, NVersZ 2000, 110.

[21] *Merkt*, US-amerikanisches Gesellschaftsrecht, Rn. 672 ff; *Werner*, ZIP 2000, 989.

[22] *Merkt*, WiB 1996, 145, 146.

haften dafür, dass das *statement* mit der erforderlichen Sorgfalt (*due diligence*) erstellt worden ist.[23] Kommt es in der Folge der Emission zu einem prospekthaftungsrechtlichen Prozess, steht jedem Beklagten (mit Ausnahme des Emittenten) dann die Einrede sorgfaltsgerechten Verhaltens zu (sog. *due diligence defense*).[24]

§ 2 „Due Diligence" im Vorfeld von M&A Transaktionen

Die hier zu behandelnde Due Diligence im Vorfeld von M&A Transaktionen ist davon jedoch zu trennen. Allgemein kann hierunter die sorgfältige Analyse und Bewertung eines Objektes im Zusammenhang mit einer geschäftlichen Transaktion verstanden werden.[25] Diese allgemeine Definition lässt sich jedoch weiter konkretisieren. Berücksichtigt man, dass das Objekt einer Due Diligence regelmäßig ein Unternehmen ist, lässt sich mit Due Diligence die sorgfältige Analyse und Bewertung eines Unternehmens im Rahmens einer beabsichtigten geschäftlichen Transaktion bezeichnen.[26] Sowohl im juristischen als auch im betriebswirtschaftlichen Sprachgebrauch wird der Begriff Due Diligence häufig im Zusammenhang mit dem Kauf eines Unternehmens verwendet. Auch diese Bedeutung des Begriffs Due Diligence hat ihre Wurzeln im angloamerikanischen Recht. Sie lässt sich auf den im Kaufrecht des *common law* geltenden Grundsatz *„caveat emptor"* zurückführen.[27] Die Gewährleistung hängt dort vollständig von der Initiative des Käufers ab. Er muss auf ein entsprechendes vertragliches Gewährleistungsregime hinwirken, wenn er sich gegen mögliche Mängel der Kaufsache absichern will. Die konkrete Gestaltung der Gewährleistungsregelungen muss dabei jeweils auf die Besonderheiten und Bedürfnisse des Einzelfalls zugeschnitten sein.[28] Das macht eine umfassende käuferseitige Untersuchung des Kaufobjekts erforderlich. Nur so kann der potentielle Käufer erkennen, welche Gewährleistung er vom Verkäufer verlangen muss. Im Rahmen eines Unternehmenskaufs sind Umfang und Gegenstände der Due Diligence so vielfältig und facettenreich wie die modernen Unternehmensstrukturen und –interessen.[29] In der Praxis wird die Due Diligence daher meist in Teilaspekte gegliedert. Gängig sind Aufteilungen in *Commercial Due Diligence* (Markt, Produkte), *Financial Due*

---

[23] *Pack*, in: Handbuch M&A, S. 223.

[24] Ausführlich *Berens / Strauch*, in : *Berens / Brauner / Strauch*, S. 6 ff.

[25] *Black's* Law Dictionary, S. 468,: " 2. Corporations & Securities. A prospective buyer's or broker's investigation and analysis of a target company, a piece of property, or a newly issued security."

[26] *Barthel*, DStZ 1999, 73; *Wegmann / Koch*, DStR 2000, 1027.

[27] *Knott / Mielke*, Unternehmenskauf, Rn. 10; *Loges*, DB 1997, 965 ; *Merkt*, BB 1995, 1041; *ders.*, WiB 1996, 145, 146; *Müller* NJW 2004, 2196; *Rittmeister*, NZG 2004, 1032.

[28] *Werner*, ZIP 2000, 989, 990.

[29] *Fleischer / Körber*, BB 2001, 841.

Diligence (finanzielle Analyse), *Legal Due Diligence* (rechtliche Verhältnisse) und *Environmental Due Diligence* (Umweltfragen).[30]

Neben dem Unternehmenskauf geben auch noch eine Vielzahl anderer Transaktionen Anlass zu einer Due Diligence.[31] Obwohl sie in der Praxis am häufigsten aus diesem Grund vorgenommen wird[32], macht der Kauf damit nicht notwendigerweise einen definitorischen Bestandteil des Begriffs Due Diligence aus.[33] Nichtsdestotrotz wird im weiteren Untersuchungsverlauf mit Due Diligence die vorbereitende[34] Prüfung des Zielobjekts beim Unternehmens- oder Beteiligungskauf verstanden.[35]

---

[30] *Treeck*, in: FS Fikentscher, S. 434, 435; *Werner*, ZIP 200, 989.
[31] Detailliert hierzu *Löffler*, Tax Due Diligence, S. 18 ff.
[32] *Koch / Wegmann*, S. 19; *Treeck*, in: FS Fikentscher, S. 434.
[33] *Berens / Strauch* in: Berens / Brauner / Strauch, S. 14; *Koch / Wegmann*, S. 3.
[34] Daneben kommt es gelegentlich auch zu einer Due Diligence erst nach Eigentums- und Rechtsübergang (sog. *Post-Acquisition Due Diligence*). Soweit nicht ausdrücklich anders dargestellt, wird der Begriff der Due Diligence im weiteren Verlauf der Untersuchung jedoch als Analyse im vorvertraglichen Stadium verstanden.
[35]So auch *Fleischer / Körber* BB 2001, 841; *Krüger / Kalbfleisch*, DStR 1999, 174; *Loges*, DB 1997, 965; *Merkt*, WiB 1996, 145, 147; *Werner*, ZIP 2000, 989, 990.

Abschnitt 2: Organisatorische Umsetzung der Due Diligence in der Praxis

Die Durchführung einer Due Diligence im Rahmen einer Unternehmensakquisition, bei der ein börsennotiertes Unternehmen Zielobjekt ist, kann verschiedenen Zulässigkeitsbeschränkungen unterliegen. Sie zu untersuchen setzt voraus, zunächst die vorhandene Praxis der Informationsweitergabe bzw. –gewinnung im Rahmen einer Due Diligence darzustellen. Für die vorliegende Untersuchung ist dabei vor allem die Frage nach dem Zeitpunkt sowie nach dem Umfang von besonderem Interesse. Nachfolgend wird daher die Due Diligence in den Akquisitionsprozess eingeordnet. Sodann wird auf die verschiedenen vorhandenen Informationsquellen eingegangen.

§ 1 Stellung der Due Diligence im Ablauf eines Unternehmenskaufs

Der Ablauf eines Unternehmenskaufs unterliegt keinen festen Regeln. Verallgemeinernd kann jedoch die Akquisition eines Unternehmens als ein aus Teilabschnitten zusammengesetzter Gesamtprozess interpretiert und in der Konsequenz als Akquisitionsprozess bezeichnet werden. Die einzelnen Teilprozesse werden dabei in der Praxis nicht nur sequentiell, einer strengen zeitlichen Chronologie folgend, sondern oft auch parallel bearbeitet. Die dabei jeweils anfallenden Tätigkeiten sind miteinander häufig vernetzt, es bestehen sachliche Interdependenzen zwischen den Phasen (sog. evolutionäre Betrachtungsweise des Akquisitionsprozesses).[36] Auch die Due Diligence stellt einen Teilprozess einer Unternehmensakquisition dar. Da es sie im Gesamtprozess zu lokalisieren gilt, werden im Folgenden nicht sämtliche im Rahmen einer Akquisition denkbaren Teilprozesse enumerativ aufgeführt. Vielmehr beschränken sich die Ausführungen aus Gründen der Übersichtlichkeit auf diejenigen, die bei jeder Transaktion anfallen dürften. Im Vordergrund des Interesses steht dabei jeweils der Gesichtspunkt der Informationsweitergabe.

Die Strukturierung des Due Diligence Prozesses wird insbesondere dadurch bestimmt, ob es sich um exklusive Verhandlungen mit einem Käufer oder um ein Auktionsverfahren handelt.[37]

---

[36] Anders die sog. konstruktivistische Betrachtungsweise. Danach stellt der Akquisitionsprozess einen linearen Vorgang dar, dessen einzelnen Teilprozesse isoliert betrachtet werden; vgl. *Löffler*, Tax Due Diligence, S. 26.

[37] *Hölters*, in: Hölters, Handbuch des Unternehmens- und Beteiligungskauf, S. 49 f; *Picot*, in: Unternehmenskauf und Restrukturierung, S. 23.

A. Herkömmliches Verfahren

Beim herkömmlichen Verfahren treten Veräußerer und Erwerber in direkte Verhandlungen. Es kommt zu einem sog. *shakehands-deal* zwischen den Vertragsparteien.

Nachdem das Käuferunternehmen die Entscheidung für externes Wachstum getroffen und ein - seinen Anforderungen entsprechendes - Zielunternehmen gefunden hat, treten die Parteien in die Vertragsverhandlungen ein. Zu Beginn dieser Verhandlungen geben beide Parteien in der Regel rechtlich unverbindliche Absichtserklärungen, sog. *letter of intent* (loi), ab.[38] Die Parteien bekräftigen dadurch die Ernsthaftigkeit an ihrem Interesse, die Veräußerung durchzuführen. Gleichzeitig werden dadurch die wichtigsten Eckdaten der Transaktion festgelegt, auf die sich die Parteien vorläufig geeinigt haben.[39] Dazu gehören neben rechtlich bindenden Geheimhaltungs- und Nichtverwendungspflichten (sog. *confidentiality agreements* oder *statements of non-disclosure*) vor allem auch die Festlegung des Ablaufes der Transaktion, insbesondere Gegenstand, Umfang und Modalitäten der Due Diligence.[40]

Neben der Unternehmensbewertung und den eigentlichen Verhandlungen des Kaufvertrages stellt sie einen Teilprozess in der Phase der Hauptverhandlungen dar. Hier erfolgt die Verifizierung und Beschaffung von Informationen über das Zielunternehmen. Trotz der abgeschlossenen Geheimhaltungsvereinbarungen kommt es dabei oft zusätzlich zur Sicherung der Vertraulichkeit von Betriebsgeheimnissen zu einer gestuften Informationsweitergabe seitens des Veräußerers. Die einzelnen Phasen unterscheiden sich im Umfang der Informationsweitergabe und in der Möglichkeit des Zugangs zu internen Informationen. Anfänglich werden lediglich die Daten offengelegt, bei denen ein Vertraulichkeitsbruch einen geringeren Schaden verursachen würde. Erst in einer späteren Phase, teilweise auch erst unmittelbar vor Abschluss des Kaufvertrages, werden die sensiblen Daten des Unternehmens den Kaufinteressenten vorgelegt.[41] Diese Vorgehensweise wird vor allem im Rahmen von Verhandlungen mit Wettbewerbern gewählt (vgl. im Einzelnen Teil 3:Abschnitt 1:§ 1D.IV.6.b) unten).

Zwischen den Teilprozessen dieser Phase bestehen vielfältige sachliche Interdependenzen.[42] Zum einen besteht eine Wechselwirkung schon zwischen der Due Diligence und der Unternehmensbewertung (vgl. Abschnitt 3:§ 2 un-

---

[38] Vgl. nur *Semler*, in: *Hölters*, Handbuch des Unternehmens- und Beteiligungskaufs, S. 662 f.
[39] *Holzapfel / Pöllath*, Rn. 8; *Knott / Mielke*, Unternehmenskauf, Rn. 7.
[40] *Schlitt*, in: Semler / Volhard, Unternehmensübernahmen, § 6 Rn. 26 f.
[41] Vgl. *Gartzke*, S. 21.
[42] *Löffler*, Tax Due Diligence, S. 26.

ten). Beide wiederum liefern Informationen für die Vertragsverhandlungen. Ergeben sich z.B. absolute Kaufhindernisse (sog. *deal breaker*) aus der Due Diligence, werden die Verhandlungen abgebrochen. Vor allem aber gilt das in der Praxis für den Entwurf eines maßgeschneiderten Gewährleistungs- und Haftungskatalogs (im Einzelnen dazu Abschnitt 3:§ 3B.II unten) Auf der anderen Seite können aber auch umgekehrt im Rahmen der Verhandlungen aufgeworfenen Fragen die Gestaltung bzw. den Prüfungsschwerpunkt der Due Diligence beeinflussen.

Sind alle Vertragspunkte ausgehandelt, kann der Unternehmenskaufvertrag abgeschlossen werden. Vor allem bei komplexen internationalen Transaktionen können oder werden bei Vertragsschluss noch nicht alle geschuldeten Leistungen erbracht. Daneben fehlt es oft noch an erforderlichen Genehmigungen. In solchen Situationen wird auf die aus dem anglo-amerikanischen Rechtskreis stammende Praxis des *closing* zurückgegriffen.[43]

Das *closing* schließt aber die Transaktion noch nicht ab. Es folgt die Integrationsphase, in dessen Rahmen das erworbene Unternehmen wirtschaftlich auf den Erwerber überführt und in dessen übrige Organisation eingegliedert wird, sog. *post merger integration*.

B. Auktionsverfahren

Beim sog. *Auktionsverfahren*[44] ergeben sich strukturelle Unterschiede daraus, dass hier auf Seiten der Nachfrager zunächst mehrere Interessenten um ein zu veräußerndes Unternehmen konkurrieren. Dies hat Auswirkungen auf die Gestaltung der Informationsweitergabe. Auch das Auktionsverfahren kann in bestimmte Teilprozesse untergliedert werden.[45]

Nach der ersten Phase der rein internen Planung und Vorbereitung des Verkaufs auf Verkäuferseite, beginnen die eigentlichen Verkaufsaktivitäten. Es kommt zum ersten Kontakt zu potentiellen Käufern bzw. Investoren, sog. *initial marketing approach*. Nach einer vorläufigen Bonitätsprüfung der am Kauf Interessierten und der Unterzeichnung von Vertraulichkeits- und Geheimhaltungsvereinbarungen wird die erste Runde des Bietungsverfahrens

---

[43] Das *closing* ist in diesem Zusammenhang der Zeitpunkt der gegenseitigen Vertragserfüllung, die an einem festgelegten Datum nach Vertragsschluss erfolgen muss. Erst zu diesem Zeitpunkt sind die Parteien verpflichtet, die vertraglich vereinbarten Leistungen zu erfüllen; vgl. *Fritzen*, S. 162; *Knott / Mielke*, Unternehmenskauf, Rn. 34.

[44] Man unterscheidet beim Auktionsverfahren zwischen *öffentlicher* und *kontrollierter* Auktion. Unterschiede ergeben sich jedoch nur hinsichtlich der die Art der Kontaktaufnahme mit den potentiellen Interessenten

[45] Vgl. *Fritzen*, S. 164 f.

(sog. *first round bidding*) eröffnet. Der Verkäufer übergibt den ausgewählten Kaufinteressenten dabei ein Verkaufsprospekt, sog. *information memorandum*. Zugleich fordert er sie auf, ihr Interesse an einem Erwerb in einem vorläufigen und unverbindlichen Angebot, sog. *first unbinding offer*, zu erklären.

Auf der Basis der abgegebenen Angebote entscheidet der Verkäufer, mit welchen Bewerbern er die Auktion fortsetzen möchte. Diese werden dann durch eine sog. *management presentation* detaillierter auch über Interna des Verkaufobjekts informiert.

Außerdem wird den Bietern in diesem Stadium zumindest eine begrenzte Due Diligence ermöglicht. Wie beim herkömmlichen Verfahren werden dabei zunächst noch keine besonders sensiblen Unternehmensdaten offengelegt. Gerade im Auktionsverfahren kommt es zu dieser Vorgehensweise, da aufgrund der zahlreichen Kaufinteressenten die Verhandlung einer Absichtsvereinbarung (*letter of intent*) in der Regel vor Beginn der Due Diligence nicht möglich ist. Zudem besteht trotz Vertraulichkeits- und Geheimhaltungserklärungen des Bieters und seiner Berater die Gefahr, dass diejenigen Bieter, mit denen nicht weiterverhandelt wird, die erhaltenen Informationen zu Lasten des Verkäufers verwerten.

Bei dieser begrenzten Due Diligence bleibt aufgrund des Zeitdrucks in der Regel keine Zeit, die Unterlagen vollumfänglich zu sichten bzw. gar zu prüfen. Aus diesem Grund wird im Rahmen der eigentlichen Vertragsverhandlungen meist eine weitere Due Diligence durchgeführt, für die mehr Zeit zur Verfügung steht[46].

Auf dieser Informationsgrundlage geben die Interessenten ein abschließendes Gebot, sog. *final binding offer* ab. Dabei ist die Bezeichnung als *binding offer* irreführend. Denn diese Angebote sind in der Regel keine der Annahme fähigen Vertragsanträge. Sie sollen dem Veräußerer vielmehr als Entscheidungsgrundlage dafür dienen, mit welchen Kaufinteressenten er die abschließenden Vertragsverhandlungen aufnehmen will.[47] Gleichzeitig muss er sich an dieser Stelle entscheiden, ob er mit den verbliebenen Kaufinteressenten parallel oder in einer bestimmten Reihenfolge verhandeln möchte. Entscheidet er sich für Letzteres, wird er vielfach dem an erster Stelle favorisierten Kaufinteressenten eine zeitlich beschränkte Exklusivität für eine etwaige weitere Due Diligence und die abschließenden Vertragsverhandlungen gewähren.[48] Ansonsten gleichen der Ablauf der Vertragsverhandlungen und die

---

[46] *Berens / Schmitting / Strauch*, in: *Berens / Brauner / Strauch*, S. 97.
[47] *Fritzen*, S. 165.
[48] *Picot*, in: Unternehmenskauf und Restrukturierung, S 29.

anschließende Durchführung des Vertrages dem herkömmlichen Verfahren, auf das an dieser Stelle verwiesen sei (vgl. A oben).

§ 2 Möglichkeiten zur Informationsgewinnung

Im Rahmen einer Due Diligence stehen dem Käufer zwei Kategorien von Informationsquellen zur Verfügung: Interne und externe Informationsquellen.

A. Interne Informationsquellen

Um interne Informationsquellen handelt es sich, wenn sie nicht öffentlich zugängliche Informationen bereitstellen. Sie sind ausschließlich mit Hilfe der Kooperation des Verkäufers zu erlangen. Die Zuverlässigkeit interner Informationsquellen ist hoch, so dass sie zu den primären Informationsquellen der Due Diligence gehören.[49] Für den potentiellen Erwerber bestehen verschiedene Möglichkeiten an derartige Informationen zu gelangen.

I. Management Interviews

Der Due Diligence Prozess beginnt in der Regel mit einer sog. *management presentation.* Hierbei werden unter anderem die operative, die organisatorische und die finanzielle Situation des Zielunternehmens von dessen Management vorgestellt.

II. Data-Room

Ein für beide Parteien effizienter Weg der Bereitstellung und Beschaffung von Informationen ist der Datenraum (*data room*).[50] Hierunter versteht man einen speziellen Raum, in dem Informationen aus den unterschiedlichsten Unternehmensbereichen durch den Verkäufer bereitgestellt werden. Traditionell handelt es sich bei dem *data room* auch physisch um einem Raum, der entweder in den Räumlichkeiten des Zielunternehmens oder bei den Beratern des Verkäufers (z.B. Rechtsanwaltskanzleien) eingerichtet wird. Im Rahmen von Auktionsverfahren werden jedoch in jüngerer Zeit vermehrt sogenannte virtuelle Datenräume genutzt, die über das Internet eingesehen werden können.

Der Inhalt des Datenraums wird bei Exklusivverhandlungen in der Regel aufgrund einer sogenannten *Due Diligence Request List* des potenziellen Käufers zusammengestellt. In diesen Fällen ist es üblich, dass der Käufer vom

---

[49] *Dietzel,* in: Semler / Volhard, Unternehmensübernahmen, § 9 Rn. 114.
[50] *Dietzel,* in: Semler / Volhard, Unternehmensübernahmen, § 9 Rn. 115.

Verkäufer eine Vielzahl von Unterlagen und Auskünften anfordert. Hierbei werden alle Fragen über das Unternehmen, die für den Käufer relevant sind, in einem Fragenkatalog zusammengefasst. Bei Auktionsverfahren wird der Datenraum vom Verkäufer erstellt, da allen potentiellen Erwerbern die gleiche Information in der gleichen Form zugänglich gemacht werden sollte.

III. *Question & Answer* Sitzungen / Betriebsbesichtigung

Wesentliche Bedeutung im Rahmen einer Due Diligence kommt auch der Befragung des Managements und den Mitarbeitern der Zielgesellschaft zu.[51] Derartige *Q&A-Sitzungen* (*Question & Answer*) werden in der Praxis nach Ablauf bzw. bei längeren Prozessen nach der ersten Durchsicht des Datenraums durch den Käufer durchgeführt. Zum einen möchte er damit die Einstellung der Angestellten zur bevorstehenden Transaktion feststellen. Vor allem aber sollen die während der Due Diligence gesichteten Informationen verifiziert und ggf. noch ergänzt werden. Daneben erfolgt in der Regel auch eine Besichtigung des Betriebs des Unternehmens.

B. Externe Informationsquellen

Um sich ein möglichst weitgehendes eigenes Bild vom Zielobjekt zu machen, sollte der potentielle Erwerber auch die externen Informationsquellen nutzen. Diese liegen außerhalb der Zielgesellschaft und sind daher für einen potentiellen Erwerber frei oder zumindest ohne Zustimmung des Veräußerers zugänglich.[52] Zum einen kann er Banken, Anwälte[53] sowie Lieferanten, Kunden und Mitbewerber des Zielunternehmens befragen. Daneben bieten sich zur Informationserlangung auch geeignete Publikationen an. Hierzu zählen Unternehmensprospekte, veröffentlichte Jahresabschlüsse und Geschäftsberichte sowie Zeitungsartikel, Branchenverzeichnisse, Unternehmensdatenbanken, Datenbanken im Internet und natürlich Handelsregister- und Grundbuchauszüge.

[51] *Wegmann / Koch*, DStR 2000, 1027, 1029.
[52] *Jungblut*, S. 127.
[53] Aufgrund der Verschwiegenheitspflicht dieser Personen, kommt eine entsprechende Befragung erst nach vorherigem Einverständnis der Zielgesellschaft in Betracht.

Abschnitt 3: Notwendigkeit einer Due Diligence im Vorfeld eines Unternehmenskaufs

Im folgenden Abschnitt soll untersucht werden, aus welchen Gründen eine Due Diligence im Vorfeld eines Unternehmens- oder Beteiligungskaufes notwendig ist. Zu diesem Zweck sollen die wesentlichen Ziele und Motive, die der potentielle Erwerber im Vorfeld einer Transaktion mit der Durchführung einer Due Diligence verfolgt, vorgestellt werden.

§ 1 Informationsbeschaffung und -verifizierung als zentrale Funktion

Informationsasymmetrien tauchen in einer Vielzahl von ökonomischen Beziehungen auf.[54] Davon wird immer dann gesprochen, wenn ein Marktteilnehmer über einen Informationsvorsprung gegenüber einem anderen Marktteilnehmer verfügt. Auch im Rahmen eines Unternehmenskaufvertrages besteht vor Vertragsschluss zwischen den Parteien regelmäßig ein Informationsgefälle.

A. Problem der Informationsasymmetrie in den Wirtschaftswissenschaften

Aus ökonomischer Sicht besteht der Anreiz, dieses Gefälle zwischen den Parteien abzubauen.

I. Informations- und Neue Institutionenökonomik

Wichtige Erkenntnisse liefert dabei zunächst die *Informationsökonomik.* Mit ihrer Hilfe lassen sich die Probleme erklären, die aus einer asymmetrischen Informationsverteilung resultieren (vgl. II unten). Dabei zeigt sie gleichzeitig mögliche Gegenstrategien auf (vgl. hierzu III unten). Aufschlussreich sind jedoch auch Ansätze der mit ihr eng verwobenen *Neuen Institutionenökonomik* (NIÖ). Aufgabe des folgenden Abschnitts ist es daher, einen Überblick über die in diesem Zusammenhang relevanten Aussagen der NIÖ zu liefern.

1. Modifizierte Beurteilung der Marktteilnehmer

Die NIÖ befasst sich allgemein mit den organisatorischen Rahmenbedingungen der Wirtschaft und basiert auf der Überlegung, dass die Begründung und Benutzung von Institutionen Kosten verursacht, die das wirtschaftliche Gleichgewicht beeinflussen.[55] Zu ihren Kerngebieten zählen die Transaktionskostenökonomik, die Verfügungsrechtsanalyse und die ökonomische Vertragstheorie, zu der auch die *Principal-Agent-Theorie* zu zählen ist. Für

---

[54] *Fleischer*, Informationsasymmetrie im Vertragsrecht, S. 94; *Kamp / Ricke*, BKR 2003, 527.
[55] *Fleischer*, ZGR 2001, 1, 3.

die Untersuchung und Erklärung informationsökonomischer Fragestellungen eignen sich schon die modifizierten Modellannahmen, von denen die Neoinstitutionalisten ausgehen. Entscheidender Gedanke ist, dass die Rolle der einzelnen Entscheidungssubjekte in ein völlig anderes Licht gerückt wird. Im Unterschied zur neoklassischen Mikroökonomie betonen die Neoinstitutionalisten, dass diese verschieden sind und vielfältige Präferenzen und Ziele verfolgen (*methodologischer Individualismus*)[56]. Eine zweite Abweichung betrifft die Annahme individueller Rationalität: Während die neoklassische Theorie konstante und stabile Präferenzen, Ziele und Ideen aller Marktakteure unterstellt, haben die Neoinstitutionalisten dem Gedanken der *unvollkommenen Rationalität* Aufmerksamkeit geschenkt.[57] Unter diesem Blickwinkel werden die Präferenzen der Entscheidungssubjekte als unvollständig und über die Zeit veränderlich erachtet. Die Annahme eingeschränkter Rationalität lenkt den Blick unmittelbar auf einen dritten Baustein des neoinstitutionalistischen Gedankengebäudes: das *opportunistische Verhalten* einzelner Marktteilnehmer, verstanden als Bereitschaft zu Normverletzungen um des eigenen Vorteils willen.[58] Aus diesen Verhaltensannahmen resultieren Motivations- und Koordinationsprobleme. Wie zu sehen sein wird, spielt gerade die Neigung zu opportunistischem Verhalten im Zusammenhang mit vorhandenen Informationsasymmetrien zwischen den Parteien eine entscheidende Rolle (siehe Teil 2:Abschnitt 3:§ 1A.II.2 unten). Informationsökonomische Erkenntnisse lassen sich daneben auch aus der *Principal-Agent-Theorie* sowie aus dem Transaktionskostenansatz gewinnen.

2. Principal-Agent-Theorie

In einer *Principal-Agent* Beziehung gibt es zwei Wirtschaftssubjekte: den Auftraggeber (*Principal*) sowie den Beauftragten (*Agent*). Ersterer beauftragt letzteren zur Ausführung einer Leistung in seinem Namen. Zur Erleichterung dieser Tätigkeit überträgt er ihm einen gewissen Entscheidungsspielraum. Informationsasymmetrien führen hier vor allem während der Vertragslaufzeit oftmals zu Problemen. Denn die Tätigkeit des Agenten kann vom Prinzipal nicht unmittelbar beobachtet werden (verstecktes Handeln oder *hidden action*) und zudem macht der *Agent* Beobachtungen seinerseits, die der Principal nicht gemacht hat (versteckte Information oder *hidden informati-*

---

[56] *Bonus / Maselli*, in: Gabler Volkswirtschaftslexikon, 1997, Stichwort: Neue Institutionenökonomik, S. 764; *Richter / Furubotn*, Neue Institutionenökonomik, S. 3; *Schwintowski*, JZ 1998, 581, 583 f.
[57] *North*, Journal of Economic Literature, Vol. 16 (1978), 963, 972f.; *Richter / Furubotn*, Neue Institutionenökonomik, S. 4.
[58] *Fleischer*, ZGR 2001, 1, 3; *Williamson*, Die ökonomischen Institutionen des Kapitalismus, 1990, S. 54 ff., 73 ff.

on).[59] Die Gefahr, dass der *Agent* diesen Informationsvorsprung zu seinen Gunsten ausnutzt, wird als moralisches Risiko (*moral hazard*) bezeichnet.[60]

In einer arbeitsteiligen Welt sind *Agency* - Beziehungen die Regel. Aus diesem Grund gehört das *Principal – Agent – Model* zu den zentralen analytischen Kategorien der NIÖ.[61] Erkenntnisse im Hinblick auf die Informationsasymmetrie im Vorfeld eines Unternehmenskaufs lassen sich aus der *Principal – Agent - Theorie* indes nicht gewinnen.

3. Transaktionskostenansatz

Etwas anderes gilt für den Transaktionskostenansatz. Die Betonung der Kostspieligkeit von Tauschprozessen (Transaktionen) ist ein Wesensmerkmal der NIÖ. Bezogen auf das Informationsproblem, liefert sie den Schlüssel für ein besseres Verständnis. Mit der Einführung positiver Transaktionskosten in ein mikroökonomisches Modell können Entscheidungssubjekte nicht länger als vollständig informiert gelten.[62] Der unbegrenzte Erwerb von Wissen wird schlicht zu teuer. Auf eine knappe Formel gebracht, sind positive Transaktionskosten also gleichbedeutend mit unvollständiger Information.[63] Übertragen auf Kooperationsverhältnisse ist eine asymmetrische Informationsverteilung vor Vertragsschluss zwischen den Vertragsparteien die Folge.

II. Probleme durch asymmetrische Informationsverteilung vor Vertragsschluss

Aus dieser asymmetrischen Informationsverteilung können unterschiedliche Probleme resultieren. Sie lassen sich am besten durch eine Einordnung anhand des Zeitpunktes der Informationsasymmetrie klassifizieren.[64] Unterschieden wird dabei zwischen den Implikationen vor Vertragsabschluss (ex ante), während der Vertragslaufzeit (interim) und nach Vertragsende (ex post).[65] Da Gegenstand der Untersuchung die Zulässigkeit einer Due Diligence im Vorfeld einer Unternehmenstransaktion ist, soll im Folgenden allein die ex ante Konstellation von Interesse sein.

---

[59] *Richter / Furubotn*, Neue Institutionenökonomik, S. 173 ff.
[60] *Kamp / Ricke*, BKR 2003, 527, 530.
[61] *Fleischer*, Informationsasymmetrie im Vertragsrecht, S. 138.
[62] *Richter / Furubotn*, Neue Institutionenökonomik, S. 4.
[63] *Richter / Furubotn*, Neue Institutionenökonomik, S. 50.
[64] *Kamp / Ricke*, BKR 2003, 527, 528.
[65] *Spremann*, ZfB 1990, 561 ff.

1. Qualitätsunsicherheit

Vor Abschluss eines Kaufvertrages hat der Verkäufer in der Regel einen Informationsvorsprung gegenüber dem Käufer. Anders als dieser, kennt er die für die Bewertung des Kaufobjekts relevanten Sachverhalte. Bezogen auf den Unternehmenskauf besitzt er z.B. die Informationen, die ihm eine genaue Prognose der zukünftigen Erträge gestatten. Diese Informationen aus dem Unternehmen sind dem Käufer nicht in gleicher Weise zugänglich. Gerade bei einem derart komplexen Kaufobjekt wie einem Unternehmen sind die Möglichkeiten von Qualitätseinschätzungen durch den Käufer erheblich eingeschränkt.[66] Gleichwohl gilt es für ihn, eine Entscheidung zu treffen. Er muss zwischen verschiedenen Zielobjekten sortieren, Gutes und Passendes von Schlechtem und Unpassendem trennen.[67] Diese Verhaltensunsicherheit, der sich der Käufer ex ante gegenübersieht, bezeichnet man als Qualitätsunsicherheit. In der Literatur wird dieses Problem auch häufig unter den Bezeichnungen *hidden information* (versteckte Information) oder *hidden characteristics* (versteckte Eigenschaften) beschrieben.[68]

2. Adverse Selection

Verfügen die Anbieter über o.g. Informationsvorsprünge, kann dies für das Marktgeschehen von entscheidender Bedeutung sein. Es besteht die Gefahr, dass „schlechte" Ware „gute" Ware verdrängen kann.[69] *Akerlof* begründete diese Erscheinung in seinem berühmt gewordenen „*Lemons-*" Modell.[70] Im Mittelpunkt seines Modells steht der Gebrauchtwagenmarkt, auf dem gute und schlechte Autos gehandelt werden. Im US – amerikanischen Sprachgebrauch werden diese als *peaches* bzw. *lemons* bezeichnet.[71]

Ausgangspunkt ist eine asymmetrische Informationsverteilung zwischen den Marktteilnehmern. Während die Verkäufer die Qualität ihrer Fahrzeuge kennen, können die Nachfrager die Qualität der angebotenen Wagen nicht einordnen. Unter der Bedingung, dass es weder zwischen Anbieter- und Nachfragerseite noch unter den Nachfragern eine Möglichkeit des Informationsaustausches gibt, werden sie zunächst von einer Durchschnittsqualität ausgehen und die Güter zu Durchschnittspreisen bewerten. Dies hat zur Folge, dass alle Autos auf dem Markt zum gleichen Preis gehandelt werden, wel-

---

66 *Löffler*, Tax Due Diligence, S. 36.

67 *Fleischer*, Informationsasymmetrie im Vertragsrecht, S. 140; *Spremann*, ZfB 1990, 561, 567.

68 *Milgrom / Roberts*, Economics, Organization and Management, S. 169.

69 *Richter / Furubotn*, Neue Institutionenökonomik, S. 154.

70 *Akerlof*, QJoE Vol. 84 (1970), 489 ff.

71 *Fleischer*, Informationsasymmetrie im Vertragsrecht, S. 121.

cher der marktlichen Durchschnittsqualität entspricht.[72] Daraufhin werden die Anbieter, deren Fahrzeuge über eine höhere Qualität verfügen, ihr Angebot aus dem Markt nehmen, so dass nur noch die Anbieter mit Wagen schlechterer Qualität am Markt verbleiben. Es gilt -in entsprechender Abwandlung- das *Greshamsche Gesetz*:[73] Die gute Qualität wird von schlechter Qualität aus dem Markt gedrängt.[74] Mithin kommt es zu einer Negativauslese, die als *adverse selection* bezeichnet wird und die im Extremfall zu einem vollständigen Zusammenbruch des Gebrauchtwagenmarktes führen kann.[75]

Der dargestellte Mechanismus ist auch auf vielen anderen Märkte möglich.[76] Auch auf den Unternehmenskauf lassen sich die Ausführungen übertragen.[77] Wie bereits gesehen (siehe 1) verfügt der Verkäufer auch hier über einen Informationsvorsprung, den er zur Durchsetzung seiner Eigeninteressen zu Lasten des Vertragspartners ausnutzen kann. In der Sprache der Neoinstitutionalisten ist er mithin versucht, sich opportunistisch (hierzu I.1 oben) zu verhalten, indem er den Käufer systematisch mit Fehlinformationen versorgt. Während positive Informationen sofort und jederzeit weitergeleitet werden, um den Kaufpreis für das Unternehmen zu steigern, werden Risiken wie z.B. geringe Ertragsaussichten verschwiegen.[78] Daraus folgt, dass jeder Kooperationspartner damit rechnen muss, wegen eines schlechteren Informationsstandes übervorteilt zu werden.[79] Aus dieser für den Käufer drohenden Gefahr resultieren zwei Konsequenzen.[80] Im Hinblick auf den jeweiligen Unternehmenskauf wird der Käufer häufig zumindest einen Unsicherheitsabschlag bei der Preisfindung anstreben und im Extremfall von einem Vertragsschluss Abstand nehmen, obwohl der Vertrag für beide Seiten vorteilhaft gewesen wäre.[81] Wird auf das Marktgeschehen als Ganzes abgestellt, folgt hieraus, dass die von *Akerlof* aufgezeigten Zusammenhänge sich theoretisch auch auf dem

---

[72] *Akerlof*, QJoE Vol. 84 (1970), 489.
[73] Benannt nach dem englischen Schatzkanzler *Thomas Gresham* (1519-1579). Das Gesetz beschreibt einen Vorgang, der bei Doppelwährungen zu beobachten ist, wonach das schlechte Geld, das gute aus dem Verkehr drängt. Vgl. hiezu im Einzelnen *Issing*, Einführung in die Geldpolitik, S. 3.
[74] *Akerlof*, QJoE Vol. 84 (1970), 489 f.
[75] *Akerlof*, a.a.O.
[76] *Akerlof* zufolge gilt das Zitronen-Prinzip unter anderem auf Versicherungsmärkten; *Akerlof*, QJoE Vol. 84 (1970), 489, 492f.
[77] *Löffler*, Tax Due Diligence, S. 36; vgl. auch *Reiche*, DStR 2000, 2056.
[78] *Reiche*, DStR 2000, 2056.
[79] *Kamp / Ricke*, BKR 2003, 527, 528.
[80] *Löffler*, Tax Due Diligence, S. 36.
[81] *Berens / Schmitting / Strauch*, in: Berens / Brauner / Strauch, S. 71; *Kamp / Ricke*, BKR 2003, 527, 528.

Markt für Unternehmen einstellen können, mithin auch insoweit der Prozess der Negativauslese eintreten kann.[82]

III. Gegenstrategien zur Verringerung der Informationsdefizite des Käufers

Anders als im *Akerlofschen Lemons - Modell* führt die asymmetrische Informationsverteilung in der Praxis zumeist jedoch nicht zu Problemen.[83] Auch auf dem Gebrauchtwagenmarkt ist ein Marktversagen in der Realität nicht zu beobachten. Dies liegt daran, dass der Markt informationsschaffende Verfahren und Institutionen entwickelt hat, die den Auswirkungen der Qualitätsunsicherheit entgegenwirken.

Im Schrifttum werden drei Maßnahmen vorgeschlagen, um den Informationsstand der schlechter informierten Marktseite zu verbessern:[84] *Signalling, Screening* und *Self Selection.*

1. Signalling

Bei diesem Modelltyp[85] geht die Initiative zum Informationstransfer von der besser informierten Seite (Verkäufer) aus. Dabei generiert sie ein Signal, aus dem die Gegenpartei Informationen über die „wahre" Qualität des Vertragsobjekts erlangen kann. Eine Maßnahme eignet sich jedoch nur dann zum Signalling, wenn einerseits zwischen dem Signal und der von der schlechter informierten Marktpartei nicht beobachtbaren Produktqualität ein Zusammenhang besteht. Andererseits ist ein Signal nur dann glaubwürdig, wenn die entsprechende Maßnahme (z.B. Gewährung einer Garantie, Investitionen in Werbung oder Markennamen, Erwerb von Ausbildungsdiplomen oder Zeugnissen)[86] mit Kosten verbunden sind. Diese Voraussetzung ergibt sich aus der Annahme, dass es für einen Anbieter schlechter Qualität verhältnismäßig teuer ist, ein irreführendes Signal zu geben, während es für einen Anbieter guter Qualität verhältnismäßig billig ist, eine gute Qualität zu signalisieren.[87]

---

[82] Vgl. *Löffler*, Tax Due Diligence, S. 37.

[83] *Kamp / Ricke*, BKR 2000, 527, 529.

[84] *Kaas*, in: Tietz / Köhler / Zentes, Handwörterbuch des Marketing, Sp. 974 ff.

[85] Die Wirkungsweise des Signalling wurde 1973 erstmals von *Spence* am Beispiel des Arbeitsmarktes untersucht. Vgl. hierzu *Spence*, QJoE Vol. 87 (1973), 355ff.

[86] Vgl. *Richter / Furubotn*, Neue Institutionenökonomik, S. 262.

[87] Vgl. *Fleischer*, Informationsasymmetrie im Vertragsrecht, S. 124; *Kamp / Ricke*, BKR 2003, 527, 529.

2. Screening

Anders als das *Signalling* stellt das *Screening* eine Maßnahme der aktiven Informationsbeschaffung der schlechter informierten Marktseite dar. Der Käufer „durchleuchtet" den Kooperationspartner.[88] Dabei nimmt er oder ein von ihm beauftragter Dritter eine Überprüfung der Qualität des Vertragsgegenstandes vor.

3. Self Selection

Auch bei der *Self Selection* ergreift die schlechter informierte Seite die Initiative. Sie bietet dabei ihrem Gegenüber mehrere unterschiedliche Verträge an, die so gestaltet sind, dass die besser informierte Seite durch die Auswahl eines Vertrages ihre Qualität offen legt. Typische Anwendungsgebiete dieser Vorgehensweise sind der Versicherungsmarkt und die Vergabe von Krediten.[89]

B. Informationsökonomische Relevanz der Due Diligence

Die bisher dargestellten allgemeingültigen wirtschaftswissenschaftlichen Erkenntnisse erlauben es nun, den informations-ökonomischen Wert der Due Diligence im Vorfeld eines Unternehmenskaufs zu bestimmen.

I. Due Diligence als Institution

Sie bildet ein Instrument, um den Informationsvorsprung des Verkäufers im Vorfeld eines Unternehmenskaufes auszugleichen und die damit verbundenen negativen Folgen zu verhindern. Möchte man sie den dargestellten verschiedenen Strategien zum Abbau der Informations-asymmetrie zuordnen, ergibt sich folgendes:

Die käuferseitige Due Diligence stellt zunächst eine *Screening* – Aktivität dar.[90] Durch eine umfassende Untersuchung des Kaufobjekts (siehe Teil 2:Abschnitt 1:§ 2 oben) versucht der Käufer, seinen Informationsstand zu verbessern. Er erarbeitet sich Wissen, indem er Informationen über die dem Zielunternehmen innewohnenden Risiken und Chancen gewinnt.

Im Vorfeld eines Unternehmenskaufs kann der Due Diligence - neben anderen Maßnahmen[91] - jedoch auch eine *Signalling* – Funktion zukommen. Dies ist einerseits im Zusammenhang mit der käuferseitigen Due Diligence

---

[88] *Kamp / Ricke*, BKR 2003, 527, 529.
[89] Im Einzelnen *Kamp / Ricke*, BKR 2000, 527, 529.
[90] *Berens / Strauch*, in: Berens / Brauner / Strauch, S. 5.
[91] Vgl. hierzu im Einzelnen *Löffler*, Tax Due Diligence, Fn. 105 m.w.N..

möglich. Hier kommt schon der bloßen Aufforderung an den Käufer, eine umfassende Due Diligence durchzuführen oder zu veranlassen sowie der sich anschließenden Gewährung eines umfassenden Einblicks in das Zielunternehmen eine entsprechende Bedeutung zu.[92]

Auf der anderen Seite kann der Verkäufer auch selbst eine Due Diligence bei einem unabhängigen, externen Dritten in Auftrag geben (sog. *Verndorside Due Diligence*[93]). Die dabei erzielten Ergebnisse kann er zukünftigen potentiellen Käufern zugänglich machen.[94]

Mit Maßnahmen der *Self Selection* kann die Due Diligence als solche indes nicht in Verbindung gebracht werden. Grund dafür ist, das sich die *Self Selection* vielmehr auf Modalitäten des abzuschließenden Vertrages – hier des Unternehmenskaufvertrages – bezieht und nicht auf die kaufvorbereitende Prüfung des Zielobjekts.[95]

Im Ergebnis stellt sich die Due Diligence mithin als „Prozess des kombinierten Einsatzes von Wissensübertragung seitens des Verkäufers sowie Wissenserarbeitung seitens des Käufers" dar.[96] Die hierdurch erlangten Informationen verschaffen dem potentiellen Käufer ein umfassendes Bild vom Zustand des zu erwerbenden Unternehmens. Damit wird er in die Lage versetzt zu überprüfen, ob es seinen Vorstellungen entspricht. Mithin stellt die Due Diligence eine wirksame Gegenstrategie zur Verringerung des Informationsdefizits des Käufers dar. Hierin kann ihre wesentliche Funktion gesehen werden.[97] Damit ist sie eine Institution im oben dargestellten Sinn (vgl. A.III oben)

II. Due Diligence und Transaktionskosten

Allerdings gilt es zu beachten, dass sich die asymmetrische Informationsverteilung stets nur verringern und nicht vollständig beseitigen lässt.[98] Dies hat zweierlei Gründe. Zum einen wird schon der Verkäufer es zu vermeiden suchen, alle wichtigen Informationen offen zu legen und damit vollständige Transparenz entstehen zu lassen. Zum anderen ist die Durchführung einer Due Diligence sehr zeit- und damit für den potentiellen Käufer auch

---

[92] So wohl auch *Strasser*, Informationsasymmetrien bei Unternehmensakquisitionen, S.87.
[93] Zu den einzelnen Vorteilen einer Vendorside Due Diligence, *Jungblut*, S. 138 f.
[94] *Spill*, DStR 1999, S. 1791 f.
[95] Etwas anderes könnte sich jedoch für den vorgeschalteten Letter of Intent ergeben, *Löffler*, Tax Due Diligence, S. 38.
[96] *Berens / Strauch*, in: Berens / Brauner / Strauch, S. 5; *Gartzke*, S. 21.
[97] *Kiethe*, NZG 1999, 976, 977.
[98] *Strasser*, Informationsasymmetrien bei Unternehmensakquisitionen, S. 99.

sehr kostenintensiv. In der Diktion der Neoinstitutionalisten entstehen Markttransaktionskosten in Form von Such- und Informations-kosten bzw. Verhandlungs- und Entscheidungskosten. Mithin realisieren sich auch hier die Annahmen des Transaktionskostenansatzes. Im Zusammenhang mit einem Unternehmenskauf haben die positiven Markttransaktionskosten also zur Folge, dass auch mit der Durchführung einer Due Diligence vollständige Information nicht erreicht werden kann.

C. Entscheidungsgrundlage für weiteres Vorgehen

Mit den gleichwohl gewonnenen Informationen liefert die Due Diligence dem Käufer unmittelbar die Entscheidungsgrundlage für sein weiteres Vorgehen. An erster Stelle steht dabei für ihn die Entscheidung, ob er die Verhandlungen aufgrund etwaiger ans Licht getretener *deal breaker* abbrechen oder aber an seiner bisherige Strategie festhalten soll. Insoweit wird im Zusammenhang mit der Funktion von Informationsbeschaffung und – verifizierung auch von *Kaufentscheidungsfunktion* der Due Diligence gesprochen.[99]

Die umfassende Offenlegung von Informationen ist darüber hinaus jedoch auch Ausgangspunkt für die weiteren Funktionen der Due Diligence.

§ 2 Instrument zur Wertermittlung

Dabei stellt die Due Diligence zunächst ein Instrument dar, den Wert des Kaufobjekts und damit den Kaufpreis zu ermitteln. In diesem Zusammenhang kann von der *Wertermittlungsfunktion* der Due Diligence gesprochen werden. Die im Rahmen einer eingehenden Prüfung des Zielobjekts zur Verfügung gestellten Informationen über die wirtschaftliche und finanzielle Situation ermöglichen dem Käufer einen exakten Einblick in die wirtschaftliche Leistungsfähigkeit des Kaufgegenstandes mit der Folge, dass eine Basis für die Feststellung des Unternehmenswertes besteht.[100] Dieser ist wiederum entscheidend für die Ermittlung des Kaufpreises. Dabei gilt jedoch zu beachten, dass Unternehmenswert und Kaufpreis sich nicht decken. Es gilt: „Price is what you pay. Value is what you get“.[101] Vielmehr sind für Ermittlung des Kaufpreises zusätzliche Faktoren von Bedeutung.[102]

---

[99] *Löffler*, Tax Due Diligence, S. 40 m.w.N..
[100] *Gartzke*, S. 23; *Süßmann*, AG 1999, 162, 169.
[101] *Barthel*, DStZ 1999, 73.
[102] Im Einzelnen hierzu *Gartzke*, S. 24.

§ 3 Gewährleistungsfunktion

Die Notwendigkeit einer Due Diligence ergibt sich darüber hinaus vor allem aus ihrer haftungsrechtliche Relevanz im Zusammenhang mit der Gewährleistung beim Unternehmens- oder Beteiligungskauf. Zu untersuchen ist zum einen, welche Rolle der Due Diligence nun im Rahmen der gesetzlichen Gewährleistung iSd §§ 434 ff. BGB zukommt. Dabei soll vor allem auch der Frage nachgegangen werden, ob der potentielle Erwerber eine Due Diligence durchführen muss, um sich seine Rechte zu erhalten. Daneben gilt es zu untersuchen, ob es nicht wie bisher für die Parteien vorteilhafter ist, ein individualvertragliches Gewährleistungsregime zu vereinbaren und die gesetzlichen Gewährleistungsregeln auszuschließen. Kommt man hier zu einem positiven Befund, gilt es die Wechselwirkung mit der Due Diligence herauszuarbeiten.

A. Due Diligence und gesetzliche Gewährleistung

Bevor auf die Auswirkungen der Due Diligence auf das gesetzliche Gewährleistungsrecht eingegangen werden kann, stellt sich vorrangig die Frage nach der Anwendbarkeit dieser Normen auf den Unternehmenskauf. Dies war für die §§ 459 ff. BGB a.F. gesetzlich nicht geregelt.[103] Vielmehr hatte sich eine Rechtsprechung herausgebildet, die den §§ 459 ff. BGB a.F. nur einen eingeschränkten Anwendungsbereich beließ. Statt Gewährleistungsansprüchen kamen häufig solche aus Verschulden bei Vertragsschluss (c.i.c.) in Betracht.

I. Anwendbarkeit der §§ 434 ff. auf den Unternehmenskauf

In diesem Zusammenhang muss zunächst zwischen den beiden Arten des Unternehmenskaufes unterschieden werden.

1. Asset Deal

Einerseits besteht die Möglichkeit, die vom Unternehmen verkörperten Vermögensgegenstände und Wirtschaftsgüter zu kaufen und im Wege der Singularsukzession zu erwerben. Ein solcher Unternehmenskauf wird meist als echter Unternehmenskauf oder als *Asset Deal* bezeichnet.

Gegenstand eines Unternehmenskaufvertrages ist bei einem *Asset Deal* das Unternehmen als Gesamtheit von Sachen, Rechten, tatsächlichen Beziehungen, Vertragspositionen, Marktanteilen, Ressourcen, Geschäfts-chancen,

[103] Sofern im Folgenden Bezug auf die Rechtslage vor Inkrafttreten des Gesetzes zur Modernisierung des Schuldrechts (BGBl. I 2001, S. 3138) genommen wird, wird die Bezeichnung „altes Recht" verwendet. Vorschriften des BGB i.d.F. vor dem 01.01.2002 wird der Zusatz „a.F." hinzugefügt.

Arbeitsverhältnissen, *Goodwill* und Ähnlichem mehr.[104] Aus diesem Grund konnten nach altem Recht die Vorschriften über Sachmängel keine unmittelbare Anwendung finden. Vielmehr wurden die gesetzlichen Vorschriften über die Sachmängelhaftung auf den Kaufgegenstand „Unternehmen" analog angewandt.[105] Diese von der Rechtsprechung entwickelte Praxis ist nun aufgrund der Verweisung in § 453 Abs. 1 BGB einer gesetzlichen Analogie gewichen. Danach sind die Vorschriften über den Sachkauf (§§ 434 ff. BGB) auf den Kauf von Rechten und sonstigen Gegenständen entsprechend anwendbar. Mit der Einbeziehung von „sonstigen" Gegenständen neben Sachen und Rechten geht die neue Regelung ausdrücklich über den Sach- und Rechtskauf hinaus und erfasst nun alle handelbaren Wirtschaftsgüter.[106] In den Gesetzesmotiven wird in diesem Zusammenhang der Fall des Unternehmenskaufs ausdrücklich als Beispielsfall genannt.[107] Dabei können neben dem Unternehmen als funktioneller Einheit auch die vom Unternehmen verkörperten Sachen, Rechte und sonstigen Gegenstände einschließlich tatsächlicher Beziehungen, *Know How* etc. als sog. Substrat mangelbehaftet sein.

2. *Share Deal*

Daneben besteht die Möglichkeit, Beteiligungsrechte am Unternehmensträger zu erwerben. Man spricht insofern von einem sog. Anteilskauf oder *Share Deal*. Hierbei erfolgt der Verkauf des Unternehmens durch Übertragung der Gesellschaftsanteile.

Beim *Share Deal* handelt es sich nach der Systematik des Kaufrechts nach wie vor um einen Rechtskauf, so dass es auch insoweit über die Verweisungsnorm des § 453 Abs. 1 BGB zu einer Anwendung der §§ 434 ff. BGB kommt. Dabei kann jetzt auch ein Recht (Geschäftsanteil) seinerseits Sachmängel aufweisen, so dass Vereinbarungen über seine Beschaffenheit i.S. von § 434 Abs. 1 Satz 1 BGB getroffen werden können. Allerdings stellt sich nach wie vor die Frage, wann ein Mangel des Unternehmens auf den Anteilskauf durchschlägt.[108] Dies hing vor Inkrafttreten des Schuldrechtsmodernisierungsgesetzes davon ab, ob der *Share Deal* als Kauf des gesamten Unternehmens eingestuft werden kann. Die insoweit maßgebliche Beteiligungsquote wurde von Fall zu Fall unterschiedlich festgelegt. Als Grundregel hatte sich dabei herausgebildet, dass jedenfalls bei einem Kauf von weniger als 50 % der Anteile üblicherweise von einem bloßen Rechtskauf, beim Erwerb von mehr als 90 % der Anteile von einem Unternehmenskauf ausge-

[104] BGHZ 74, 359, 364; *Holzapfel / Pöllath*, Rn. 407; *Weitnauer*, NJW 2002, 2511, 2512.
[105] Vgl. nur BGH NJW 1970, 556; BGH NJW 1979, 33; BGH NJW1991, 1223.
[106] *Wolf / Kaiser*, DB 2002, 411; *Wunderlich*, WM 2002, 981.
[107] Vgl. BT – Drucksache 14/4060 vom 14.05.2001, S. 242.
[108] Vgl. auch *Knott*, NZG 2002, 249, 250.

gangen werden konnte.[109] Allerdings wird man es als ausreichend erachten müssen, wenn im Rahmen des *Share Deals* zumindest eine satzungsändernde Mehrheit der Anteile (mindestens 75 %, vgl. § 179 Abs. 2 Satz 1 AktG) erworben wird. In diesem Fall ist der Erwerb eines Anteils wirtschaftlich vergleichbar mit dem Kauf des Unternehmens als solchem.[110]

Zusammengefasst gesagt, ist der Anwendungsbereich der gesetzlichen Gewährleistungsregeln im Bereich des Unternehmenskauf deutlich erweitert worden.

II. Due Diligence und vereinbarte Beschaffenheit i.S.v. § 434 Abs. 1 Satz 1 BGB

Nach § 434 Abs. 1 Satz 1 BGB ist eine Sache dann frei von Sachmängeln, wenn sie bei Gefahrübergang die vereinbarte Beschaffenheit hat. Das neue Recht folgt damit klar dem subjektiven Fehlerbegriff.[111] Nur soweit es an einer Vereinbarung der Parteien fehlt, soll es nach Abs. 1 Satz 2 Nr. 1 auf die Eignung für die vom Vertrag vorausgesetzte Verwendung bzw. nach Abs. 1 Satz 2 Nr.2 auf die gewöhnliche Verwendung und die übliche Beschaffenheit, die der Käufer erwarten darf, ankommen. Allerdings dürfte der subsidiäre objektive Fehlerbegriff im Zusammenhang mit einem Unternehmenskauf aufgrund seiner Abstraktheit nur schwer anwendbar sein.[112] Mithin rückt vor allem in diesem Bereich die Beschreibung der Beschaffenheit des Kaufobjekts beim Vertragsschluss in den Mittelpunkt des heutigen kaufrechtlichen Leistungsstörungsrechts. Aus Sicht des Käufers ist es wichtig, eine detaillierte Vereinbarung über die Beschaffenheit des Zielunternehmens im Unternehmenskaufvertrag zu treffen. Dabei können die Parteien nun all diejenigen Verhältnisse des Unternehmens zum Gegenstand einer Beschaffenheitsvereinbarung machen, die ihnen wesentlich erscheinen.[113] Bei einem komplexen Unternehmenskaufvertrag kann eine solche Vereinbarung allerdings nur adäquat getroffen werden, wenn vorher das Zielunternehmen im Wege einer Due Diligence untersucht worden ist.[114] Mithin kommt der Due Diligence durch die Übernahme des subjektiven Fehlerbegriffs bei der Vereinbarung der ge-

---

[109] *Merkt*, BB 1995, 1041, 1044.

[110] So auch *Grunewald*, NZG 2003, 372; *Weitnauer*, NJW 2002, 2511, 2515; *Holzapfel / Pöllath*, Rn. 427 sowie *Triebel / Hölzle*, BB 2002, 521, 523 wollen für den Bereich der objektiven Mängel bereits eine Mehrheit der Anteile genügen lassen; *Wolf / Kaiser*, DB 2002, 411, 417 wollen fallbezogen eine auch nur konkludente Beschaffenheitsvereinbarung auch „beim Kauf einer einzelnen Aktie" zulassen.

[111] BT – Drucksache 14/4060, S. 212; *Büdenbender*, in: Dauner-Lieb/Heidel/Lepa/Ring, Das neue Schuldrecht, § 8 Rn. 29.

[112] *Holzapfel / Pöllath*, Rn 467; *Knott*, NZG 2002, 249, 252; *Krömker*, S. 6.

[113] *Knott*, NZG 2002, 249, 251;

[114] Vgl. auch *Krömker*, S. 6.

schuldeten Beschaffenheit des Unternehmens nun eine entscheidende Bedeutung zu.

III. Keine gesetzliche Obliegenheit zur Durchführung einer Due Diligence

Verlässt sich der Käufer bei einer Transaktion auf die gesetzlichen Gewährleistungsregeln, stellt sich ferner die Frage, ob für ihn sogar eine Obliegenheit zur Durchführung einer Due Diligence angenommen werden muss. Bejaht man dies, würde eine unterlassene Due Diligence für den Erwerber zu Einbußen von Mängelgewährleistungsrechten führen.

1. Due Diligence und § 377 HGB

Ausgangspunkt für eine derartige Untersuchungs- und Rügeobliegenheit könnte dabei zunächst § 377 HGB sein. Die Norm passt jedoch aus zwei Gründen nicht auf die vorvertragliche Due Diligence beim Unternehmenskauf.[115] Denn einerseits regelt die Vorschrift nur die Überprüfung nach Erhalt der Ware und keine vorvertragliche Untersuchungen. Zum anderen bezieht sich § 377 HGB nur auf den Erwerb von Waren und nicht auf den Erwerb von Anteilen (*Share Deal*) oder eines Inbegriffs von Sachen, Rechten, etc. (*Asset Deal*).[116]

2. Due Diligence und § 442 BGB

Eine Obliegenheit zur Durchführung einer Due Diligence könnte sich für den Käufer aber aus § 442 BGB ergeben. Ist dem Käufer ein Mangel infolge grober Fahrlässigkeit unbekannt geblieben, kann der Käufer Rechte wegen dieses Mangels nur dann geltend machen, wenn ihm dieser Mangel vom Verkäufer arglistig verschwiegen wurde oder der Verkäufer eine Garantie für die Beschaffenheit der Sache übernommen hat (§ 442 Abs. 1 Satz 2 BGB). Als grobe Fahrlässigkeit des Käufers gilt es dabei, wenn er eine Untersuchung der Kaufsache unterlassen hat, obwohl nach der Verkehrssitte eine eingehende Prüfung üblich ist.[117] Damit stellt sich die Frage nach der Verkehrssitte einer Due Diligence im Rahmen einer Unternehmensakquisition.[118] Gerade bei größeren Unternehmenskäufen ist sie inzwischen weit verbreitet.[119]

---

[115] *Müller*, NJW 2004, 2196, 2197.
[116] *Vogt*, DStR 2001, 2027, 2031.
[117] Palandt – *Putzo*, § 442, Rn. 15.
[118] Die gleiche Frage stellte sich auch vor Inkrafttreten des Gesetzes zur Modernisierung des Schuldrechts im Hinblick auf § 460 Satz 2 BGB a.F.
[119] Dies gilt mittlerweile auch bei rein innerdeutschen Transaktionen, *Kiethe*, NZG 1999, 976; *Merkt*, WiB 1996, 145, 148; vgl. auch die empirische Erhebung innerhalb der deutschen DAX 30 Unternehmen, die 2003 von *Böttcher* durchgeführt wurde, *Böttcher*, S. 141 ff.

Dennoch kann man wohl nach wie vor nicht von einer diesbezüglichen Verkehrssitte ausgehen, da die Konturen einer Due Diligence nicht verallgemeinernd gezeichnet werden können.[120] Für die Begründung einer Verkehrssitte müsste es indes für den Käufer klar erkennbar sein, welche konkreten Nachforschungsanstrengungen er zu leisten hat.[121] Auch die unsorgfältige Durchführung einer Due Diligence, bei der Mängel übersehen werden, führt nicht zu einer grob fahrlässigen Unkenntnis des Käufers.[122]

Mithin besteht aus gewährleistungsrechtlicher Sicht für den Erwerber keine gesetzliche Obliegenheit zur Durchführung einer Due Diligence.

B. Vertragliches Haftungsregime

Anders als das US - amerikanischen Recht des Unternehmenskaufs, wird das deutsche Recht zwar nicht von dem Grundsatz *caveat emptor* beherrscht. (vgl. Teil 2:Abschnitt 1:§ 2 oben). Vielmehr gibt es auch ohne Gewährleistungsvereinbarung der Parteien ein gewisses Maß an Gewährleistung (vgl. A oben). Im folgenden Abschnitt soll dargestellt werden, warum es in der Praxis auch nach der Änderung des Schuldrechts durch das Schuldrechtsmodernisierungsgesetz meist zur Ausarbeitung eines vertraglichen Gewährleistungsregimes[123] kommt und vor allem welche Bedeutung der Due Diligence in diesem Zusammenhang zukommt.

---

[120] *Müller*, NJW 2004, 2196, 2198; im Ergebnis so auch *Eggenberger*, S. 254; *Fritzen*, S. 175 ff.; *Holzapfel / Pöllath*, Rn. 15; *Huber*, AcP 202 (2002), 179, 201; *Fleischer / Körber*, BB 2001, 841, 846; *Klein – Blenkers*, NZG 2006, 245, 251; *Loges*, DB 1997, 965, 968; *Weitnauer*, NJW 2002, 2511, 2516; *Werner*, ZIP 2000, 989, 990; a.A.: *Böttcher*, NZG 2005, 49, 50; *ders.*, Verpflichtung des Vorstands einer Aktiengesellschaft zur Durchführung einer Due Diligence beim Beteiligungserwerb, S. 108 ff; *Vogt*, DStR 2001, 2027, 2031.

[121] *Müller*, NJW 2004, 2196, 2198.

[122] *Dietzel*, in: Semler / Volhard, Unternehmensübernahmen, § 9, Rn 25 u. 70; *Fleischer / Körber*, BB 2001, 841, 848; *Müller*, NJW 2004, 2196; 2199; *Weitnauer*, NJW 2002, 2511, 2516; a.A. *Loges* DB 1997, 965, 968, der grobe Fahrlässigkeit bei Übersehen „wesentlicher Umstände" annimmt.

[123] Zum Informationsökonomischen Charakter derartiger vertraglicher Gewährleistungsvereinbarungen vgl. Teil 2:Abschnitt 3:§ 1A.III.1; hiezu auch *Richter / Furubotn*, Neue Institutionenökonomik, S. 262.

I. Notwendigkeit eines vertraglichen Gewährleistungsregimes

1. Rechtslage bis zum 31.12.2001

Das alte Recht zur Gewährleistung beim Unternehmenskauf war von Wertungswidersprüchen und Abgrenzungsfragen beherrscht.[124] Sie waren der Grund dafür, den Anwendungsbereich des Gewährleistungsrechts auf den Unternehmenskauf stark einzugrenzen (vgl. A.I oben). Die daraus resultierende Rechtslage war für die Vertragspraxis unbefriedigend. In der Folge wurden Voraussetzungen und Rechtsfolgen der Zusagen des Verkäufers über Verhältnisse des Unternehmens unabhängig vom gesetzlichen Gewährleistungsrecht gestaltet. Dazu hatte auch der BGH wiederholt ausdrücklich geraten.[125]

2. Rechtslage seit dem 01.01.2002

Durch die weitgehende Gleichstellung von Sach- und Rechtskauf sowie der Rechtsfolgen bei Vorliegen von Sach- und Rechtsmängeln, die Ausweitung des Beschaffenheitsbegriffs auf alle einer Parteivereinbarung zugänglichen Eigenschaften des Kaufgegenstandes und die Verlängerung der kaufrechtlichen Gewährleistung auf zwei Jahre wurden eine Vielzahl der bisher prägenden Abgrenzungsfragen und Wertungswidersprüche beseitigt.[126]

Doch auch wenn die bisherigen Probleme des Kaufgewährleistungsrechts für den Unternehmenskauf durch die Reform behoben sind, wird sich entgegen den Erwartungen[127] nichts an der gängigen Praxis ändern, in Unternehmenskaufverträgen ein eigenständiges vertragliches, von den gesetzlichen Haftungsregelungen möglichst unabhängiges Gewährleistungsregime auszuarbeiten.[128]

Vornehmlich gilt das für die Abgabe selbständiger Garantieversprechen dort, wo ein verschuldensunabhängiger Schadensersatzanspruch gewollt ist. Zwar würden rechtstechnisch reine Beschaffenheitsvereinbarungen nun genügen (vgl. A.II oben). Allerdings könnte sich der Verkäufer vom Verschuldensvorwurf bei einer der Beschaffenheitsvereinbarung nicht entsprechenden Unternehmenssituation grundsätzlich entlasten.[129] Daneben hat diese Vorgehensweise einen weiteren Effekt: Es wird auch terminologisch zum Ausdruck

---

[124] Vgl. BT – Drucksache 14/4060, S. 84f; im Einzelnen hierzu *Beisel / Klumpp*, Rn. 963; *Meßmer / Kessler*, NVersZ 2000, 110, 111; *Knott*, NZG 2002, 249; *Weitnauer*, NJW 2002, 2511, 2515.

[125] BGHZ 65, 252, unter Bezug auf RGZ 146, 123 ff.; BGH, NJW 1977, 1539.

[126] BT – Drucksache 14 / 4060, S. 93

[127] BT – Drucksache 14 / 4060, S. 242; *Dauner-Lieb / Thissen*, ZIP 2002, 108, 110..

[128] *Holzapfel / Pöllath*, Rn. 467; *Weitnauer* NJW 2002, 2511, 2517.

[129] *Weitnauer*, NJW 2002, 2511, 2516.

gebracht, dass die Parteien nicht lediglich eine Modifikation der gesetzlichen Gewährleistungsregelung bezwecken, sondern ein autonomes, die gesetzliche Regelung ersetzendes und verdrängendes Gewährleistungsregime vereinbart haben.[130]

Daneben scheint die vertragliche Verankerung eines Garantiekatalogs im Fall eines *Share Deals* gerade auch dann angezeigt, wenn nicht alle Anteile am Unternehmen erworben werden. Hier ist aufgrund der unterschiedlichen vertretenen Auffassungen offen, ab welcher Anteilsquote die Sachmängelgewährleistungsregelungen über § 453 BGB zur Anwendung kommen (vgl. A.I oben).[131]

Inhaltlich kommt es dabei zu einer abschließenden Vereinbarung von Beschaffenheiten des Zielunternehmens und zu einer Regelung der Rechtsfolgen bei Nichtbestehen der Beschaffenheiten unter Ausschluss der gesetzlichen Vorschriften. Bei der Gestaltung der Rechtsfolgen empfiehlt es sich dabei nach wie vor den beim Unternehmenskauf unpassenden Rücktritt auszuschließen oder lediglich als ultima ratio in Betracht zu ziehen[132]. Darüber hinaus wird es auch bei der gängigen Praxis bleiben, Schadensersatzansprüche nach Zeit und Höhe zu beschränken.[133]

II. Wechselwirkung mit Due Diligence

Bei der Erstellung eines entsprechenden vertraglichen Gewährleistungsregimes spielt die Due Diligence eine zentrale Rolle. Denn erst eine differenzierte Analyse des Unternehmens ermöglicht eine genaue Abschätzung der zu erwartenden Risiken und der daher erforderlichen Garantien und Gewährleistungen.[134] Ausgangspunkt ist dabei regelmäßig der Due Diligence Bericht.[135] Er liefert mit den im Rahmen der Due Diligence gewonnenen Informationen die essenzielle Grundlage für die Vereinbarung eines eigenständigen individualvertraglichen Gewährleistungsrechts.[136] Dabei lässt sich ihm exakt entnehmen, wo die gewährleistungsrechtlichen Probleme liegen und somit vertragliche Garantien vereinbart werden müssen bzw. in welchen Punkten der Verkäufer keine derartige Gewährleistung übernehmen kann.[137]

---

[130] So zum alten Recht: *Merkt*, WiB 1996, 145, 149 m.w.N..
[131] *Weitnauer*, NJW 2002, 2511, 2516.
[132] Ausführlich *Holzapfel / Pöllath*, Rn. 450 u. 483 ff; *Weitnauer*, NJW 2002, 2511, 2515;
[133] *Picot*, in: Handbuch M&A, S. 151.
[134] *Gartzke*, S. 20; *Meßmer / Keßler*, NVersZ 2000, 110, 111.
[135] *Meßmer / Keßler*, NVersZ 2000, 110, 111.
[136] *Krömker*, S. 7.
[137] *Gartzke*, S. 22; *Kiethe*, NZG 1999, 976, 978; *Merkt* WiB 1996, 145, 147 ; BB 1995, 1041, 1046.

In der Folge lässt sich eine maßgeschneiderte Garantie- und Gewährleistungsregelung mit interessengerecht abgestuften Haftungsfolgen aufbauen.[138]

Insoweit besteht eine Wechselwirkung[139] zwischen der Due Diligence einerseits und der seitens des Verkäufers zu übernehmenden Gewährleistungen bzw. Garantien andererseits.[140] Sie spielt damit wie im US – amerikanischen Recht eine wichtige oder sogar primäre Rolle für das vertragliche Regime der Gewährleistung. Damit manifestiert sich eine weitere Funktion der Due Diligence, die als *Gewährleistungsfunktion* deklariert werden kann.

§ 4 Entlastung der Entscheidungsorgane der Erwerbergesellschaft

Darüber ist zu prüfen, welche Bedeutung der Due Diligence wesentliche Bedeutung im Zusammenhang mit der Innenhaftung der geschäftsführenden Organe der Erwerbergesellschaft zu. In der Vergangenheit hat sich in der Literatur keine einheitliche Linie zu der Frage herauskristallisiert, ob aus der Sorgfaltspflicht des Geschäftsführungsorgans der Erwerbsgesellschaft im Innenverhältnis zur eigenen Gesellschaft die Pflicht folgt, die Zielgesellschaft stets einer ausreichenden Due Diligence zu unterziehen.

A. Organinnenhaftung auf der Erwerberseite

I. Haftung des Vorstands einer AG gemäß § 93 Abs. 2 Satz 1 AktG

Vorstandsmitglieder einer AG haben bei der Geschäftsführung gemäß § 93 Abs. 1 Satz 1 AktG die Sorgfalt eines ordentlichen und gewissenhaften Geschäftsleiters anzuwenden. Bei Vorliegen einer Pflichtverletzung sind die Vorstandsmitglieder der Gesellschaft nach § 93 Abs. 2 Satz 1 AktG ohne eine Haftungshöchstgrenze und unter Umkehr der Beweislast (§ 93 Abs. 2 Satz 2 AktG) zum Schadensersatz verpflichtet.[141]

---

138 *Beisel / Klumpp*, Rn. 645a.

139 *Merkt* spricht in diesem Zusammenhang auch von „Verzahnung“, vgl. BB 1995, 1041, 1046.

140 *Krüger / Kalbfleisch*, DStR 1999, 174, 175; *Merkt* WiB 1996, 145, 147 ; BB 1995, 1041, 1046; *Picot*, in: Handbuch M&A, S. 160.

141 Ausführlich hierzu *Buchta*, DStR 2003, 694 ff. und 740 ff.

II. Haftung des Geschäftsführers einer GmbH gemäß § 43 Abs. 2 GmbHG

Die Geschäftsführer einer GmbH haben gemäß § 43 Abs. 1 GmbHG in den Angelegenheiten der Gesellschaft die Sorgfalt eines ordentlichen Geschäftsmannes anzuwenden. Missachtet der Geschäftsführer seine Obliegenheiten, haftet er gegenüber der Gesellschaft aus § 43 Abs. 2 GmbHG.

Trotz der unterschiedlichen Wortwahl entspricht die Sorgfalt eines ordentlichen Geschäftsmannes i.S.v. § 43 Abs. 1 GmbHG derjenigen eines ordentlichen und gewissenhaften Geschäftsleiters i.S.v. § 93 Abs. 1 AktG.[142] Dies macht es überflüssig, in den folgenden Ausführungen zwischen dem Vorstand einer AG und dem Geschäftsführer einer GmbH zu unterscheiden, so dass im Hinblick auf die einzuhaltenden Pflichten einheitlich von *Geschäftsführungsorgan* oder geschäftsführendem Organ gesprochen wird. Das gleiche gilt auch für die durchzuführende Untersuchung hinsichtlich eines unternehmerischen Ermessenspielraums.[143]

III. Die *ARAG / Garmenbeck* Entscheidung des BGH

In diesem Zusammenhang hat der BGH im Jahre 1997 in seiner Entscheidung *ARAG / Garmenbeck*[144] für die Aktiengesellschaft ausdrücklich klargestellt, dass dem Vorstand ein „weiter Handlungsspielraum zugebilligt [werden muss], ohne den eine unternehmerische Tätigkeit schlechterdings nicht denkbar ist".[145] Eine Haftung des Vorstands kommt danach erst dann in Betracht, „wenn die Grenzen, in denen sich ein von Verantwortungsbewusstsein getragenes, ausschließlich am Unternehmens-wohl orientiertes, auf sorgfältige Ermittlung der Entscheidungsgrundlage beruhendes unternehmerisches Handeln bewegen muss, deutlich überschritten sind, die Bereitschaft, unternehmerische Risiken einzugehen, in unverantwortlicher Weise überspannt worden ist oder das Verhalten des Vorstands aus anderen Gründen als pflichtwidrig gelten muss."[146] Innerhalb dieses Handlungsspielraums sollen

---

[142] *Altmeppen*, in: Roth / Altmeppen, § 43 Rn. 3; *Zöllner*, in: Baumbach / Hueck / Zöllner, § 43 Rn. 7; *Lutter / Hommelhoff*, GmbHG, § 43 Rn. 6.

[143] So ausdrücklich die Begründung zum Regierungsentwurf eines Gesetzes zur Unternehmensintegrität und Modernisierung des Anfechtungsrechts (abrufbar unter http://www.bmj.de/media/archive/797.pdf), Begr. zum RegE – UMAG, S. 24; *Altmeppen*, in Roth / Altmeppen, § 43, Rn. 8.

[144] BGHZ 135, 245 = BGH, NJW 1997, 1926.

[145] BGH NJW 1997, 1926, 1927.

[146] BGH NJW 1997, 1926, 1928. Bei der Bestimmung des Handlungsspielraumes orientierte sich der BGH dabei – wenn auch nicht ausdrücklich – an den Regeln der dem US – amerikanischen Gesellschaftsrecht entstammenden richterrechtlichen *Business Judgement Rule*. Vgl. die am Urteil beteiligten Richter *Henze*, BB 2000, 209, 215 und *Goette*, in: FS für 50 Jahre

Fehlentscheidungen schon keine Sorgfaltspflichtverletzung nach § 93 Abs. 1 Satz 1 AktG darstellen.

Das Kriterium der „sorgfältigen Ermittlung der Entscheidungsgrundlage“ wurde dabei so verstanden, dass der Vorstand verpflichtet sein soll, alle verfügbaren und der Tragweite der Entscheidung angemessenen Informationen einzuholen.[147] Dabei soll nur das tatsächliche Ausschöpfen aller real verfügbaren Informationen entlastend wirken (sog. materielle Betrachtungsweise).[148] Eine rein routinemäßige, formale Absicherung kann demnach nicht als angemessene Informationsbeschaffung gelten, wenn dabei nicht alle oder nahezu alle Umstände berücksichtigt werden.

IV. Einführung einer Business Judgment Rule in das AktG durch das UMAG

Das Gesetz zur Unternehmensintegrität und Modernisierung des Anfechtungsrechts (UMAG)[149] setzt einen Teil des von der Bundesregierung 2002 initiierten 10-Punkte Programms um. Die Änderungen im Zusammenhang mit der Innenhaftung der Organe betreffen die Voraussetzungen für die Einleitung einer Sonderprüfung durch eine Aktionärsminderheit sowie die Schaffung eines Klagezulassungsverfahrens im Zusammenhang mit dem Recht für eine Aktionärsminderheit, eigenständig Schadensersatzansprüche gegen die Organe der Gesellschaft verfolgen zu können.[150] Als Korrelat dazu wurde gleichzeitig eine *Business Judgement Rule* in § 93 Abs. 1 Satz 2 AktG in das positive Aktienrecht aufgenommen:[151]

BGH, 123, 141 f. Da es bislang keine Legaldefinition gibt, wird meist auf eine Definition des *American Law Institute* (*ALI*) in seinen *Principles of Corporate Governance* zurückgegriffen: *“A director or officer who makes a business judgement in good faith fulfills his duty of care if he (1) is not interested in the subject of his business judgement (disinterested judgement), (2) is informed with respect to the subject of his business judgement to the extend he reasonably believes to the appropriate under the circumstances (informed judgement), and (3) rationally believes that the business judgement is in the best interests of the corporation (rational belief und good faith*). Vgl. American Law Institute, Principles of Corporate Governance, § 4.01 (c).

[147] *Fleischer*, in: FS für Herbert Wiedemann, 827, 841; *ders.*, ZIP 2004, 685, 691; *Hauschka*, ZRP 2004, 65, 67; *Henze*, NJW 1998, 3309, 3311; *Hopt*, in: Großkomm-AktG, § 93, Rn. 84; *Kock / Dinkel*, NZG 2004, 441, 446; *Mertens*, in: KölnerKomm-AktG, § 93, Rn. 29; *Ulmer*, DB 2004, 859, 861; *Schaefer / Missling*, NZG 1998, 441, 444.

[148] *Kinzl*, DB 2004, 1653.

[149] Vgl. Fn. 143.

[150] Zu den Änderungen im Anfechtungsrecht sowie zu den Neuerungen, die die Vorbereitung und Durchführung von Hauptversammlungen betreffen, *Wilsing*, DB 2005, 35.

[151] Vgl. hierzu allgemein *Koch*, ZGR 2006, 769, 782 ff.

„Eine Pflichtverletzung liegt nicht vor, wenn das Vorstandsmitglied bei einer unternehmerischen Entscheidung vernünftigerweise annehmen durfte, auf der Grundlage angemessener Information zum Wohle der Gesellschaft zu handeln".

Im Ergebnis werden damit im Wesentlichen die Voraussetzungen der oben genannten US-amerikanischen *Business Judgement Rule* übernommen (vgl. Fußnote 146 oben). Dogmatisch betrachtet, ist § 93 Abs. 1 Satz 2 AktG als *safe harbour* Bestimmung im Sinne einer haftungstatbestandlichen Freistellung konzipiert. Liegen ihre Tatbestandsmerkmale vor, wird für unternehmerische Fehlentscheidungen nicht gehaftet. Dabei entfällt bereits die Pflichtwidrigkeit und nicht erst die Schuld.[152]

Um in den „sicheren Hafen" zu gelangen, muss das Vorstandmitglied bei einer unternehmerischen Entscheidung vernünftigerweise angenommen haben, die Handlung erfolge auf der Grundlage angemessener Information. Durch die Formulierung „annehmen" wird der Blickwinkel dabei subjektiviert. Allerdings wird diese Sichtweise sogleich durch das „durfte" eingeschränkt und wieder verobjektiviert. Maßstab für die Überprüfung der Annahme ist dabei das Merkmal „vernünftigerweise". Bei der Definition dieses Kriteriums greift die Gesetzesbegründung explizit auf die Ausführungen der höchstrichterlichen Rechtsprechung im *ARAG / Garmenbeck* Urteil zurück.[153] Es soll etwa dann nicht vorliegen, „wenn das mit der unternehmerischen Entscheidung verbundene Risiko in völlig unverantwortlicher Weise falsch beurteilt worden ist."[154] Bezieht man dieses Merkmal auf die angenommene Angemessenheit der Informations-beschaffung ergibt sich Folgendes: Das geschäftsführende Organ durfte vernünftigerweise nicht von angemessener Information ausgehen, wenn diese Annahme auf einer Beurteilung beruht, die in völlig unverantwortlicher Weise falsch ist. Für den dabei anzulegenden Maßstab kann wiederum auf das *ARAG / Garmenbeck* Urteil und dessen Verständnis in der Literatur (vgl. III oben) zurückgegriffen werden, da davon ausgegangen werden kann, dass der Gesetzgeber die höchstrichterliche Rechtsprechung schlicht rekurriert hat.[155] Im Ergebnis darf das geschäftsführende Organ damit nur dann vernünftigerweise von angemessener Information ausgehen, wenn es im Rahmen des Möglichen alle verfügbaren relevanten Umstände bei seiner unternehmerischen Entscheidung tatsächlich berücksichtigt hat. Die geforderte Intensität der Informationsbeschaffung hängt dabei im

---

[152] Vgl. *Ulmer*, DB 2004, 859;
[153] Begr. zum RegE UMAG, S. 22.
[154] Begr. zum RegE UMAG, S. 22.
[155] *Böttcher*, NZG 2005, 49, 53.

Einzelfall vom Zeitvorlauf, von Gewicht und Art der zu treffenden Entscheidung sowie von anerkannten betriebswirtschaftlichen Verhaltensmaßstäben ab. Keinesfalls ausreichend soll jedenfalls eine reine formale Absicherung sein.[156]

B. Auswirkungen auf die M&A Praxis

Damit stellt sich die Frage, was nun auf dem Gebiet von *Mergers & Acquisitions* zu den Pflichten Geschäftsführungsorgans i.S.v. § 93 Abs. I Satz 1 AktG und § 43 Abs. 1 GmbHG gehört.

I. Generelle Erforderlichkeit einer Due Diligence

Wegen des nun bestehenden Erfordernisses einer angemessenen Informationsbeschaffung im Sinne der neu eingeführten *Business Judgement Rule* in § 93 Abs. 1 Satz 2 AktG wird man die Durchführung einer Due Diligence im Vorfeld einer Transaktion generell verlangen können.[157] Dies ergibt sich zum einen daraus, dass die Entscheidungen im Zusammenhang mit Unternehmenstransaktionen gemeinhin die größeren Gefahren beinhalten als das reguläre Tagesgeschäft und damit größeren Einfluss auf die Erwerbergesellschaft haben können. Insbesondere die relativ hohen Investitionssummen sowie etwaige unerkannte Mängel des Zielobjekts erhöhen hier das Risikopotential.[158] Damit steigen wie bereits gesehen (vgl. A.IV oben) die Anforderungen an die Informationsbeschaffung im Vorfeld der Entscheidung. Dabei ist allein die Due Diligence das geeignete Instrument, um an ausreichende Informationen über die Zielgesellschaft zu gelangen. Denn nur interne Informationsquellen können den geforderten Qualitätsstandard der Informationen liefern (vgl. Abschnitt 2:§ 2A oben). Gleichwertige Instrumente zur Risikoprophylaxe sind in der Praxis nicht ersichtlich. Insbesondere die Vereinbarung eines umfassenden vertraglichen Gewährleistungsregimes oder eines Risikoabschlags vom Kaufpreis stellen keine Alternative dar, da sie ihrerseits die Durchführung einer Due Diligence voraussetzen (vgl. § 3B.II oben) und zum anderen keine Hilfestellung im Vorfeld der Transaktion leisten.[159]

---

[156] Begr. zum RegE UMAG, S. 24.
[157] *Hüffer*, Aktiengesetz, § 93 Rn. 4 b.
[158] *Kiethe*, NZG 1999, 976, 981; Böttcher, NZG 2005, 49, 52; *Werner*, ZIP 2000, 989, 991.
[159] So auch *Kiethe*, NZG 1999, 976, 981 f.; *Storck*, M&A Rundbrief 11/2004, 7, 9 f.

II. Keine Pflicht zur Durchführung einer Due Diligence

Eine absolute Pflicht zur Durchführung einer Due Diligence lässt sich indes nicht aus § 93 Abs. 1 Satz 2 AktG ableiten.[160] Denn die ***Business Judgement Rule*** stellt nicht darauf ab, ob die Informationen tatsächlich angemessen war, sondern ob sie als Basis für die unternehmerische Entscheidung aus der ex ante Sicht des Entscheiders vernünftigerweise für angemessen gehalten werden durfte.[161]

Konkret geht es um die Frage, ob das Geschäftsführungsorgan davon ausgehen durfte, dass eine Entscheidung in der Sache auf der Grundlage des zur Verfügung stehenden Informationsmaterials, d.h. ohne eine weitere Verbreitung der Informationsbasis zulässig war.[162]

Dabei handelt es sich um eine Abwägungsentscheidung. Hierbei ist auf der einen Seite natürlich das soeben Festgestellte zu berücksichtigen, wonach es sich bei einem Unternehmens- bzw. Beteiligungskauf um eine strategische Entscheidung handelt, die anders als Maßnahmen des Tagesbetriebs regelmäßig ein gesteigertes Informationsbedürfnis mit sich bringt. Die Tragweite der Entscheidung stellt dabei aber nur einen der in die Abwägung einzustellenden Aspekte dar.

Auf der anderen Seite ist nämlich zu beachten, dass die Informationsbeschaffung nicht selten von einer Reihe von Umständen abhängt, auf die das entscheidende Geschäftsführungsorgan keinen Einfluss hat.[163] Dabei ist zum einen das zeitliche Entscheidungsfenster zu betrachten, dass zur Sammlung der Informationsbasis zur Verfügung steht. Hierbei gilt, dass umso mehr Annahmen der

---

160 *Hefermehl / Spindler*, in: MüKo – Aktiengesetz, § 93 Rn. 30; *Hüffer*, Aktiengesetz, § 93 Rn. 4b; *Zumbansen / Lachner*, BB 2006, 613 f.; a.A.: *Berens / Brauner*, in: Berens / Brauner / Strauch, S. 308 f.; *Böttcher*, NZG 2005, 49, 52 ff; *Hauschka*, AG 2004, 461, 479; *Storck*, M&A Rundbrief 11/2004, 7, 19 sowie zur Rechtslage vor Einführung der Business Judgement Rule in § 93 Abs. 1 Satz 2 AktG: *Angersbach*, S. 148; *Haas / Müller*, GmbHR 2004, 1169; *Hauschka*, AG 2004, 461 (479); *Hefermehl / Spindler*, in: MüKo - AktG, § 93 Rn. 30; *Kiethe*, NZG 1999, 976, 981; *Kock / Dinkel*, NZG 2004, 441, 447; *Lubos*, DStR 1999, 951, 952; *Werner*, ZIP 2000, 989, 990 sieht die Pflicht zur Due Diligence als „spezielle unternehmenskaufrechtliche Ausformung" der allgemeinen Pflicht des Vorstands aus § 93 Abs. 1 Satz 1 AktG; *Zirngibl*, S. 18 f.; vgl. auch LG Frankfurt, WuB 1998, 891; LG Hannover, AG 1997, 198; a.A.: *Holzapfel / Pöllath*, Rn. 17 (weder Pflicht- noch Obliegenheitsverletzung).

161 *Böttcher*, NZG 2005, 49, 53; *Hüffer*, Aktiengesetz, § 93 Rn. 4g; *Koch*, ZGR 2006, 769, 788; *Langenbucher*, DStR 2005, 2083, 2086 ff.; vgl. auch IV oben.

162 *Langenbucher*, DStR 2005, 2083, 2087.

163 *Ulmer*, DB 2004, 859, 860.

Entscheidung ungeprüft zu Grunde gelegt werden dürfen, je höher der Entscheidungsdruck ist.[164]

Zugleich gilt es stets die Nachteile der weiteren Informationsbeschaffung und in der Folge des weiteren Zuwartens mit der Entscheidung in der Sache zu berücksichtigen. Die Annahme angemessener Information ist danach vernünftig, wenn der vorhergesagte Nutzen zusätzlicher Informationen geringer ist als der vorhergesagte Nachteil weiteren Zuwartens.[165]

Schließlich haben die Geschäftsführungsorgane der Erwerbergesellschaft teilweise keinen oder nur begrenzten Zugang zu Informationen,[166] etwa dann, wenn sich das Zielunternehmen weigert, eine Due Diligence Prüfung durchführen zu lassen. Denn unabhängig von der Frage, ob eine Due Diligence schrankenlos zulässig ist oder nicht (vgl. Teil 3), besteht für das Zielunternehmen jedenfalls keine Pflicht zur Zulassung einer Due Diligence durch den Erwerber. Weigert sich der Vorstand des Zielunternehmens, eine Due Diligence vornehmen zu lassen, hat der Erwerber in der Folge keine Möglichkeit an qualifizierte unternehmensbezogene Daten heranzukommen. Ein Rückgriff auf externe Informationsquellen stellt dabei für ihn kein adäquates Äquivalent dar, da diese in der Regel nicht ausreichen, um sich einen vertieften Einblick hinsichtlich des Zustands und des Werts der Zielgesellschaft zu verschaffen (siehe I oben). Zudem kann ein derartiges Verhalten den Verdacht entstehen lassen, dass negative Informationen verschleiert werden sollen. In der Literatur wird daher zum Teil vertreten, dass sich das Ermessen der Entscheidungsorgane in diesen Fällen auf Null reduziere, so dass die einzig richtige Handlungsmöglichkeit darin bestehe, von einem Erwerb abzusehen.[167]

Eine derart weitgehende Auffassung ist jedoch abzulehnen. Die soeben geschilderte Sachlage besteht vor allem bei feindlichen Übernahmeversuchen. Nimmt man in diesen Fällen eine Pflicht des Erwerbers an, von der Transaktion Abstand zu nehmen, so könnte das Zielunternehmen allein durch die Verweigerung einer Due Diligence feindliche Übernahmen durch eine deutsche Aktiengesellschaft als Bieter verhindern.[168] Dies ist allerdings nicht mit dem Willen des Gesetzgebers vereinbar, der von der grundsätzlichen Zuläs-

---

[164] *Langenbucher*, DStR 2005, 2083, 2087.
[165] *Langenbucher*, DStR 2005, 2083, 2087.
[166] *Ulmer*, DB 2004, 859, 860.
[167] So ausdrücklich *Kiethe*, NZG 1999, 976, 983; ähnlich *Ulmer*, DB 2004, 859, 860; anders *Werner*, ZIP 2000, 989, 993, der zwar eine generelle Pflicht zur Durchführung einer Due Diligence bejaht, in diesem Zusammenhang jedoch eine Ermessensreduzierung auf Null ablehnt.
[168] Vgl. *Böttcher*, NZG 2005, 49, 50.

sigkeit feindlicher Übernahmeangebote ausgeht. Sie wird in § 33 WpÜG inzident vorausgesetzt.

Daneben kann es zu einer Nichtweitergabe von Informationen durch das Zielunternehmen auch aus anderen Gründen kommen, die nicht in der Verschleierung von negativen Informationen liegen müssen. Zu denken wäre hier zum Beispiel an Fälle, in denen der potentielle Erwerber ein Konkurrent der Zielgesellschaft ist. Wie gesehen (vgl. Abschnitt 2:§ 1 oben) bieten Vertraulichkeitsvereinbarungen hier nur eingeschränkten Schutz. In diesen Fällen erscheint es für die Zielgesellschaft durchaus legitim, eine Due Diligence nicht zuzulassen.[169]

Allerdings ergibt sich in diesen Fällen für das Geschäftsführungsorgan die Pflicht, eine am Vorsichtsprinzip orientierte Chancen-/Risikoanalyse dahingehend vorzunehmen, inwieweit die sich aus einer unterlassenen bzw. beschränkten Due Diligence ergebenden Risiken durch die sich aus dem Unternehmenskauf ergebenden Chancen aufgewogen werden.[170] Dabei sind insbesondere auch mögliche *worst-case* Szenarien in die strategischen Überlegungen mit einzubeziehen. Soweit die sich aus der Transaktion ergebenden Risiken die einhergehenden Chancen überwiegen, muss das geschäftsführende Organ der Erwerberseite von einer Transaktion Abstand nehmen. Legt man dabei den Sorgfaltsmaßstab des § 93 Abs. 1 Satz 2 AktG zugrunde, wird aber nur eine Entscheidung für den Kauf eines Unternehmens trotz eines evidenten, offensichtlichen Missverhältnisses zwischen Chance und Risiko als eine Pflichtwidrigkeit der entsprechenden Organe angesehen werden müssen.

Abschließend kann damit festgehalten werden, dass auch im deutschen Recht der Erhalt des Haftungsprivilegs im Regelfall nur durch die Durchführung einer Due Diligence erreicht werden kann. Sie dient den Entscheidungsträgern auf der Käuferseite zur internen, entlastenden Dokumentation, sich umfassend über die Risiken der Akquisition informiert zu haben. Insoweit kann von einer *Entlastungsfunktion* der Due Diligence gesprochen werden.[171] Allerdings darf dieser Grundsatz nicht zu einer Pflicht verabsolutiert werden. Vielmehr hängt die Angemessenheit der Informationsbeschaffung maßgeblich von den konkreten Umständen des Einzelfalls ab. Anhaltspunkte liefern in diesem Zusammenhang neben dem Transaktionsumfang, die Mitwirkungsbereitschaft der Zielgesellschaft, die bereits vorhandenen Vorkenntnisse über die Zielgesellschaft sowie der Zeitraum, der für die Transaktion insgesamt zur Verfügung steht.

---

[169] Vgl. *Loges*, DB 1997, 965, 968.
[170] *Hefermehl – Spindler*, MüKo AktG, § 93 Rn. 25; *Kock / Dinkel*, NZG 2004, 441, 443.
[171] Zum Teil wird insofern auch von „Haftungsvermeidungsfunktion“ gesprochen, vgl. *Barthel*, DStZ 1999, 73, 76; *Kiethe*, NZG 1999, 976, 982.

§ 5 Dokumentation der Erwerbsvorgangs

Letztlich liegt eine weitere Funktion der Due Diligence darin, das Offenlegungsverfahren aus Beweisgründen und um spätere Auseinandersetzungen gerichtlicher Art zu vermeiden, zu formalisieren und zu dokumentieren.[172] Insbesondere vor dem Hintergrund der bestehenden Wechselwirkung zwischen Due Diligence und vertraglichem Gewährleis-tungsregime dienen die dem Käufer zugänglich gemachten Informationen dazu, den Ist-Zustand des Zielunternehmens für die Vertragsparteien zu dokumentieren und den Kaufvertragsvereinbarungen zugrunde zu legen.[173] Daneben ist eine ordnungsgemäße Dokumentation des Entscheidungs-findungsverfahrens Voraussetzung dafür, sich im Schadensfall auf den durch die *Business Judgement Rule* garantierten Entscheidungsspielraum berufen zu können (vgl. § 4B oben).[174] Im Falle einer möglichen Inanspruchnahme ist es den Mitgliedern des Vorstands dann möglich nachzuweisen, dass sich die getroffene Entscheidung innerhalb des unternehmerischen Handlungsspielraums hielt.[175] Denn anders als im US-amerikanischen Gesellschaftsrecht sind nach der vorgeschlagenen Regelung des UMAG die Vorstandsmitglieder für das Vorliegen der Tatbestandsmerkmale des § 93 Abs. 1 Satz 2 AktG beweisbelastet.[176] Insofern kann von der *Dokumentationsfunktion* der Due Diligence gesprochen werden.

---

[172] *Kiethe*, NZG 1999, 976, 978; *Merkt*, WiB 1996, 145, 147.
[173] *Krüger / Kalbfleisch*, DStR 1999, 174, 175; *Werner*, ZIP 2000, 989.
[174] *Holzmann / Bunnemann*, BKR 2005, 51, 52.
[175] *Kiethe*, NZG 1999, 976, 982.
[176] Vgl. *Ulmer*, DB 2004, 859, 860.

Zwischenergebnis

Die Durchführung einer Due Diligence im Sinne einer sorgfältigen Analyse und Bewertung des Zielunternehmens im Vorfeld von Unternehmens- und Beteiligungskäufen hat in Deutschland in den letzten Jahren deutlich an Bedeutung gewonnen. Dies folgt aus ihrer Stellung als notwendiger Bestandteil des Transaktionsprozesses. Sie ist geeignetes Mittel, dass stets bestehende Informationsgefälle zwischen Veräußerer- und Erwerberseite zu überwinden. Weiterhin lassen sich nur im Zuge einer Due Diligence die Daten gewinnen, die als Basis sowohl für die Wertermittlung des Kaufobjekts als auch für die Ermittlung des mit der Transaktion verbundenen Risikos und in der Folge für die Ausarbeitung eines individuellen vertraglichen Gewährleistungsregimes dienen. Darüber wird nun aufgrund des in § 93 Abs. 1 Satz 2 AktG statuierten Erfordernisses, auf der Grundlage angemessener Information zu handeln, von den Geschäftsführungsorganen der Erwerbergesellschaft vor Abschluss einer entsprechenden M&A Transaktion regelmäßig die Durchführung einer Due Diligence gefordert werden können, soweit deren Durchführung auch tatsächlich möglich und zweckmäßig ist. Eine generelle Pflicht zur Durchführung einer Due Diligence besteht indes nicht. Letztlich ermöglicht die Durchführung einer Due Diligence die Dokumentation und Beweissicherung sowohl im Hinblick auf den Zustand des Zielobjekt als auch auf die Einhaltung der Sorgfaltspflichten durch die Geschäftsführungsorgane der Zielgesellschaft.

Teil 3: Insiderrechtliche Schranken der Due Diligence

Die Durchführung einer Due Diligence im Rahmen eines Unternehmens- bzw. Beteiligungskaufs ist indes nicht schrankenlos möglich. Grenzen können sich dabei einerseits im Hinblick auf die Regelungen des Aktien- und des Wertpapierhandelsgesetzes (WpHG) ergeben. Andererseits kommen Einschränkungen aber auch aus persönlichkeits- sowie datenschutzrechtlicher (§§ 27 ff. BDSG) Sicht in Betracht.[177]

Gegenstand der vorliegenden Untersuchung sind die kapitalmarktrechtlichen Schranken, die die insiderrechtlichen Regelungen des WpHG nach ihrer Änderung durch das Anlegerschutzverbesserungsgesetz für die Durchführung einer Due Diligence im Rahmen einer M&A Transaktion aufstellen. Hinsichtlich der insiderrechtlichen Relevanz empfiehlt es sich dabei, zwischen zwei zeitlich aufeinanderfolgenden Vorgängen im Zusammenhang mit der Durchführung einer Due Diligence zu unterscheiden. Denn als verbotenes Insidergeschäft im Sinne des WpHG kann sowohl schon der reine Informationstransfer an den zukünftigen Erwerber als auch die sich anschließende Verwendung der gewonnenen Informationen bei der Kaufentscheidung durch denselben in Betracht kommen.[178]

Abschnitt 1: Due Diligence und Weitergabeverbot (§ 14 Abs. 1 Nr. 2 WpHG)

Gemäß § 14 Abs. 1 Nr. 2 WpHG ist es verboten, einem anderen eine Insiderinformation unbefugt mitzuteilen oder zugänglich zu machen. Man spricht insoweit vom „Weitergabeverbot“. Dogmatisch betrachtet, handelt es sich dabei um einen Vorfeldtatbestand des eigentlichen Insiderhandelns.[179] Ein Verwerten des Insiderwissens wird untersagt, ohne dass es – anders als beim klassischen Insidertatbestand[180] des Abs. 1 Nr. 1[181] – überhaupt zur

---

[177] Entsprechende Geheimhaltungspflichten können dabei vor allem im Rahmen einer *human resources* - bzw. *management due diligence* zu berücksichtigen sein, da bei der Untersuchung der Arbeits- und Tarifverträge sowie der Pensionspläne die Interessen der einzelnen Mitarbeiter berührt werden können. In der Regel erfolgt daher die Weitergabe entsprechender Informationen nur in anonymisierter bzw. statistisch aufbereiteter Form. Vgl. dazu *Körber*, NZG 2002, 263, 267 m.w.N.; *Werner*, ZIP 2000, 989, 992; siehe auch *Diller / Deutsch*, K & R 1998, 16.

[178] Zur rechtlichen Beurteilung von Informationsflüssen nach Transaktionsabschluss vgl. *Traugott*, BB 2001, 2277.

[179] Gleiches gilt für das Empfehlungsverbot aus § 14 Abs. 1 Nr. 3 WpHG a.F.

[180] Vgl. die Begründung zum Zweiten Finanzmarktförderungsgesetz, BT-Drucksache 12/6679, S. 47.

[181] Vgl. hierzu Teil 3:Abschnitt 2:§ 2 unten.

Vornahme eines Wertpapiergeschäfts gekommen ist.[182] Dadurch soll der ordnungsgemäße Verlauf des Wertpapierhandels bereits in einem frühen Stadium geschützt werden.[183]

§ 1 Beteiligungskauf

Die Durchführung einer Due Diligence kommt wie gesehen bei einer ganzen Reihe von M&A Transaktionen in Betracht. Untersucht werden soll die insiderrechtliche Zulässigkeit der Informationsweitergabe daher sowohl beim Anteils- und Unternehmenskauf (*Share* und *Asset Deal*) als auch im Zusammenhang mit öffentlichen Übernahmeangeboten. Dabei werden viele Gemeinsamkeiten in der Beurteilung zu beobachten sein. Allerdings bestehen in diesem Zusammenhang auch einzelne transaktionsspezifische Unterschiede. Ausgangspunkt der Untersuchung soll daher der für die Praxis relevanteste Fall des Beteiligungskaufes sein. Im Anschluss daran werden die Abweichungen dargestellt, die im Hinblick auf die verschiedenen Formen des Unternehmenskaufs zu berücksichtigen sind.

A. Vorüberlegung: Kein Anspruch auf Informationsweitergabe

Bevor auf die insiderrechtliche Zulässigkeit der Informationsweitergabe im Einzelnen eingegangen werden soll, empfiehlt es sich, einen Blick auf die vor Vertragsschluss bestehenden Informationsrechte im Dreieck Erwerber – Veräußerer – Zielgesellschaft zu werfen. Denn würden dem potentiellen Erwerber oder dem Veräußerer des Aktienpakets Informationsansprüche im Verhältnis zur Zielgesellschaft zustehen, könnten die Schranken aus § 14 Abs. 1 Nr. 2 WpHG im Hinblick auf die Informationsweitergabe von vornherein nur inhaltlicher Natur sein. Eine generelle Versagung wäre dann nur in den Fällen denkbar, bei denen die Gefahr unbegrenzbarer missbräuchlicher Informationsverwendung gegeben wäre.[184] Damit ist vorab zu überprüfen, ob und in welcher Konstellation Informationsrechte im Dreieck zwischen Zielgesellschaft, Aktionär und potentiellem Erwerber bestehen. Dabei muss auf Seiten des Anspruchstellers zwischen Erwerbsinteressenten und veräußerndem Aktionär unterschieden werden.

I. Anspruch des Erwerbsinteressenten

Ein Anspruch des potentiellen Erwerbers gegen die Zielgesellschaft auf Gewährung einer Due Diligence scheidet von vornherein aus.[185] Im Falle ei-

---

[182] Zur rechtspolitischen Kritik hieran vgl. *Schwark*, in Kapitalmarktrechts - Kommentar, § 14 Rn. 25 m.w.N.
[183] Vgl. Ziffer III.2.2.2. des Emittentenleitfadens, S. 31.
[184] *Krömker*, NZG 2003, 418, 422.
[185] *Körber*, NZG 2002, 263, 264 f.; *Stoffels*, ZHR 165 (2001), 362, 369;

nes Beteiligungskaufes ist die Zielgesellschaft nicht Partei, sondern Gegenstand des Unternehmenskaufvertrages. Vor der Anteilsübertragung stehen der (außenstehende) potentielle Erwerber und die Zielgesellschaft in keinerlei rechtsgeschäftlichem Kontakt zueinander. Eine entsprechende Verpflichtung des Vorstands der Zielgesellschaft könnte sich daher allenfalls im Innenverhältnis zur Gesellschaft ergeben, wenn die Verweigerung der Informationsweitergabe im Einzellfall eine Verletzung ihrer Geschäftsleiterpflichten[186] darstellen würde. Ein Anspruch des externen Kaufinteressenten lässt sich damit jedoch nicht begründen.[187]

II. Anspruch des veräußernden Aktionärs

Da dem Erwerbsinteressenten in der Regel kein eigener Anspruch auf Gestattung einer Due Diligence zusteht (siehe I oben), verbleibt ihm nur der Weg über den verkaufsbereiten Aktionär. Doch auch dieser führt zu keinem anderen Ergebnis. Unabhängig von der Frage, ob der verkaufsbereite Aktionär an den Interessenten die entsprechenden Informationen weitergeben darf, wird er selber gar nicht über entsprechendes Wissen verfügen.[188] Auch kann er die vom Kaufinteressenten verlangten Informationen regelmäßig nicht selbst beschaffen. Anders als bei der GmbH (§ 51 a Abs. 1 GmbHG) besteht im Hinblick auf den Aktionär kein umfassendes Auskunfts- und Einsichtsrecht, das dem Umfang der Due Diligence gerecht wird. Das Aktiengesetz sieht allein das schmal gefasste und nur in der Hauptversammlung auszuübende Fragerecht nach § 131 Abs. 1 AktG vor. Dieses ist jedoch weder formell noch inhaltlich dazu geeignet, einen Rechtsanspruch auf Zulassung einer Due Diligence zu tragen.[189] Zudem kommt, dass der Vorstand die Auskunft gemäß § 131 Abs. 3 Nr. 1 AktG verweigern darf, wenn der Gesellschaft ansonsten ein nicht unerheblicher Nachteil zugefügt würde. Regelmäßig wird aber § 131 Abs. 3 Nr. 1 AktG gerade auf die für eine Due Diligence erheblichen Informationen Anwendung finden.

Körber zieht darüber hinaus zumindest theoretisch ein ausnahmsweise bestehendes Informationsrecht in Betracht, das sich aus der gegenüber dem Aktionär bestehenden Treuepflicht ergebe. Ein solches Recht würde jedoch nur dann bestehen, wenn den schweren Nachteilen des Gesellschafters für den Fall der Informationsverweigerung keine schweren Nachteile der Gesellschaft

---

[186] Insofern ist aktienrechtlich eine aus §§ 76 Abs. 1, 93 Abs. 1 AktG abgeleitete organschaftliche Treuepflicht in Betracht zu ziehen. Hierzu *Hemeling*, ZHR 169 (2005), 274, 289.

[187] *Körber*, NZG 2002, 263, 265.

[188] Vgl. *Süßmann*, AG 1999, 162, 169.

[189] H.M., vgl. *Hemeling*, ZHR 169 (2005), 274, 286; *Körber*, NZG 2002, 263, 265; *Linker / Zinger*, NZG 2002, 497, 501; *Lutter*, ZIP 1997, 613, 616; *Mertens*, AG 1997, 541, 543; *Stoffels*, NJW 2001, 362, 369f.; *Ziegler*, DStR 2000, 249, 252.

im Falle einer Informationserteilung gegenüberstünden. Dabei müssten seine Interessen aber grundsätzlich gegenüber denen der Gesellschaft zurückstehen, so dass sich in der Praxis hierauf kaum ein Anspruch auf Zulassung einer umfassenden Due Diligence stützen lassen dürfte.[190]

In jüngster Zeit hat *Krömker* jedoch die Anerkennung eines ungeschriebenen Anspruchs des verkaufwilligen Aktionärs auf Zulassung einer Due Diligence vorgeschlagen.[191] Die generelle Versagung würde ansonsten zu einer „faktischen Vinkulierung“ seiner Anteile führen, da im Grunde keine ernsthaften Alternativen zum Paketverkauf mit vorheriger Due Diligence bestünden. Insbesondere würde in diesem Zusammenhang ein Verkauf über die Börse bzw. ein Austritt aus oder eine Kündigung der Gesellschaft als Möglichkeit ausscheiden.[192] Diese Ansicht ist insofern zutreffend, als in der Tat für den Erwerber keine echte Alternative zur Risikominimierung außer der Durchführung einer Due Diligence besteht. Insbesondere kann ein als Alternative in Betracht kommendes Ge-währleistungsregime oder ein gewisser Risikoabschlag erst nach Durch-führung einer Due Diligence für beide Seiten sinnvoll und in angemessenem Umfang vereinbart werden (vgl. Teil 2:Abschnitt 3:§ 4B.I).[193] Von einer Vinkulierung der Anteile bei Versagung einer Due Diligence kann indes trotzdem nicht gesprochen werden. Ein Verkauf wird mit entsprechend großzügigen Zugeständnissen des Aktionärs immer möglich sein. Ob dies für ihn wirtschaftlich dann noch sinnvoll ist, ist eine andere Frage. Die Ansicht *Krömkers* überzeugt aber vor allem aus einem anderen Grund nicht. Die Anerkennung eines originären Anspruchs auf Auskunftserteilung würde den Vertraulichkeitsschutz geheimhaltungsbedürftiger Informationen aushebeln und mit dem Auskunftsverweigerungsrecht aus § 131 Abs. 3 Nr. 1 AktG sowie der Geheimhaltungspflicht des Vorstands nach § 93 Abs. 1 Satz 3 AktG kollidieren.[194]

Daneben ist noch an Besonderheiten zu denken, die im Konzern dann auftreten können, wenn die Zielgesellschaft ein vom Veräußerer abhängiges Unternehmen ist. In diesem Fall könnte das herrschende Unternehmen eine Weisung gemäß § 308 Abs. 1 AktG zur Informationsübermittlung erteilen, sofern dies für die unternehmerische Konzernleitung erforderlich ist. Insofern wird jedoch weitgehend verneint, dass die Veräußerung des abhängigen Unternehmens noch zur Konzernleitung gehört. Vielmehr seien allein die Eigen-

---

[190] *Körber*, NZG 2002, 263, 265.
[191] *Krömker*, NZG 2003, 418; *ders.*: Die Due Diligence im Spannungsfeld zwischen Gesellschafts- und Aktionärsinteressen, S. 79 ff.
[192] *Krömker*, NZG 2003, 418, 421.
[193] Vgl. auch *Mertens*, AG 1997, 541, 542 f.
[194] So auch *Hemeling*, ZHR 169 (2005), 274, 287.

tümer- und Vermögensinteressen des verkaufswilligen Aktionärs betroffen. Zudem sei eine entsprechende Weisung gerade auf die Beendigung der Konzernverbindung gerichtet und stünde deshalb nicht im Zusammenhang mit einer einheitlichen Leitung.[195]

III. Zwischenergebnis

Als Zwischenergebnis kann damit festgehalten werden, dass weder dem Erwerbsinteressenten noch dem bisherigen Anteilsinhaber ein Informationsrecht gegenüber der Zielgesellschaft zusteht, das dem Umfang einer Due Diligence gerecht werden kann. Die zur Wert- und Risikominimierung erforderlichen Informationen können sich beide damit nicht aus eigener Kraft verschaffen. Damit bleibt dem veräußerungswilligen Aktionär lediglich die Möglichkeit, den Vorstand zu ersuchen, dem Erwerbsinteressenten eine Due Diligence zu gestatten.

Damit lässt sich gleichzeitig die Frage nach der Zulässigkeit einer Due Diligence dahingehend präzisieren, ob und wenn ja inwieweit der Vorstand des Zielunternehmens dem Veräußerer oder dem potentiellen Erwerber eine solche im Hinblick auf § 14 Abs. 1 Nr. 2 gestatten darf.[196]

B. Anwendungsbereich des Weitergabeverbots

§ 14 Abs. 1 Nr. 2 WpHG ist für die durchzuführende Untersuchung nur dann relevant, wenn der Anwendungsbereich dieser Norm in den zugrundeliegenden Ausgangsfällen eröffnet ist.

I. Persönlicher Anwendungsbereich

Eine Weitergabe von Informationen im Zuge einer Due Diligence kommt regelmäßig nur durch den Vorstand der Zielgesellschaft in Betracht (vgl. A.III). Damit gilt es im Folgenden zu klären, inwieweit dieser im Zu-

---

[195] *Lutter*, ZIP 1997, 613, 616 f.; *Mertens*, AG 1997, 541, 543; Stoffels, ZHR 165 (2001), 362, 371; Ziemons, AG 1999, 492, 496f.; a.A. *Körber*, NZG 2002, 263, 265; *Treeck*, in FS für Fikentscher, S. 434, 449; *Hemeling*, ZHR 169 (2005), 274, 287 will im Einzelfall danach unterscheiden, ob die Weisung zur Durchführung einer Due Diligence auch dem Konzerninteresse dient. In diesem Fall sei sie von der Weisungsbefugnis noch umfasst. Allein das Verkaufsinteresse des herrschenden Gesellschafters könne ein Weisungsrecht dagegen nicht begründen.

[196] Zur Frage, inwieweit der Veräußerer zur Informationsweitergabe befugt ist, wenn er trotzdem im Besitz von Insiderinformationen ist, siehe *Schmidt – Diemitz*, DB 1996, 1809, 1810. Danach soll die Weitergabe von positiv wirkenden Informationen, von denen der Veräußerer auf rechtmäßige Weise Kenntnis erlangt hat, zulässig sein. Gleiches soll für negativ wirkende Insiderinformationen gelten, soweit der Veräußerer hierzu aufgrund der vorvertraglichen Aufklärungspflichten verpflichtet ist.

sammenhang mit der Zulassung einer Due Diligence Adressat des Weitergabeverbots sein kann.

1. Unterscheidung Primär- / Sekundärinsider

Im Rahmen des § 14 WpHG a.F. unterschied man bereits auf Tatbestandsebene zwischen dem sog. Primär- und dem Sekundärinsider. Wer als Primärinsider galt, richtete sich nach § 13 Abs. 1 Nr. 1 –3 WpHG a.F. Zu ihnen zählte,

1. wer als Mitglied des Geschäftsführungs- oder Aufsichtsorgans oder persönlich haftender Gesellschafter des Emittenten oder eines mit dem Emittenten verbundenen Unternehmens,
2. aufgrund seiner Beteiligung am Kapital des Emittenten oder eines mit dem Emittenten verbundenen Unternehmens oder
3. aufgrund seines Berufs oder seiner Tätigkeit oder seiner Aufgabe bestimmungsgemäß

Kenntnis von einer Insidertatsache hatte. Als Emittent von Insiderpapieren galt dabei regelmäßig die Aktiengesellschaft, soweit ihre Aktien u.a. an einer inländischen Börse zum Handel zugelassen oder in den geregelten Markt oder in den Freiverkehr einbezogen waren (§ 12 Abs. 1 Satz 1 Nr. 1 i.V.m. § 2 Abs. 1 Satz 1 Nr. 1 WpHG a.F.).

Während das Erwerbs- und Veräußerungsverbot [197] auch auf den Sekundärinsider anzuwenden war, d.h. für einen Dritten, der, auch ohne dass er zu einer dieser Personengruppen gehörte, über Insiderwissen verfügte (§ 14 Abs. 1 Nr. 1, Abs. 2 WpHG a.F.), betraf das Weitergabeverbot des § 14 Abs. 1 Nr. 2 WpHG von vornherein nur die Primärinsider.[198]

2. Änderungen durch das AnSVG

Art. 4 der Marktmissbrauchsrichtlinie fordert nun jedoch die prinzipielle Gleichstellung von Primär- und Sekundärinsidern. In der Folge hat der Gesetzgeber des WpHG die dargestellte Unterscheidung auf der Tatbestandsebene bei der Neufassung des Insiderrechts durch das AnSVG aufgegeben.[199]

---

[197] Die Gesetzesbegründung spricht insoweit vom „klassischen Insidertatbestand", BT – Drucksache 12 / 6679, S. 47.

[198] Diese Differenzierung beruhte auf Art. 6 Abs. 2 der Insiderrichtlinie von 1989, wonach es den Mitgliedsstaaten freigestellt war, ob sie die Weitergabeverbote auch für Sekundärinsider vorsehen.

[199] BT- Drucksache 15/3174, S. 34. Dabei ist der Gesetzgeber über die Anforderungen der Richtlinie hinausgegangen. Gemäß Art. 4 der Marktmissbrauchsrichtlinie sollte das Weitergabeverbot nur auf Sekundärinsider erstreckt werden, soweit sie „wussten oder hätten wissen müssen", dass es sich um Insiderinformationen handelt. Auf dieses subjektive Tatbestandsmerkmal wurde bei der Umsetzung der Richtlinie durch das AnSVG verzichtet. Vgl. hiezu

Allerdings ist sie nicht vollständig entfallen. Sie bleibt auf der Rechtsfolgenseite relevant. Während die unbefugte Weitergabe von Insiderinformationen für den Primärinsider gemäß § 38 Abs. 1 Nr. 2 i.V.m. § 39 Abs. 1 Nr. 3 WpHG eine Straftat darstellt, wird sie bei Begehung durch einen Sekundärinsider lediglich als Ordnungswidrigkeit geahndet (§ 39 Abs. 1 Nr. 3 WpHG). Der als Primärinsider in Frage kommende Personenkreis ist im Wesentlichen gleich geblieben.[200] Im Zusammenhang mit der Durchführung einer Due Diligence gilt nunmehr Folgendes:

Der Vorstand des Zielunternehmens ist gemäß § 38 Abs. 1 Nr. 2 a WpHG Primärinsider bezüglich aller Insiderinformationen, die seine eigene Gesellschaft betreffen. Bei einer Due Diligence gilt dies für die meisten offengelegten Insiderinformationen, sofern der Gegenstand der Prüfung vornehmlich der Emittent selbst ist.[201] Daneben kann der Vorstand aber auch Primärinsider hinsichtlich Informationen sein, die ausschließlich andere Unternehmen betreffen. Denn Primärinsider ist der Vorstand auch dann, wenn die Gesellschaft des Vorstands am Kapital eines Emittenten beteiligt ist. Erfasst werden dadurch Informationen über andere Emittenten, die z.B. durch *Joint Ventures* in Form von Gemeinschaftsunternehmen erlangt wurden.[202] Informationen aus rein schuldrechtlichen *Joint Ventures* (sog. *Contractual Joint Ventures*) oder strategischen Allianzen werden dagegen nicht erfasst.[203] Schließlich ist der Vorstand auch dann Primärinsider, wenn es bei der Due Diligence um Informationen geht, die ein mit der Gesellschaft des Vorstands verbundenes Unternehmen betreffen. Dabei ist z.B. an Informationen zu denken, die die Gesellschaft aufgrund des konzerninternen Informationsaustausches mit Tochtergesellschaften erlangt hat.[204]

Festzuhalten ist damit, dass personenbezogene Voraussetzung de lege lata nur noch auf der Sanktionsebene von Bedeutung sind. Die Anknüpfung der Insiderverbote erfolgt auf Tatbestandsebene dagegen ausschließlich an die rein tatsächliche Innehabung von Insiderinformationen. Aus welchem Grund

---

Diekmann / Sustmann, NZG 2004, 929, 932. Vgl. auch *von Falkenhausen / Widder*, BB 2005, 225, 226; *Schäfer*, in: Marsch – Barner / Schäfer, Handbuch börsennotierte AG, § 13 Rn. 41 f.; *Wolfram*, WpHG – Praxis für Investor Relations, S. 101; *Ziemons*, NZG 2004, 537, 538.

[200] In Umsetzung von Art. 2 Abs. 1 d) der Marktmissbrauchsrichtlinie gilt nunmehr jedoch auch derjenige als Primärinsider, der auf Grund der Vorbereitung oder Begehung einer Straftat über eine Insiderinformation verfügt, § 38 Abs. 1 Nr. 2 d) WpHG.

[201] *Liekefett*, S. 167 sowie im Hinblick auf § 13 Abs. 1 WpHG a.F.: Kiethe, NZG 1999, 976, 980; Körber, NZG 2002, 263, 267; Meincke, WM 1998, 749, 756; Mertens, AG 1997, 541; Müller, NJW 2000, 3452, 3456; Stoffels, ZHR 165 (2001), 362, 379 f..

[202] Vgl. hierzu *Liekefett*, S. 167.

[203] *Liekefett*, S. 168.

[204] *Liekefett*, S. 168.

oder auf welche Weise der Insider zu der Information gekommen ist, spielt für das Eingreifen der einzelnen Verbotstatbestände jetzt keine Rolle mehr.[205]

II. Sachlicher Anwendungsbereich

Die bei der Due Diligence zu offenbarenden Informationen müssten zumindest teilweise Insiderinformationen sein, damit ihre unbefugte Weitergabe dem Weitergabeverbot unterliegt.

1. Insiderinformationen

Eine Insiderinformation ist nach der Legaldefinition in § 13 Abs. 1 Satz 1 WpHG eine konkrete Information über nicht öffentlich bekannte Umstände, die sich auf einen oder mehrere Emittenten von Insiderpapieren oder auf die Insiderpapiere selbst beziehen und die geeignet sind, im Falle ihres öffentlichen Bekanntwerdens den Börsen- oder Marktpreis der Insiderpapiere erheblich zu beeinflussen.[206]

Der Begriff der Insiderinformation geht auf Art. 1 Abs. 1 der Marktmissbrauchsrichtlinie zurück. Unter einer Insiderinformation ist danach eine „präzise Information" zu verstehen, die direkt oder indirekt einen oder mehrere Emittenten oder ein oder mehrere Finanzinstrumente betrifft und Kursbeeinflussungspotential besitzt. Der Begriff der „präzisen Information" wird wiederum in Art. 1 Abs. 1 der Durchführungsrichtlinie 2003/124/EG vom 22. Dezember 2003 definiert. [207]

Informationen sind danach zum einen nur dann präzise, wenn damit Umstände bzw. Ereignisse gemeint sind, die bereits existieren bzw. eingetreten sind oder bei denen man vernünftigerweise davon ausgehen kann, dass sie in Zukunft existieren oder eintreten werden. Der durch das AnSVG geänderte § 13 WpHG setzt diese Anforderungen um, indem in Abs. 1 Satz 1 der bisher verwendete Begriff der Tatsache nunmehr durch den darüber hinausgehenden Begriff des Umstands ersetzt wird. Damit wird nicht mehr alleine auf die der äußeren Wahrnehmung und dem Beweis zugänglichen Geschehnisse und Zustände abgestellt. Vielmehr sind damit -ausweislich der Gesetzesbegründung-

---

[205] *Holzapfel / Pöllath*, Rn. 239 a; *Rückert*, in: Kuthe / Rückert / Sickinger, Compliance Handbuch Kapitalmarktrecht, S. 103; *Wolfram*, WpHG – Praxis für Investor Relations, S. 101.

[206] Zur Problematik des Kursbeeinflussungspotentials, siehe 2.

[207] Richtlinie 2003/124/EG der Kommission zur Durchführung der Richtlinie 2003/6/EG des Europäischen Parlaments und des Rates betreffend die Begriffsbestimmung und die Veröffentlichung von Insider- Informationen und die Begriffsbestimmung der Marktmanipulation, ABl. Nr. L 339/70.

nun auch überprüfbare Werturteile und Prognosen gemeint.[208] Abs. 1 Satz 3 erwähnt darüber hinaus nun ausdrücklich auch zukünftige Umstände als Gegenstand möglicher Insiderinformationen. Nicht im Gesetzestext sondern nur in der Begründung findet sich der Hinweis, dass nunmehr auch den Emittenten nur mittelbar betreffende Informationen Insiderinformationen sein können.[209]

Um als präzise Information gewertet zu werden, fordert Art. 1 Abs. 1 der Durchführungsrichtlinie aber auch, dass die Information darüber hinaus „spezifisch" genug ist, um einen Schluss auf die mögliche Auswirkung dieser Umstände oder dieses Ereignisses auf die Kurse von Finanzinstrumenten zulässt. In der Folge findet sich auch in der Gesetzesbegründung zu § 13 WpHG der entsprechende Hinweis, dass die Informationen „konkret" genug sein müssen, um diesen Anforderungen zu genügen.[210]

Ob der Tatbestand des Insiderrechts durch das AnSVG im Ergebnis tatsächlich so erheblich erweitert worden ist, wie es die aufgezeigten Änderungen auf den ersten Blick nahe legen, kann mit Recht bezweifelt werden.[211] Denn auch schon unter dem bisher geltenden Recht war anerkannt, dass Werturteilen oder Prognosen unter gewissen Umständen Tatsachenqualität zukommen konnte.[212] Auch dass nach § 13 Abs. 1 Satz 3 WpHG nun ausdrücklich auch zukünftige Umstände als Insiderinformationen in Betracht kommen, ist nicht völlig neu. Absichten, Pläne und Vorhaben wurden auch früher schon als Insidertatsachen angesehen, sofern ihnen im Falle ihres Bekanntwerdens Kursbeeinflussungspotential zukam.[213]

---

[208] BT Drucksache 15 / 3174, S. 33.

[209] BT Drucksache 15 / 3174, S. 33. Zur Kritik hieran siehe *Ziemons*, NZG 2004, 537, 538, die im Interesse der für eine strafbewehrte Verbotsnorm gebotenen Klarheit eine Präzisierung des Gesetzeswortlauts anmahnt.

[210] BT Drucksache 15 / 3174, S. 34. Vgl. auch Ziffer III.2.1.1 des Emittentenleitfadens der BaFin, S. 19. Zur Frage inwieweit dadurch dem Kriterium des Kursbeeinflussungspotentials eine Doppelfunktion zukommen kann, siehe 2.

[211] So auch *Grothaus*, ZBB 2005, 62 f. ; *Merkner / Sustmann*, NZG 2005, 729, 731.

[212] Vgl. nur *Assmann*, in: Assmann / Schneider, WpHG, 3. Auflage, § 13 WpHG Rn. 33b und f.

[213] *Assmann*, in: Assmann / Schneider, WpHG, 3. Auflage, § 13 Rn. 36.

2. Kursbeeinflussungspotential

Entscheidend für die Eigenschaft als Insiderinformation ist letztlich, ob sie im Falle ihres öffentlichen Bekanntwerdens geeignet ist, den Aktienkurs erheblich zu beeinflussen. Man spricht insoweit vom „Kursbeeinflussungspotential" einer Information. In Umsetzung von Art. 1 Satz 2 der Durchführungsrichtlinie 2003/124/EG ist nach § 13 Satz 2 WpHG eine solche Eignung gegeben, wenn ein verständiger Anleger die Information bei seiner Anlageentscheidung berücksichtigen würde.[214]

Nach dem Emittentenleitfaden der BaFin[215] ist das dann der Fall, wenn ein Kauf- oder Verkaufanreiz gegeben ist und das Geschäft dem verständigen Anleger lohnend erscheint. Danach sollen folglich solche Fälle ausscheiden, in denen die Verwertung einer nicht öffentlich bekannten Information von vornherein schon keinen nennenswerten wirtschaftlichen Vorteil verspricht, so dass überhaupt kein Anreiz besteht, die Information zu verwenden.[216]

Entscheidend ist dabei aber gerade nicht, ob sich der Preis des Insiderpapiers nach Bekanntwerden der Insiderinformation tatsächlich verändert hat. Mit dem Merkmal der Eignung verlangt das Gesetz vielmehr eine Prognose aus Sicht eines verständigen Anlegers, der zum Zeitpunkt seines Handelns alle verfügbaren Informationen kennt. Diese Einschätzung ist in erster Linie unter Berücksichtigung der jeweiligen Information aber auch im Hinblick auf das jeweils betroffene Papier, das gesamte Marktumfeld und andere kursbeeinflussende Aspekte zu treffen.[217]

Auch die BaFin empfiehlt eine Prüfung in zwei Schritten. Dabei soll zunächst untersucht werden, ob der Umstand für sich allein betrachtet im Zeitpunkt des Handelns des Insiders (ex ante) nach allgemeiner Erfahrung ein erhebliches Preisbeeinflussungspotential haben kann. Im Anschluss daran, sollen auch die zu diesem Zeitpunkt vorliegenden oder absehbaren konkreten Umstände des Einzelfalls berücksichtigt werden, die das Preisbe-einflussungspotential erhöhen oder vermindern können.[218]

Durch das Abstellen auf die Sicht eines verständigen Anlegers wurde eine bereits zur alten Rechtslage vertretene These zum Gesetz.[219] Gleichzeitig

---

[214] Vgl. hierzu die Kritik von *Grothaus*, ZBB 2005, 62, 63.

[215] Zur Funktion und zu den Aufgaben der BaFin sowie zur Rechtsnatur des von ihr herausgegebenen Emittentenleitfadens siehe 3 unten.

[216] Ziffer III.2.1.4. des Emittentenleitfadens.

[217] Vgl. *Assmann*, in: Assmann / Schneider, WpHG, 3. Auflage, § 13 Rn. 65 d.

[218] Ziffer III.2.1.4. des Emittentenleitfadens.

[219] Vgl. *Müller*, NJW 2000, 3452, 3456.

wurde auf die Festlegung einer fixen Erheblichkeitsschwelle bewusst verzichtet.[220] Damit dürfte die bisher diskutierte Frage obsolet geworden sein, ob fixierte Schwellenwerte[221] hinsichtlich der Kursschwankungen nicht geeigneter zur Bestimmung des Kursbeeinflussungspotentials sind.[222]

Neben ihrer Funktion als Tatbestandsvoraussetzung für das Vorliegen einer Insiderinformation kann der Eignung zur Kursbeeinflussung nun auch eine weitere Funktion zukommen. Denn sie ist nach der Gesetzesbegründung zu § 13 WpHG darüber hinaus bereits schon dann zu würdigen, wenn es darum geht, ob es sich überhaupt um eine präzise bzw. - in der Diktion des WpHG - um eine konkrete Information handelt (vgl. 1).[223]

3. Exkurs: Der Emittentenleitfaden der BaFin

Als Hilfestellung bei der Anwendung der Insiderbestimmungen kann der Emittentenleitfaden der Bundesanstalt für Finanzdienstleistungsaufsicht (BaFin) herangezogen werden, der von der Praxis lange erwartet und schließlich am 15.07.2005 veröffentlicht wurde.[224] Der endgültigen Veröffentlichung war ein Entstehungsverfahren vorausgegangen, in das Vertreter der Wirtschaft, der Anleger sowie der beratenden Berufe mit einbezogen waren. Ausgangspunkt war dabei ein Entwurf des Emittentenleitfadens, der im Dezember 2004 veröffentlicht wurde. Bis zum 21.01.2005 bestand für die einzelnen Interessensgruppen die Möglichkeit, zu diesem Entwurf Stellung zu nehmen und Änderungsvorschläge vorzutragen.[225] Im Anschluss daran fand am 31.01.2005 eine abschließende Anhörung zu dem Entwurf des Emittentenleitfadens statt. Die vorgebrachten Stellungnahmen wurden von der BaFin in der Folgezeit ausgewertet und in den am 15.07.2005 veröffentlichten Leitfaden zum Teil übernommen. Die Reaktionen waren entsprechend positiv.[226] Da zu

---

[220] BT Drucksache 15 / 3174, S. 34.

[221] Dabei wurde Erheblichkeit überwiegend ab einer Kursschwankung von 5 – 10 % angenommen. Vgl. *Assmann,* in: Assmann/Schneider, WpHG, 3. Auflage, § 13 Rn. 69 (mindestens 5 %); *Müller*, NJW 2000, 3452, 3456; *Schroeder*, DB 1997, 2161, 2164; ausführlich hierzu *Vaupel*, WM 1999, 521, 530.

[222] Vgl. auch *Brandi / Süßmann*, AG 2004, 642; *Dieckmann / Sustmann*, NZG 2004, 929, 930; *Holzapfel / Pöllath*, Rn. 289; *Liekefett*, S. 165; *Spindler*, NJW 2004, 3449, 3451; *Ziemons*, NZG 2004, 537, 538.

[223] So auch *Merkner / Sustmann*, NZG 2005, 729, 731 unter Hinweis auf *Holzborn / Israel*, WM 2004, 1948, 1952; vgl. auch Ziffer III.2.1.1, S. 19 des Emittentenleitfadens.

[224] Zu den Schwierigkeiten bei der Erstellung des Leitfadens vgl. *Dreyling*, Der Konzern 2006, 1.

[225] Vgl. die Pressemitteilung der BaFin vom 03. Januar 2005, abrufbar unter http://www.bafin.de/cgi-bin/drucke.pl?datei=/presse/pm05/050103.htm.

[226] *Hussla*, Handelsblatt vom 22.07.2005, S. 20; *dies.*, Handelsblatt vom 21.07.2005, S. 21; *Kramer,* Financial Times Deutschland vom 21.07.2005, S. 17; *Krämer,* Börsenzeitung vom 21.07.2005, S. 5; *Pfüller*, Börsenzeitung vom 27.07.2005, S. 2; vgl. auch Weber, Börsenzei-

erwarten ist, dass sich die Praxis im Hinblick auf ihre Kapitalmarktkommunikation an den Aussagen des Leitfadens orientiert, soll im Laufe der folgenden Untersuchung auch auf diese näher eingegangen werden.

Zum besseren Verständnis sollen an dieser Stelle die Funktion der BaFin und die Rechtsnatur des Emittentenleitfadens kurz erläutert werden.

a) Funktion und Aufgaben der BaFin

Bei der BaFin handelt es sich gemäß § 1 Abs. 1 des Finanzdienstleistungsaufsichtsgesetzes (FinDAG)[227] um eine bundesunmittelbare, rechtsfähige Anstalt des öffentlichen Rechts. Mit ihrer Gründung zum 01.05.2002 hat sie die Aufgaben der ehemaligen Aufsichtsämter für das Kreditwesen, für das Versicherungswesen und für den Wertpapierhandel übernommen (§ 4 Abs. 1 FinDAG). Seitdem existiert in Deutschland eine einheitliche staatliche Allfinanzaufsicht.

Ziel der im Rahmen der vorliegenden Untersuchung interessierenden Wertpapieraufsicht ist es, die Transparenz und Integrität des Marktes sowie den Anlegerschutz zu gewährleisten. Dazu überwacht sie gemäß § 4 Abs. 2 Satz 1 WpHG die Einhaltung der Verbote und Gebote des Wertpapierhandelsgesetzes. Damit gehört zu ihren zentralen Aufgaben auch die Bekämpfung des Insiderhandels.[228]

b) Rechtsnatur des Emittentenleitfadens

Mit ihrem Emittentenleitfaden will die BaFin nach eigenen Angaben börsennotierten Emittenten ihre Verwaltungspraxis zu den verschiedenen Regelungskomplexen des WpHG darstellen.[229] Trotz der Tatsache, dass der Leit-

---

tung vom 21.07.2005, S. 1 und 5; kritisch dagegen *Kutzner*, Börsenzeitung vom 29.11.2005, S. 20.

[227] Gesetz über die Bundesanstalt für Finanzdienstleistungsaufsicht = Artikel 1 des Gesetzes über die integrierte Finanzdienstleistungsaufsicht vom 22. April 2002, BGBl. 2002 Teil I S. 1310 ff.

[228] So eröffnete die BaFin im Jahr 2005 54 neue Insideruntersuchungen. Vgl. *Dreyling*, Jahresbericht der BaFin 2005, S. 157 f. (abrufbar unter http://www.bafin.de/jahresbericht/2005/kapitel_VI.pdf). Ausführliche Ausführungen zu den Aufgaben und Zielen der BaFin allgemein sind abrufbar unter http://www.bafin.de/bafin/aufgabenundziele.htm. Broschüre „Die BaFin stellt sich vor", die ebenfalls auf den Internetseiten der BaFin erhältlich ist. Zur automatisierten Auswertung der Datensätze mittels der eingesetzten *„Data Mining Software"* vgl. *Wolfram*, WpHG – Praxis für Investor Relations, S. 96 f.

[229] Emittentenleitfaden der Bundesanstalt für Finanzdienstleistungsaufsicht (im Folgenden „Emittentenleitfaden"), S. 12; vgl. auch *Dreyling*, Jahresbericht der BaFin 2005, S. 137; *Schneider*, DB 2005, 2678. *Dreyling*, Der Konzern 2006, 1, 3 stellt jedoch klar, dass der Leit-

faden dabei abstrakt-generell abgefasst ist und sich gezielt an außenstehende Dritte wendet, handelt es sich bei ihm nicht um eine Rechtsverordnung.[230]

Zutreffend ist dagegen eine Einordnung des Leitfadens als Verwaltungsvorschrift. Auch dabei handelt es sich um abstrakt-generelle Regelungen. Diese sind jedoch verwaltungsinterner Art und klären regelmäßig Fragen der Organisation, des Verfahrens und des dienstlichen Verhaltens. Mit der Qualifizierung als Verwaltungsvorschrift stellt sich in der Folge die Frage, inwieweit die Aussagen des Emittentenleitfadens rechtliche Außenwirkung[231] entfalten und somit für die Emittenten bindend sind. Insofern wird zwischen normkonkretisierenden, norminterpretierenden und ermessensleitenden Verwaltungsvorschriften unterschieden, wobei lediglich normkonkretisierenden Verwaltungsvorschriften eine unmittelbare rechtliche Außenwirkung zuerkannt wird.[232] Da der Emittentenleitfaden aber die Verwaltungspraxis erläutern will und damit lediglich die Rechtsauffassung der BaFin weitergibt, handelt es sich bei ihm um eine norminterpretierende Verwaltungsvorschrift.[233]

Damit kommt allein eine mittelbare Außenwirkung über den Gleichheitssatz des Art. 3 Abs. 1 GG in Betracht. Denn durch die Herausbildung einer Verwaltungspraxis kommt es zu einer Selbstbindung der Verwaltung. Das bedeutet, dass eine Abweichung von der festgeschriebenen Praxis dann nur noch möglich ist, wenn ein sachlicher Grund für eine Ungleichbehandlung besteht.[234]

4. Insiderinformationen und Due Diligence

a) Offengelegte Informationen als Insiderinformation

Bei der Frage, inwieweit Insiderinformationen im Rahmen einer Due Diligence relevant werden können, muss zwischen der Zulassung einer Due

---

faden kein „Standardkommentar" sei, weshalb vor allem schwierige Due Diligence Fragen in Einzelfällen auch mit der BaFin besprochen werden könnten.

[230] Denn insoweit besteht keine gesetzliche Ermächtigungsgrundlage, die von Art. 80 GG für den Erlass von Rechtsverordnungen aber gefordert wird.

[231] Hiervon zu unterscheiden ist die rechtliche Bindungswirkung des Leitfadens innerhalb der Behörde. Diese ergibt sich auf Grund dienstrechtlicher Gehorsamspflichten der Bediensteten. Vgl. hierzu *Maurer*, § 24 Rn. 18; *Merkner / Sustmann*, NZG 2005, 729.

[232] BVerwGE 72, 300, 320f.; vgl. hierzu *Gerhardt*, NJW 1989, 2233; *Hill*, NVwZ 1989, 401.

[233] *Merkner / Sustmann*, NZG 2005, 729, 730.

[234] *Hill*, NVwZ 1989, 408; *Jarass*, in: Jarass / Pieroth, GG, Art. 3 Rn. 25; *Kopp / Schenke*, VwGO, § 114 Rn. 41 f.; *Leisner*, JZ 2002, 219, 223; *Maurer*, § 24 Rn. 21. Nach der Lehre von der antizipierten Verwaltungspraxis tritt die Selbstbindung bereits mit dem Erlass der Verwaltungsvorschrift ein und wirkt sich daher schon bei der Behandlung des ersten Falles aus, vgl. BVerwGE 52, 193, 199; vgl. auch *Claussen / Florian*, AG 2005, 745, 747.

Diligence an sich und den im Rahmen einer solchen Unternehmensprüfung offengelegten Daten unterschieden werden. Während Ersteres nicht als Insiderinformation in Frage kommt,[235] wird es sich bei den im Rahmen einer Due Diligence offenbarten Daten zumindest teilweise um Insiderinformationen handeln.[236] Denn diese sind mit Ausnahme von z.B. Handelsregister- oder Grundbuchauszügen grundsätzlich nicht der Öffentlichkeit bekannt. Den entsprechenden Daten wird regelmäßig auch Kursbeeinflussungspotential beizumessen sein. Schließlich werden sie zur Ermittlung des Wertes des Unternehmens oder des zu veräußernden Aktienpakets herangezogen. Gerade wertbildende Faktoren, die der Öffentlichkeit bisher nicht bekannt waren, können aber Einfluss auf den Kurs der Aktien haben.[237] Als Insiderinformationen kommen z.B. Gewinn-prognosen, der Abschluss oder die Kündigung wichtiger Vertragsverhältnisse, strategische Planungen des Unternehmens etc. in Betracht.[238]

b) Insiderinformationen und Ad-hoc-Pflichtigkeit

Streng genommen dürften jedoch im Rahmen einer Due Diligence gar keine Insiderinformationen ans Licht kommen. Denn diese sind grundsätzlich gemäß § 15 WpHG ad-hoc-pflichtig und damit unverzüglich zu veröffentlichen. Mit der Veröffentlichung verlieren sie jedoch ihre Eigenschaft als Insiderinformation. Daher sollte es sie eigentlich im Zielunternehmen nicht geben.[239]

In der Praxis gibt es sie aber sehr wohl. Dies kann zum einen natürlich daran liegen, dass der Publizitätspflicht nicht immer nachgekommen wird. Andererseits kann es vorkommen, dass selbst der Vorstand nicht alle dem Unternehmen innewohnenden kursbeeinflussenden Tatsachen kennt.[240] Vielmehr werden ihm diese nicht selten erst im Rahmen einer Due Diligence bekannt.[241] Daneben kann es sich bei den aufgedeckten Informationen um Daten handeln, von deren zwingender Veröffentlichung der Vorstand nach § 15

[235] So noch zur „Insidertatsache“ *Götze*, BB 1998, 2326.

[236] *Beisel*, in: Beisel / Klumpp, Unternehmenskauf, S. 36; *Fromm - Russenschuck / Banerjea*, BB 2004, 2425; *Hemeling*, ZHR 169 (2005), 274, 283; *Kiethe*, NZG 1999, 976, 980; *Körber*, NZG 2002, 263, 267; *Krömker*, S. 65; *Kutzner*, Börsenzeitung v. 29.11.2005, 20; *Linker / Zinger*, NZG 2002, 497, 500; *Mertens*, AG 1997, 541; *Müller*, NJW 2000, 3452; 3456; *Rittmeister*, NZG 2004, 1032, 1035; *Roschmann / Frey*, AG 1996, 449, 453; *Schroeder*, DB 1997, 2161, 2164; *Stoffels*, ZHR 165 (2001), 362, 379 f.; *Streißle*, BKR 2003, 788; *Süßmann*, AG 1999, 162, 169; *Werner*, ZIP 2000, 989, 992; *Ziegler*, DStR 2000, 249, 253.

[237] *Krömker*, S. 65.

[238] Im Einzelnen siehe *Holzapfel / Pöllath*, Rn. 293a.

[239] Vgl. auch *Schmidt – Diemitz*, DB 1996, 1809.

[240] *Liekefett*, S. 166.

[241] *Liekefett*, S. 166; *Schroeder*, DB 1997, 2161, 2164.

Abs. 3 Satz 1 WpHG zumindest zeitweise befreit ist. Hinzu kommt, dass es immer noch Insiderinformationen gibt, die grundsätzlich nicht gleichzeitig ad-hoc-pflichtig sind. Dies ist vor allem bei Informationen der Fall, die den Emittenten nur mittelbar betreffen. § 15 Abs. 1 Satz 1 WpHG stellt ausdrücklich klar, dass derlei Informationen nicht veröffentlichungspflichtig sind. Gleichwohl handelt es sich hier um Insiderinformationen (siehe 1).[242]

Vor Inkrafttreten des AnSVG unterschied das WpHG noch deutlicher zwischen Insider- und Ad-hoc-Tatsache. Zwar war die Frage nach dem Kursbeeinflussungspotential bei beiden gleich zu bestimmen. § 15 Abs. 1 Satz 1 WpHG a.F. verlangte darüber hinaus aber auch, dass die Tatsache „im Tätigkeitsbereich des Emittenten" eingetreten ist.[243] Anders als bei § 14 Abs. 1 Nr. 2 WpHG a.F. wurden z.B. von § 15 Abs. 1 Satz 1 daher nicht auch sog. „Marktdaten" erfasst. Gerade weil es aber bis zur Umsetzung der Marktmissbrauchsrichtlinie starke Unterschiede zwischen Insidertatsachen und Ad-hoc-Tatsachen gab, werden viele Unternehmen noch immer im Besitz von noch nicht veröffentlichten Insiderinformationen sein.[244]

C. Untersagte Handlung

Der objektive Tatbestand des § 14 Abs. 1 Nr. 2 sieht zwei Tatbestandsalternativen vor. Der Inhaber der Insiderinformation muss einem Dritten sein Wissen entweder mitgeteilt oder zugänglich gemacht haben. Dabei muss der Dritte bei beiden Tatbestandsalternativen nicht wissen, dass es sich bei den übermittelten Daten um nicht öffentlich bekannte kurserhebliche (Insider-Informationen handelt.[245]

I. „Mitteilen" (§ 14 Abs. 1 Nr. 2 Alt. 1 WpHG)

Eine Mitteilung einer Insiderinformation i.S.v. § 14 Abs. 1 Nr. 2 Alt. 1 WpHG an einen anderen liegt vor, wenn die Information willentlich Gegenstand einer Information an einen Dritten oder mehrere Dritte ist.[246] Der Inhaber des Insiderwissens muss dem Dritten mithin unmittelbar oder mittelbar über

---

[242] Vgl. auch *Schürnbrand*, Diskussionsbericht zu den Referaten Westermann und Hemeling, ZHR 169 (2005) 295, 297.

[243] Dieses Kriterium ist nach neuer Rechtslage nur noch ein Beispiel für eine unmittelbare Insiderinformation (§ 15 Abs. 1 Satz 2 WpHG). Auch Informationen außerhalb des Tätigkeitsbereichs des Emittenten können diesen unmittelbar betreffen. Dabei ist zum Beispiel an eine Herabstufung durch eine externe Ratingagentur oder an die Übermittlung eines Übernahmeangebotes im Sinne von § 29 Abs. 1 WpÜG zu denken, vgl. im Einzelnen *Rückert / Kuthe*, in: Kuthe / Rückert / Sickinger, Compliance Handbuch Kapitalmarktrecht, S. 134.

[244] Darauf weist zutreffend *Liekefett*, S. 166 hin.

[245] *Schwark*, Kapitalmarktrechts - Kommentar, § 14 Rn. 29.

[246] *Assmann*, in: Assmann / Schneider, WpHG, § 14 Rn. 65.

eine andere Person Kenntnis von der Insiderinformation verschaffen.[247] In welcher Weise die Information dabei kommuniziert wird, d.h. welches Medium der Informationsvermittlung gewählt wird, ist unerheblich.[248]

Im Rahmen einer Due Diligence können Insiderinformationen damit vor allem im Rahmen der den Prozess einleitenden *Management Presentation* aber auch bei der späteren Befragung im Zuge der *Q&A* Sitzungen mitgeteilt werden (vgl. hierzu Teil 2:Abschnitt 2:§ 2A.I und III).

II. „Zugänglich machen" (§ 14 Abs. 1 Nr. 2 Alt. 2 WpHG)

Eine Insiderinformation wird einem anderen i.S.v. § 14 Abs. 1 Nr. 2 Alt. 2 WpHG zugänglich gemacht, wenn der Inhaber der Information die Voraussetzungen dafür schafft, die einem anderen die Kenntnisnahme der Insiderinformation ermöglichen, ohne die Information dabei selbst zum Gegenstand einer Information an einen Dritten zu machen.[249] Der Dritte darf von der Insiderinformation mithin nicht unmittelbar auf Veranlassung des Insiders Kenntnis erlangen. Vielmehr muss er zusätzlich eigenes Handeln entfalten.[250]

Gewährt der Vorstand der Zielgesellschaft dem potentiellen Erwerber im Zuge einer Due Diligence Zugang zum Datenraum und überlässt er ihm zum Zwecke der Prüfung die darin enthaltenen Dokumente, macht er ihm mithin Insiderinformationen zugänglich. Daneben nennt die Gesetzesbegründung zu § 14 Abs. 1 Nr. 2 WpHG a.F. als Beispiel die Weitergabe eines Kennworts durch den Insider, dass dann den Zugriff auf gespeicherte Insidertatsachen ermöglicht.[251] Bezogen auf die Due Diligence werden dabei die Vorgänge auch im Zusammenhang mit einem virtuellen Datenraum erfasst, so wie er mehr und mehr bei Auktionsverfahren - vor allem mit internationalem Bezug - Verwendung findet (vgl. hierzu Teil 2:Abschnitt 2:§ 2A.II).

---

[247] Die BaFin (Emittentenleitfaden Ziffer III.2.2.2.1.) vertritt demgegenüber den Standpunkt, der Tatbestand setze eine unmittelbare Weitergabe voraus. Kritisch hierzu *Sethe*, ZBB 2006, 243, 247.

[248] *Assmann*, in: Assmann / Schneider, WpHG, § 14 Rn. 65; *Hilgendorf*, in Park, Kapitalmarkt - Strafrecht, §§ 38 I Nr. 1 –3, 12, 13, 14 WpHG Rn. 126; *Schwark*, in: Kapitalmarktrechts - Kommentar, § 14 WpHG Rn. 27.

[249] *Assmann*, in: Assmann / Schneider, WpHG, § 14 Rn. 66.

[250] *Schwark*, in: Kapitalmarktrechts - Kommentar, § 14 WpHG Rn. 28. Um beide Tatbestandsalternativen von § 14 Abs. 1 Nr. 2 WpHG gleich zu gewichten, ist das Tatbestandsmerkmal „zugänglich machen" aber erst dann erfüllt, wenn der Dritte tatsächlich Kenntnis erlangt hat.

[251] BT – Drucksache 12 / 6679, S. 47.

D. „Unbefugtheit“ der Weitergabe

Die Weitergabe von Insiderinformationen ist gemäß § 14 Abs. 1 Nr. 2 WpHG nur dann untersagt, wenn sie unbefugt vorgenommen wird. Im Umkehrschluss heißt das, dass eine befugte Weitergabe nicht gegen das Weitergabeverbot des WpHG verstößt.[252] Damit entscheidet letztlich das Merkmal der „Unbefugtheit“ über die Verwirklichung des Verbotstatbestandes.

I. Dogmatische Einordnung des Merkmals

Beim Merkmal „unbefugt“ in § 14 Abs. 1 Nr. 2 WpHG handelt es sich nicht um einen reinen Hinweis auf das allgemeine Verbrechensmerkmal der Rechtswidrigkeit[253]. Nicht unumstritten war vor Inkrafttreten des AnSVG, ob es sich dabei um ein eigenständiges Tatbestandsmerkmal handelte.

Zum Teil wurde dem Merkmal „unbefugt“ eine sog. „Doppelfunktion“ zugemessen.[254] Danach sollte ihm nur insoweit die Funktion als eigenständiges Tatbestandsmerkmal zukommen, als eine Weitergabe an Personen erfolgte, die durch die Kenntnisnahme der Informationen selber zu Primärinsidern wurden und damit ihrerseits dem Weitergabeverbot aus § 14 Abs. Nr. 2 WpHG unterfielen. Die Weitergabe war in diesen Fällen nur dann unbefugt, wenn zur bloßen Weitergabe Umstände hinzutraten, die die Weitergabe als Unrecht erschienen ließen.[255] Dagegen sollte die Weitergabe an Personen, die als Sekundärinsider nicht dem Weitergabeverbot unterlagen und die damit die Informationen sanktionslos weitergeben konnten, stets als tatbestandserfüllend und damit als unrechtsindizierend gelten. Um von der Strafbarkeit ausgenommen werden zu können, musste die Weitergabe hier durch die allgemeinen Rechtfertigungsgründe gedeckt sein.[256] Zwar konnte man mit dieser Ansicht das Risiko einer missbräuchlichen Informationsweitergabe bisher effektiv reduzieren. Dabei wurde jedoch verkannt, dass es zu einer Präjudizierung bei der Behandlung von Fällen hätte kommen können, in denen Sekundärinsider informiert wurden.[257]

---

[252] *Linker / Zinger*, NZG 2002, 497, 500.

[253] *Assmann*, in: Assmann / Schneider, WpHG, § 14 Rn. 72; *Benner – Heinacher*, DB 1995, 765, 766; *Caspari*, ZGR 1994, 530, 545; *Götz*, DB 1995. 1949; *Schäfer*, in: Schäfer, § 14 Rn. 19; *Schmidt / Diemitz*, DB 1996, 1809, 1810; *Süßmann*, AG 1999, 162, 163.

[254] *Ziemons*, AG 1999, 492, 497 f.; so auch *Assmann / Cramer*, in: Assmann / Schneider, WpHG, 3. Auflage § 14 Rn. 47 und hieran anknüpfend auch zur neuen Rechtslage *Assmann*, in Assmann / Schneider, WpHG, § 14 Rn. 72.

[255] *Assmann*, in Assmann / Schneider, WpHG, § 14 Rn. 72.

[256] *Ziemons*, AG 1999, 492, 497 f.

[257] *Schwark*, in Kapitalmarktrechts - Kommentar, § 14 Rn. 30.

In Umsetzung von Art. 4 der Marktmissbrauchsrichtlinie wurde das Weitergabeverbot des § 14 Abs. 1 Nr. 2 WpHG nun auch auf Sekundärinsider erstreckt (vgl. B.I.2). Damit ist der Annahme einer „Doppelfunktion“ mit der o.g. Begründung nunmehr der Anknüpfungspunkt genommen. Strafbarkeitslücken, die durch diese Vorgehensweise vermieden werden sollten, sind nach der Neufassung des § 14 AnSVG nun nicht mehr denkbar. Unabhängig von der Person des Informationsempfängers, handelt es sich bei dem Merkmal „unbefugt“ um ein eigenständiges Tatbestandsmerkmal. Das AnSVG hat insofern Klarheit geschaffen.[258]

II. Mangelnde inhaltliche Konkretisierung

Die Frage nach der inhaltlichen Konkretisierung des Begriffes ist damit jedoch noch nicht beantwortet. Problematisch ist in diesem Zusammenhang, dass das Merkmal nicht legaldefiniert ist. Aufgrund der Tatsache, dass es kaum strafrechtliche Ermittlungsverfahren im Hinblick auf Verstöße gegen § 14 Abs. 1 Nr. 2 WpHG gibt, die zu Anklagen führen, existiert auch keine einschlägige Rechtsprechung.[259]

Gleichzeitig liefert weder die Gesetzesbegründung zum AnSVG[260] noch die Gesetzesbegründung zum Zweiten Finanzmarktförderungsgesetz[261] einen eindeutigen Hinweis, wie die Norm auszulegen ist. Beide Male wird im Hinblick auf die inhaltliche Konkretisierung des Merkmals „unbefugt“ ausdrücklich auf die der Regelung zugrundeliegenden Richtlinie verwiesen.

III. Richtlinienkonforme Auslegung

§ 14 Abs. 1 Nr. 2 WpHG beruht auf Art. 3 a der Marktmissbrauchsrichtlinie.[262] Verboten ist danach die Weitergabe von Insiderinformationen an Dritte, „soweit dies nicht im normalen Rahmen der Ausübung ihrer Arbeit oder ihres Berufes oder der Erfüllung ihrer Aufgaben geschieht.“ Auch diese Formulierung ist nicht präzise und muss folglich ihrerseits konkretisiert werden.

---

[258] So auch *Sethe*, ZBB 2006, 243, 249.
[259] So zutreffend *Liekefett*, S. 170.
[260] Vgl. BT – Drucksache 15 / 3174, S. 34.
[261] Vgl. BT – Drucksache, 12 / 6679, S. 47.
[262] § 14 Abs. 1 Nr. 2 a.F. seinerseits beruhte auf Art. 3 a der Insiderrichtlinie, der Art. 3 a der Marktmissbrauchsrichtlinie entspricht und durch diesen ersetzt wurde.

1. In einem „normalen Rahmen“

Die Weitergabe der Information muss also zunächst „in einem normalen Rahmen“ der Vorstandstätigkeit geschehen. Denkbar sind hier zwei unterschiedliche Ansätze, die zu unterschiedlichen Ergebnissen führen:

Zum einen könnte „in einem normalen Rahmen“ bedeuten, dass die Weitergabe der Insiderinformation „im gewöhnlichen Geschäftsgang“ der Vorstandstätigkeit liegen muss. Eine Weitergabe im Zusammenhang mit außergewöhnliche Geschäftsführungsmaßnahmen wäre demnach nicht zulässig. Ein derartiges Verständnis hätte jedoch zur Folge, dass die Weitergabe von Insiderinformationen im Rahmen einer Due Diligence stets nach § 14 Abs. 1 Nr. 2 WpHG unbefugt und damit verboten wäre. Denn hierbei handelt es sich regelmäßig um eine dem Tagesgeschäft fremde Maßnahme.[263]

Umgekehrt ist aber auch eine weite Auslegung dahingehend möglich, dass die eigentliche Informationsweitergabe durch den Vorstand nur den verkehrsüblichen Verfahrensabläufen entsprechen muss, um als befugt angesehen werden zu können. Danach wäre die Weitergabe von Informationen an den potentiellen Erwerber zulässig, wenn sie im Rahmen einer praxisüblichen Due Diligence erfolgt.[264]

2. In „Erfüllung ihrer Aufgaben“

Darüber hinaus kommt es darauf an, ob die Vorstandsmitglieder in der Erfüllung ihrer Aufgaben handeln, wenn sie eine Due Diligence durch den potentiellen Erwerber zulassen.

In diesem Zusammenhang ist zu beachten, dass der EuGH sich aufgrund einer Vorlage des Københavns Byret erstmals zur Auslegung des Weitergabeverbots geäußert hat.[265] Dabei hat er zu Art. 3 a der Insiderrichtlinie, der jedoch wortgleich mit Art. 3 a der Marktmissbrauchsrichtlinie ist, festgestellt, dass die Regelung eng auszulegen sei.[266] Gefordert wir ein enger Zusammenhang zwischen der Weitergabe der Information und den beruflichen Aufgaben, deretwegen die Weitergabe erfolgt.[267] Darüber hinaus müsse die Weitergabe für die Erfüllung der Aufgabe unerlässlich sein, und der Grundsatz der Verhältnismäßigkeit sei zu beachten.[268] Ob die Weitergabe jedoch konkret in Erfüllung einer

---

263 *Kiethe*, NZG 1999, 976, 980; *Schroeder*, DB 1997, 2161, 2164.

264 *Kiethe*, NZG 1999, 976, 980; *Schroeder*, DB 1997, 2161, 2164.

265 EuGH, Urteil vom 22.11.2005 – Rs C-384/02, ZIP 2006, 123; hierzu auch *Sethe*, ZBB 2006, 243, 244 und 250.

266 EuGH, Urteil vom 22.11.2005 – Rs C-384/02, Rn. 27, 34, 48.

267 EuGH, Urteil vom 22.11.2005 – Rs C-384/02, Rn. 48.

268 EuGH, Urteil vom 22.11.2005 – Rs C-384/02, Rn. 34, 48.

Aufgabe erfolge, bestimme sich nach den jeweiligen nationalen Vorschriften, da dieser Bereich nicht durch Richtlinien harmonisiert sei.[269]

Zwischenergebnis

Damit kann festgehalten werden, dass sich auf der rein europarechtlichen Ebene keine eindeutigen Hinweise für die Lösung des hier zu klärenden Problems ergeben. Mangels Harmonisierung auf europäischer Ebene lenkt der EuGH den Blick vielmehr zurück auf nationales Recht.

IV. Aktienrechtliche Verschwiegenheitspflicht (§ 93 Abs. 1 S. 3 AktG)

Für die Vorstandsmitglieder einer Aktiengesellschaft ist insofern zunächst die in § 93 Abs. 1 Satz 3 AktG statuierte und durch § 404 Abs. 1 Nr. 1 AktG strafbewehrte aktienrechtliche Verschwiegenheitspflicht zu beachten.[270] Gemäß § 93 Abs. 1 Satz 3 AktG haben die Vorstandsmitglieder über vertrauliche Angaben und Geheimnisse der Gesellschaft, namentlich Betriebs- oder Geschäftsgeheimnisse[271], die ihnen durch ihre Tätigkeit im Vorstand bekannt geworden sind, Stillschweigen zu bewahren. Zweck dieser Regelung ist der Schutz der Gesellschaft, vor allem hinsichtlich Wettbewerbsfähigkeit und Ansehen.[272] Damit muss zunächst die aktienrechtliche Zulässigkeit einer Due Diligence überprüft werden. Ergibt sich dabei, dass der Vorstand bei der Weitergabe der Informationen befugt handelt, handelt er im Hinblick auf die insiderrechtliche Zulässigkeit zumindest in „Erfüllung seiner Aufgaben“.[273]

1. Gesellschaftsgeheimnisse, vertrauliche Angaben und Insiderinformationen

Im Rahmen von § 93 Abs. 1 Satz 3 soll die Weitergabe von Gesellschaftsgeheimnissen und vertraulichen Angaben verhindert werden.

Welche Informationen unter den Geheimnisbegriff subsumiert werden können, richtet sich nach der in Rechtsprechung und Literatur vertretenen

---

[269] EuGH, Urteil vom 22.11.2005 – Rs C-384/02, Rn. 40, 46, 50, 54.

[270] Daneben machen sich die Mitglieder des Vorstands durch einen Verstoß gegen § 93 Abs. 1 Satz 3 AktG nach § 93 Abs. 2 AktG schadensersatzpflichtig. Zudem kann in der Missachtung der Verschwiegenheitspflicht auch ein wichtiger Grund liegen, die Bestellung zum Vorstand gemäß § 84 Abs. 3 AktG zu widerrufen und den Anstellungsvertrag zu kündigen. Vgl. *Bihr*, BB 1998, 1198, 1199; *Schroeder*, DB 1997, 2161.

[271] Diese Unterscheidung richtet sich nach der Aufteilung von technischem und kaufmännischem Bereich des Unternehmens. Auf eine exakte Unterscheidung kommt es jedoch nicht an, da beide Geheimnisbereiche in dem Sammelbegriff des Gesellschaftsgeheimnisses aufgehen. Vgl. nur *Roschmann / Frey*, AG 1996, 449, 450.

[272] *Hopt*, in Großkommentar, § 93 Rn. 190 und 197.

[273] *Schroeder*, DB 1997, 2161, 2164; ähnlich *Linker / Zinger*, NZG 2002, 497, 500 sowie *Schwark*, in: Kapitalmarktrechts - Kommentar, § 14 Rn. 41, die im Falle der aktienrechtlichen Zulässigkeit insgesamt keinen Verstoß gegen § 14 Abs. 1 Nr. 2 sehen.

„Kombinationslösung".[274] Danach kommen als Geheimnisse nur solche Tatsachen oder Sachverhalte in Betracht, die nicht offenkundig, d.h. die nur einem begrenzten Personenkreis bekannt sind. Hinzu kommen muss, dass an ihrer Geheimhaltung ein objektiv berechtigtes Geheimhaltungsinteresse der Gesellschaft besteht. Schließlich wird auch noch ein Geheimhaltungswille der Gesellschaft gefordert.[275]

Hinsichtlich der beiden ersten Voraussetzungen wird es regelmäßig zu einer Überschneidung zwischen den hier interessierenden Insiderinformationen und Gesellschaftsgeheimnissen kommen, da diese in der Regel die beiden ersten Voraussetzungen erfüllen.[276] Sie betreffen zum einen nicht öffentlich bekannte Umstände und sind damit auch nicht offenkundig (vgl. B.II.1). Gleichzeitig indiziert schon der Umstand, dass die Zielgesellschaft diese Informationen bislang nicht öffentlich bekannt gemacht hat, ein objektives Geheimhaltungsinteresse der Gesellschaft.[277] Dies gilt vor allem - aber nicht nur - in Bezug auf Informationen, die im Hinblick auf § 15 Abs. 3 WpHG nicht bekannt gemacht wurden. Aber auch sonst besteht die Gefahr, dass der Gesellschaft im Zuge der Offenbarung von Insiderinformationen ein materieller oder immaterieller Schaden droht. Es wird daher oft im Interesse der Gesellschaft sein, dieses Wissen geheimzuhalten.

Problematisch im Zusammenhang mit der Durchführung einer Due Diligence könnte allein der sog. Geheimhaltungswille sein. Denn folgert man aus der Leitungszuständigkeit des Vorstandes (§ 76 Abs. 1 AktG) konsequenterweise auch die Befugnis, den Willen zur Geheimhaltung zu bestätigen oder abzulehnen, kommt man auf den ersten Blick zwangsläufig zu dem Ergebnis, dass der Vorstand durch eine Due Diligence gar nicht gegen die Geheimhaltungspflicht aus § 93 Abs. 1 Satz 3 AktG verstoßen kann.[278] Es liegt auf der Hand, dass der Vorstand einfach den Geheimhaltungswillen der Gesellschaft aufgeben müsste, um zu verhindern, dass es sich bei den weitergegebenen Informationen noch um Geheimnisse handelte. Mit dieser Vorgehensweise hätte er es in der Hand, den Tatbestand der unbefugten Offenbarung von Gesellschaftsinterna entfallen zu lassen und die Sanktionen aus § 93 Abs. 2 sowie § 404 AktG zu umgehen.

---

[274] BGHZ 64, 325, 329; *Roschmann / Frey*, AG 1996, 449, 450; *Treeck*, in: Festschrift Fikentscher, S. 434, 441.

[275] Kritisch *Ziemons*, AG 1999, 492, 493; vgl. auch *Hüffer*, AktG, § 93 Rn. 7.

[276] *Eggenberger*, S. 295 f.; *Linker / Zinger*, NZG 2002, 497, 500; *Ziemons*, AG 1999, 492, 497.

[277] Vgl. *Liekefett*, S. 90; *Roschmann / Frey*, AG 1996, 449, 450.

[278] Vgl. *Ziemons*, AG 1999, 492, 493.

Im Zuge der Gewährung einer Due Diligence durch einen oder auch mehrere Kaufinteressenten kommt es regelmäßig jedoch nicht dazu. Denn die Bekanntgabe der Informationen gegenüber einem nur beschränkten Personenkreis führt noch nicht dazu, dass der Vorstand die Informationen nicht mehr geheim halten will. Der Geheimhaltungswille kann vielmehr nur durch einen sogenannten „Totalverzicht“ gegenüber der Allgemeinheit entfallen.[279] Im Vorfeld von Unternehmens- bzw. Beteiligungskäufen will der Vorstand aber gerade nicht auf den Geheimhaltungswillen global, d.h. gegenüber jedermann, verzichten. Vielmehr soll allein der Erwerbsinteressent Kenntnis von den internen Informationen erlangen, während allen anderen Dritten gegenüber die Information auch weiterhin geheim bleiben soll. Die im Rahmen einer Due Diligence weitergegebenen Insiderinformationen iSv § 13 WpHG sind damit häufig gleichzeitig auch als Geheimnisse iSv § 93 Abs. 1 Satz 3 AktG. Der Vorstand könnte daher durch § 93 Abs. 1 Satz 3 AktG daran gehindert sein, eine Due Diligence zu gestatten.

Um vertrauliche Angaben handelt es sich bei allen Informationen, die ein Vorstandsmitglied im Rahmen seiner Tätigkeit erlangt hat und deren Weitergabe für die Gesellschaft möglicherweise nachteilig ist.[280] Obwohl das Gesetz hinsichtlich der strafrechtlichen Sanktionierung in § 404 Abs. 1 AktG zwischen Geheimnissen und vertraulichen Angaben differenziert, decken sich die beiden Begriffe weitgehend. Der Begriff der vertraulichen Angaben ist jedoch insofern weiter, da auch öffentlich bekannte Umstände von ihm umfasst werden.[281] Auch derartige Informationen können grundsätzlich Gegenstand einer Due Diligence sein.[282] Bei den hier in Frage stehenden Insiderinformationen handelt es sich jedoch regelmäßig um nicht öffentlich bekanntes Wissen, mithin um Geheimnisse.

2. Grenzen der Verschwiegenheitspflicht

Nach dem Wortlaut von § 93 Abs. 1 Satz 3 AktG kennt die Geheimhaltungspflicht des Vorstands keine Ausnahmen. Darüber hinaus kann sie auch nicht durch eine entsprechende Regelung der Satzung (vgl. § 23 Abs. 5 AktG) bzw. einer Geschäftsordnung gemildert werden.[283] Auch ein entsprechender

---

[279] *Roschmann / Frey*, AG 1996, 449, 450.
[280] *Hefermehl*, in: Geßler / Hefermehl, § 93 Rn. 16 f; *Hüffer*, § 93 Rn. 7.
[281] *Hefermehl*, in: Geßler / Hefermehl, § 93 Rn. 16 f; *Hopt*, in: Großkommentar, § 93 Rn. 196.
[282] *Liekefett*, S. 92, führt als Beispiel Sitzungsprotokolle von Vorstand und Aufsichtsrat an. Möglich sei, dass aus ihnen nur bereits bekannte Informationen hervorgingen. Dennoch könne die Geschäftsleitung im Einzelfall ein Interesse daran haben, dass diese Umstände nicht erneut ins Bewusstsein der Öffentlichkeit gelangten.
[283] BGHZ 64, 325, 327; *Hüffer*, AktG, § 93 Rn. 1; *Schroeder*, DB 1997, 2161

Beschluss der Hauptversammlung scheidet aus.[284] Dennoch herrscht in Schrifttum und Rechtsprechung Einigkeit darüber, dass die Schweigepflicht des Vorstands nicht grenzenlos ist. Dogmatisch begründet werden kann dies durch eine teleologische Reduktion des § 93 Abs. 1 Satz 3 AktG. § 93 Abs. 1 Satz 3 basiert auf der organschaftlichen Treue- und Sorgfaltspflicht der Vorstandsmitglieder.[285] Gleichzeitig ist sie ein Element der aus § 76 AktG folgenden Pflicht, die Organfunktionen ordnungsgemäß wahrzunehmen.[286] Der Vorstand kann daher nur dann verpflichtet sein, unternehmensinterne Informationen geheim zu halten, wenn deren Weitergabe für die Interessen des Unternehmens nachteilig wäre. § 93 Abs. 1 Satz 3 stellt gerade keine gesetzliche Vermutung für ein umfassendes Geheimhaltungsbedürfnis auf. Oberste Richtschnur ist vielmehr allein das objektive Unternehmensinteresse. Die Schweigepflicht aus § 93 Abs. 1 Satz 3 AktG wird mithin durch das Gesellschaftswohl immanent begrenzt und gilt nicht absolut.[287] Sie reicht nur soweit, wie ein Interesse der Gesellschaft an der Geheimhaltung auch tatsächlich besteht. Erfordert das Interesse der Gesellschaft dagegen, dass bestimmte Informationen offenbart werden müssen, muss das Geheimhaltungsinteresse zurücktreten.[288] Ein unbedingtes Festhalten an der Geheimhaltungspflicht wäre für die Gesellschaft in diesen Fällen nachteilig und würde den Schutzzweck der Norm konterkarieren.[289] Pointiert gesagt: „Wo es das Unternehmensinteresse gebietet zu reden, hört die Schweigepflicht auf."[290] Wann die Verschwiegenheitspflicht zurücktreten muss und Informationen offenbart werden können, muss der Vorstand beurteilen. Dabei muss er im jeweiligen Einzelfall die anderweitigen Unternehmensinteressen zunächst ermitteln und gewichten, um sie im Anschluss gegen das Geheimhaltungsinteresse abzuwägen.[291]

---

[284] *Wiesner*, in: Münchener Handbuch des Gesellschaftsrechts, Band 4 , Aktiengesellschaft, § 25 Rn. 32.

[285] BGHZ 64, 325, 327; *Mertens*, AG 1997, 541, 542; *Mertens*, in: Kölner Kommentar, § 93, Rn. 75; *Schroeder*, DB 1997, 2161, 2162; *Rittmeister*, NZG 2004, 1032, 1033; *Ziegler*, DStR 2000, 249, 252.

[286] *Ziegler*, DStR 2000, 249, 253.

[287] H.M.: BGHZ 64, 325, 331; *Hefermehl*, in: Geßler / Hefermehl, § 93 Rn. 21; *Hopt*, in: Großkommentar, § 93, Rn. 209; *Hüffer*, § 93 Rn. 8; *Lutter*, ZIP 1997, 613, 617; *Mertens*, in: Kölner Kommentar, § 93 Rn. 82; *Müller*, NJW 2000, 3452, 3453; *Rittmeister*, NZG 2004, 1032, 1033; *Roschmann / Frey*, AG 1996, 449, 452; *Ziegler*, DStR 2000, 249, 252.

[288] *Hopt*, in: Großkommentar, § 93, Rn. 209; *Mertens*, in: Kölner Kommentar, § 93 Rn. 82; *Stoffels*, ZHR 165 (2001), 362, 374; *Ziegler*, DStR 2000, 249, 252.

[289] *Müller*, NJW 2000, 3452, 3455.

[290] *Mertens*, in: Kölner Kommentar, § 93 Rn. 82.

[291] Vgl. nur *Rittmeister*, NZG 2004, 1032, 1033.

3. Zulässigkeit einer Due Diligence

Während in der Literatur Einigkeit darüber besteht, dass der Verschwiegenheitspflicht durch das Unternehmensinteresse generell Grenzen gesetzt sind, wird darüber diskutiert, wie diese Grenzen im Hinblick auf die Gestattung einer Due Diligence konkret zu ziehen sind.

a) Meinungsstand

Lutter unterscheidet bei der Beantwortung der Frage nach der aktienrechtlichen Zulässigkeit der Informationsweitergabe durch den Vorstand der Zielgesellschaft danach, ob es sich bei den weiterzugebenden Informationen um sektorale oder globale Unternehmensdaten handelt. Über die Weitergabe rein sektoraler, d.h. nur Unternehmensteile betreffende Informationen könne im Wege der Abwägung mit anderen Unternehmens-interessen entschieden werden. Als Beispiel nennt er den notwendigen Informationsaustausch im Rahmen von Kooperationen mit anderen Unternehmen.[292]

Anders sei die Lage dagegen im Zusammenhang mit der Durchführung einer Due Diligence im Vorfeld eines Unternehmens- oder Beteiligungskaufs zu beurteilen. Hier sei der Interessent an internen Informationen über das gesamte Unternehmen (sog. globale Unternehmensdaten) interessiert. Eine zulässige Weitergabe direkt an den Aktionär sei daher nur äußerst selten zulässig und zwar nur dann, wenn es sich um ein „ungewöhnliches und überragendes, anders nicht erreichbares, eigenes unternehmerisches Interesse der Gesellschaft" handele.[293] *Lutter* verwendet in diesem Zusammenhang auch den Begriff der „einmaligen und unwiederbringlichen unter-nehmerischen Chance".[294] Der Vorstand dürfe die Informationen z.B. nur dann weitergeben, wenn im Falle der Verweigerung die Existenz der Gesellschaft auf dem Spiel stünde. Dies sei zum Beispiel dann der Fall, wenn ein Kooperations- und Sanierungsangebot von der rückhaltlosen Offenbarung der Lage der Gesellschaft abhängig gemacht wurde.[295] In einer solchen Krisensituation dürfe schließlich auch das Bezugsrecht der Aktionäre ausgeschlossen werden, um einem Investor die Beteiligung im Rahmen einer Kapitalerhöhung zu ermög-

---

[292] *Lutter*, ZIP 1997, 613, 617.
[293] *Lutter*, ZIP 1997, 613, 617.
[294] *Lutter*, ZIP 1997, 613, 617.
[295] In diesem Fall müsse der Vorstand die Informationen sogar offenbaren, *Lutter*, ZIP 1997, 613, 617 (Fn. 37). Nach dieser Ansicht gäbe es dann jedoch keine denkbaren Fälle, in denen dem Vorstand das *bloße Recht* zur Unterstützung einer erwerberseitig gewünschten Due Diligence zustehen würde. Entweder wäre die Weitergabe unzulässig oder es bestünde eine entsprechende Pflicht. Hierauf weist zutreffend *Krömker*, S. 21 f. hin.

lichen.[296] Würde man dieser Ansicht folgen, wäre eine Due Diligence durch den potentiellen Erwerber nur in Extremsituationen zulässig, nicht jedoch im Rahmen eines unternehmerisch motivierten Beteiligungskaufs, selbst wenn die Beteiligung des Erwerbes unternehmensstrategische Vorteile brächte.[297]

Ebenso rückt *Ziemons* die Geheimhaltungspflicht in den Vordergrund. Auch sie will eine Due Diligence im Vorfeld eines Beteiligungskaufs nur dann zulassen, wenn ein derartig überragendes Interesse die Offenlegung erfordert.[298] Etwas anderes könne nur unter dem Aspekt der Treuepflicht der Gesellschaft zu ihren Gesellschaftern geboten sein, nämlich dann, wenn diesem der Ausstieg aus der Gesellschaft ansonsten unmöglich gemacht würde, er mithin „eingemauert" würde.[299] Dies soll aber nur dann der Fall sein, wenn der Veräußerer die Aktien ohne die Offenlegung vertraulicher Informationen nicht ohne erhebliche Beeinträchtigung des Börsenkurses frei verkaufen kann und der potentielle Erwerber auch nicht bereit ist, sich mit Gewährleistungen des Veräußerers oder einer nachträglichen Kaufpreiskorrektur abzufinden.[300]

Auch *Oppenländer*[301] und *Treeck*[302] sprechen von einem grundsätzlichen Vorrang des Geheimhaltungsinteresses. Gleichzeitig treten sie dabei jedoch für eine umfassende Abwägung aller Vor- und Nachteile der Informationsweitergabe im Einzelfall ein.

Ähnlich argumentiert *Liekefett*. Danach soll § 93 Abs. 1 Satz 3 eine gesetzliche Grundanweisung dahingehend enthalten, wonach das Geheimhaltungsinteresse der Gesellschaft überwiege.[303] Folglich solle die Norm als gesetzliche Vermutung für einen Vorrang der Geheimhaltung interpretiert werden, die jedoch im konkreten Einzellfall durch den Vorstand widerlegt werden könne. Entscheidend sei dabei, dass das Interesse der Gesellschaft an Geheimhaltung und das Interesse an der Offenlegung ihrer Geheimnisse im Rahmen der durch den Vorstand durchzuführenden Abwägung im Sinne einer praktischen Konkordanz in Einklang gebracht würden.[304]

---

[296] *Lutter*, ZIP 1997, 613, 617 (Fn. 37).
[297] Darauf weist zu Recht *Mertens*, AG 1997, 541, 542 hin.
[298] *Ziemons*, AG 1999, 492, 495.
[299] *Ziemons*, AG 1999, 492, 496.
[300] *Ziemons*, AG 1999, 492, 496; vgl hierzu die Kritik von *Körber*, NZG 2002, 263, 269, der darauf hinweist, dass es sich dabei eher um den Regelfall als um eine Ausnahme handeln dürfte.
[301] *Oppenländer*, GmbHR 2000, 535, 536.
[302] *Treeck*, in Festschrift für Fikentscher, S. 434, 451 ff.
[303] *Liekefett*, S. 107 f.
[304] *Liekefett*, S. 109 ff.

Die wohl vorherrschende Ansicht in der Literatur geht im Hinblick auf die Zulässigkeit einer Due Diligence von einer ergebnisoffenen Abwägung im Rahmen von § 93 Abs. 1 Satz 3 AktG aus.[305] Einigkeit besteht dabei darüber, dass dem Geheimhaltungsinteresse gerade keine übergeordnete Bedeutung zukommen soll. Vielmehr handele es sich nur um eine Position in einer umfassenden Abwägung aller Vor- und Nachteile. Danach soll der Vorstand auch im Zusammenhang mit § 93 Abs. 1 Satz 3 AktG den gewöhnlichen unternehmerischen Beurteilungsspielraum haben, der ihm durch § 93 Abs. 1 Satz 2 AktG nun auch gesetzlich garantiert ist.[306] Seine Entscheidung sei danach auch hier nur dann rechtswidrig, wenn sie die Grenzen der *business judgement rule* überschreite (vgl. dazu Teil 2:Abschnitt 3:§ 4A.I bis IV). Unterschiede ergeben sich innerhalb dieser Ansicht nur insofern, als es um die einzelnen Maßnahmen zur Risikobegrenzung und weiteren Geheimhaltung der Informationen durch die an der Transaktion Beteiligten geht.

b) Stellungnahme

Die Ansichten *Lutters* und *Ziemons* führen zu einer zu einseitigen Gewichtung des Geheimhaltungsinteresses der Gesellschaft.[307] Sie lassen außer Betracht, dass dem Vorstand der Zielgesellschaft bei seinen unternehmerischen Entscheidungen gerade ein weiter Ermessenspielraum zusteht. Dies ergab sich bisher aus richterrechtlichen Grundsätzen und folgt nun ausdrücklich aus der gesetzlichen Übernahme einer entsprechenden *business judgement rule* in § 93 Abs. 1 Satz 2 AktG mit Inkrafttreten des UMAG am 01. November 2005 (vgl. dazu Teil 2:Abschnitt 3:§ 4A.IV). Es ist nicht einzusehen, warum der Vorstand hinsichtlich der Gestattung einer Due Diligence nicht innerhalb der dadurch aufgestellten Grenzen frei abwägen darf und stattdessen dem Geheimhaltungsinteresse unbedingten Vorrang gewähren soll.

Auch der Umstand, dass es sich bei den im Vorfeld eines Unternehmens- bzw. Beteiligungsverkaufes weiterzugebenden Informationen um globale Daten handelt, ist für sich allein kein Grund, die Zulässigkeit einer Due

---

[305] *Eggenberger*, S. 104; *Kiethe*, NZG 1999, 976, 978 f.; *Körber*, NZG 2002, 263, 269; *Krömker*, S. 29 f.; *Linker / Zinger*, NZG 2002, 497, 499; *Meincke*, WM 1998, 749, 750 f.; *Mertens*, AG 1997, 541, 546 f.; *Müller*, NJW 2000, 3452, 3453 f. *Roschmann / Frey*, AG 1996, 449, 452; *Schroeder*, DB 1997, 2161, 2162 f.; *Stoffels*, ZHR 165 (2001), 362, 372 ff.; *Werner*, ZIP 2000, 989, 991; *Ziegler*, DStR 2000, 249, 252 f.; wohl auch *Bihr*, BB 1998, 1198, 1199.

[306] Vgl. nur *Mertens*, AG 1997, 541, 546; *Müller*, NJW 2000, 3452, 3453 f.; *Schroeder*, DB 1997, 2161, 2162 f.; *Ziegler*, DStR 2000, 249, 253;

[307] *Ziegler*, DStR 2000, 249, 253 sowie *Schroeder*, DB 1997, 2161, 2162 kritisieren zutreffend an der Ansicht *Lutters*, dass ein derartiges Verständnis eine „gesetzliche Vermutung für die Geheimhaltungsbedürftigkeit von Informationen“ bedeuten würde. Vgl. auch *Körber*, NZG 2002, 263, 269; *Mertens*, AG 1997, 541, 542; *Müller*, NJW 2000, 3452, 3453f.

Diligence abzulehnen.[308] Denn der Zielgesellschaft können erhebliche Gefahren auch bei der Weitergabe rein sektoraler Informationen drohen. Gerade die von *Lutter* benannten Kooperationsverhältnisse bestehen häufig nämlich zwischen direkt miteinander konkurrierenden Unternehmen, was die Gefahr einer missbräuchlichen Informationsverwendung erheblich erhöht.[309] Falsch wäre es daher, allein vom Umfang auf die Zulässigkeit des Informationstransfers zu schließen. Hier wie dort kommt es vielmehr auf eine einzelfallbezogene Abwägung an.[310]

Darüber hinaus kann eingewendet werden, dass eine derartige Übergewichtung der Verschwiegenheitspflicht die Fungibilität der Anteile an deutschen Aktiengesellschaften erheblich einschränken würde.[311] Grund dafür ist, dass es einem potentiellen Käufer dann so gut wie unmöglich wäre, die für einen Beteiligungserwerb relevanten Informationen zu erlangen. Verlangt man aber von ihm, ohne nähere Informationen die „Katze im Sack" zu kaufen, sinkt für den Erwerber die Attraktivität eines potentiellen Erwerbs.[312] Unter Berücksichtigung der Tatsache, dass im internationalen Unternehmensmarkt die Durchführung einer Due Diligence einen absoluten Standard darstellt, würde es hier zu einer ganz erheblichen Benachteiligung deutscher Aktiengesellschaften kommen.[313]

Auch die von *Lutter* ins Feld geführte Parallelwertung zur sachlichen Rechtfertigung des Bezugsrechtsausschlusses vermag nicht mehr zu überzeugen, da sie sich noch auf die strenge Holzmann-Entscheidung des BGH[314] stützte. Diese Rechtsprechung ist seit der BGH Entscheidung in der Sache Siemens / Nold[315] jedoch teilweise aufgegeben worden. Danach hat der Vorstand in diesem Zusammenhang nun keine strenge Verhältnismäßigkeitsprüfung mehr vorzunehmen. Vielmehr vermag schon ein „wohlverstandenes unternehmerisches Interesse" der Gesellschaft den Ausschluss des Bezugsrechts sachlich zu rechtfertigen. Ein entsprechender Vergleich spricht damit nun gerade gegen die restriktive Ansicht *Lutters*.[316]

---

[308] Ausführlich hierzu *Mertens*, AG 1997, 541, 544.
[309] *Mertens*, AG 1997, 541, 544; *Ziegler*, DStR 2000, 249, 253.
[310] Vgl. auch *Schroeder*, DB 1997, 2161, 2162.
[311] *Kiethe*, NZG 1999, 976, 979; *Körber*, NZG 2002, 263, 269; *Müller*, NJW 2000, 3452, 3454; *Oppenländer*, GmbHR 2000, 535, 536; *Stoffels*, ZHR 165 (2001), 362, 375; *Werner*, ZIP 2000, 989, 991.
[312] *Körber*, NZG 2002, 263, 269.
[313] *Kiethe*, NZG 1999, 976, 979.
[314] BGHZ 83, 319.
[315] BGHZ 136, 133.
[316] Vgl. *Körber*, NZG 2002, 263, 269 (Fn. 81); *Mertens*, AG 1997, 546; *Ziegler*, DStR 2000, 249, 252; *Stoffels*, ZHR 165 (2001), 362, 375.

Aber auch die anderen Ansichten vermögen nicht zu überzeugen, soweit sie von einem generellen Vorrang der Geheimhaltungsverpflichtung ausgehen und eine derartige Grundanweisung dabei auf § 93 Abs. 1 Satz 3 AktG stützen wollen. Denn auch ohne explizite gesetzliche Anordnung wäre der Vorstand im Unternehmensinteresse verpflichtet, Stillschweigen über die ihm bekannt gewordenen Geheimnisse zu bewahren.[317] Dies folgt aus der dogmatischen Verortung der Schweigepflicht in der organschaftlichen Treue- und Sorgfaltspflicht der Vorstandsmitglieder sowie in der aus § 76 AktG gefolgerten Pflicht, die Organfunktionen ordnungsgemäß wahrzunehmen (vgl. 2 oben). § 93 Abs. 1 Satz 3 AktG kommt mithin nur eine rein deklaratorische Funktion zu.[318] Die Annahme einer darüber hinaus gehenden Bedeutung der Norm geht indes fehl.[319]

Beizupflichten ist vielmehr der in der Literatur vorherrschenden Meinung, die die Zulässigkeit einer Due Diligence vom Ergebnis einer Abwägung aller Vor- und Nachteile einer entsprechenden Informationsweitergabe für die Gesellschaft abhängig macht. Damit bilden die Fälle, in denen eine Due Diligence von vornherein unzulässig ist, im Gegensatz zur Ansicht *Lutters* und *Ziemons* die Ausnahme (vgl. dazu 4 unten).

Richtig an der Auffassung *Liekefetts* ist jedoch, dass das Resultat der Abwägung (zum Abwägungsmaßstab siehe 5 unten) keine „Alles oder Nichts – Entscheidung" sein kann.[320] Vielmehr sind die Interessen der Gesellschaft an der Geheimhaltung der Informationen auch noch dann zu berücksichtigen, nachdem sich der Vorstand für die generelle Gestattung einer Due Diligence entschieden hat. Der Vorstand muss damit, bei der Informationsweitergabe stets den Grundsatz der Verhältnismäßigkeit beachten.[321]

Das bedeutet, dass an die Stellte der Verschwiegenheitspflicht die Pflicht tritt, durch möglichst effektive Sicherheitsvorkehrungen die bestehen-

---

[317] *Körber*, NZG 2002, 263, 269; *Stoffels*, ZHR 165 (2001), 362, 373; *Schwintowski*, NJW 1990, 1011.

[318] So zu Recht *Schwintowski*, NJW 1990, 1011; a.A. *Liekefett*, S. 107.

[319] So aber *Liekefett*, S. 107.

[320] *Körber*, NZG 2002, 263, 270 spricht insoweit von der „Feinsteuerung bei der Durchführung der Due Diligence"; *Liekefett*, S. 109 von „praktischer Konkordanz"; *Müller*, NJW 2000, 3452, 3454 von „abgestuften Abwägungsergebnissen"; *Stoffels*, ZHR 165 (2001), 362, 374 von einer „konditionierten Gestattung der Due Diligence".

[321] *Liekefett*, S. 110 ff.; ausdrücklich auch *Linker / Zinger*, NZG 2002, 497, 499; *Müller*, NJW 2000, 3454.

den Risiken bei der Informationsweitergabe einzugrenzen.[322] Dies kann sowohl durch inhaltliche Beschränkungen der Informationsweitergabe als auch durch prozedurale Maßnahmen geschehen (vgl dazu im Einzelnen 6 unten). Mit der sorgfältigen Entscheidung für oder gegen die Zulassung einer Due Diligence ist es für den Vorstand der Zielgesellschaft damit nicht getan. Ihn trifft vielmehr eine fortwährende Beobachtungspflicht während des gesamten Informationsaustausches.[323]

4. Unzulässigkeit nur in Ausnahmefällen

Trotz der grundsätzlichen Annahme einer ergebnisoffenen Abwägung im Rahmen von § 93 Abs. 1 Satz 3 AktG sind dennoch Fälle denkbar, in denen die Gestattung einer Due Diligence durch den Vorstand generell unzulässig ist. Gemeint sind Fälle, in denen durch eine Offenlegung von Gesellschaftsgeheimnissen im Rahmen einer Due Diligence (Mittel) von vornherein das Zustandekommen der Transaktion (Zweck) überhaupt nicht gefördert wird. Im Sinne des Verhältnismäßigkeitsmaßstabes ist die Due Diligence dann schon nicht *geeignet.*[324]

a) Durchführbarkeit der Transaktion ohne Due Diligence

Dies kann zum einen dann der Fall sein, wenn der Erwerber im Vorfeld des Beteiligungskaufes ausnahmsweise auf die Durchführung einer Due Diligence verzichtet, ohne im Gegenzug erhebliche Risikoabschläge beim Kaufpreis oder umfassende Gewährleistungen zu fordern. Eine Offenlegung von Unternehmensinterna ist hier in keinem Fall gerechtfertigt, da die Transaktion auch so zu wirtschaftlich interessanten Vertragsbedingungen realisierbar ist. Zuzugeben ist dabei jedoch, dass dies im Hinblick auf die Üblichkeit einer Due Diligence äußerst selten der Fall sein wird (vgl. hierzu auch Teil 2:Abschnitt 3:§ 4B oben).

b) Mangelnde Entscheidungsrelevanz

Die Due Diligence ist auch dann nicht geeignet, den Transaktionsprozess zu unterstützen, wenn die weiterzugebenden Gesellschaftsgeheimnisse nicht entscheidungsrelevant sind. Bestes Beispiel hierfür ist der Bereich *Employment* im Rahmen einer Due Diligence. Mit Ausnahme des

[322] Vgl. *Meincke*, WM 1998, 749, 751 der insoweit von Abwägungsfahrplan spricht; *Müller*, NJW 2000, 3452, 3455; *Stoffels*, ZHR 165 (2001), 362, 376.
[323] *Stoffels*, ZHR 165 (2001), 362, 376.
[324] Vgl. auch *Liekefett*, S. 113.

Managements[325] werden hier nur die anonymisierten und ggf. statistisch aufbereiteten Eckdaten der Beschäftigungsverhältnisse (z.B. Gehälter, Pensionsvereinbarungen, vereinbarte Nebenleistungen etc.) für den potentiellen Erwerber von Bedeutung sein, um das mit der Transaktion verbundene Risiko richtig einschätzen zu können bzw. das Unternehmen zutreffend zu bewerten.[326] Somit ist der Vorstand nicht befugt, weitergehende Daten an ihn weiterzugeben.

c) Kein seriöses Erwerbsinteresse des Interessenten

(i) Problematik

Darüber hinaus darf der Vorstand nicht jedem vertrauliche Informationen offenbaren, der behauptet, eine Beteiligung erwerben zu wollen. Erforderlich ist vielmehr, dass das Erwerbsinteresse beim Kaufinteressenten genügend gefestigt ist. Daneben besteht gerade im Hinblick auf Mitbewerber die Gefahr eines Missbrauchs in der Form, dass das Kaufinteresse nur vorgeschoben wird. Tatsächlich wird es dem vermeintlich Interessierten in diesen Fällen allein darauf ankommen, einen Konkurrenten auszuforschen. Denn im Rahmen einer Due Diligence kann er regelmäßig auch in den Besitz von wettbewerbsrelevanten Informationen kommen. Dazu gehören neben dem gesellschaftsinternen Know How (z.B. Patente etc.) auch die nicht öffentlich bekannten Unternehmenskennzahlen.[327]

Der Vorstand hat daher immer die geäußerte Erwerbsabsicht genau zu überprüfen, bevor Unternehmensinterna offenbart werden.[328] Bestehen begründete Zweifel an der Ernsthaftigkeit des geäußerten Erwerbsinteresses, muss der Vorstand die verlangte Durchführung einer Due Diligence von vornherein verweigern.

(ii) Absichtserklärung als Gegenmaßnahme

Insofern gilt es für den Vorstand, auf die Vorlage einer entsprechenden Absichtserklärung des potentiellen Erwerbers (*letter of intent*) zu bestehen, die gegenüber dem veräußerungswilligen Aktionär abgegeben wurde.[329] Beim

---

[325] Vgl hierzu *Werner*, ZIP 2000, 989, 993.

[326] *Müller*, NJW 2000, 3452, 3454; *Stoffels*, ZHR 165 (2001), 362, 377 f.; *Werner*, ZIP 2000, 989, 993.

[327] *Müller*, NJW 2000, 3452, 3455; betreffend die GmbH, *Götze*, ZGR 1998, 202, 213 und 228.

[328] *Ziegler*, DStR 2000, 249, 253.

[329] *Eggenberger*, S. 120; *Holzapfel / Pöllath*, Rn. 17 a; *Kiethe*, NZG 1999, 976, 979; *Körber*, NZG 2002, 263, 270; *Krömker*, S. 44 ff.; *Linker / Zinger*, NZG 2002, 497, 501; *Mertens*, AG

letter of intent handelt es sich um einen Import aus der angloamerikanischen Transaktionspraxis und nicht um ein klar definiertes Institut des deutschen Rechts. Der Inhalt kann daher - je nach Transaktionstypus - sehr stark variieren.[330] Aus diesem Grund muss der Vorstand der Zielgesellschaft genau prüfen, ob sich die Erwerbsabsicht des Kaufinteressenten dem Dokument auch tatsächlich entnehmen lässt.

Rechtlich bindend im Hinblick auf den späteren Vertragsschluss ist die Absichtserklärung dabei regelmäßig nicht. Jedoch sind der veräußerungswillige Aktionär und der Kaufinteressent nach der Unterzeichnung der Erklärung regelmäßig Partei eines vorvertraglichen Schuldverhältnisses. Aus diesem ergeben sich einerseits wechselseitige Sorgfaltspflichten. Gleichzeitig wird aber auch die Geltendmachung von Schadensersatzansprüchen aus culpa in contrahendo (§§ 311 Abs. 2 Nr. 1, 280 Abs. 1, 241 Abs. 2 BGB) erleichtert,[331] insbesondere wenn sog. *break fees* vereinbart wurden, die im Falle des Abbruchs der Vertragsverhandlungen Vertragsstrafen vorsehen.[332] In der Mehrzahl der Fälle wird jedoch versucht, eine derartige Haftung ausdrücklich auszuschließen.[333] Auf jeden Fall hat ein *letter of intent* aber eine wichtige verhandlungspsychologische Wirkung auf die Vertragspartein.[334] In ihm werden in der Regel das bisher erreichte Verhandlungsstadium und die weiteren Eckpunkte des geplanten Beteiligungsverkaufs festgeschrieben. Einem derart ausgestalteten *letter of intent* lässt sich daher regelmäßig zumindest die grundsätzliche Bereitschaft des Interessenten für die geplante Transaktion entnehmen.[335] Dass die Vereinbarung dabei nicht mit der Zielgesellschaft selbst abgeschlossen wird, da diese nur Gegenstand des Kaufvertrages ist, schadet im Hinblick auf die Ernsthaftigkeit des Erwerbsinteresses nicht.[336]

1997, 541, 546; *Müller*, NJW 2000, 3452, 3455; *Schroeder*, DB 1997, 2161, 2163; *Ziemons*, AG 1999, 492, 494; allgemein zum letter of intent *Houck*, M&A Review 2006, 65.

[330] *Krömker*, S. 45; *Müller*, NJW 2000, 3452, 3455.

[331] *Semler*, in: Hölters, Handbuch des Unternehmens- und Beteiligungskaufs, Teil VII, Rn. 20.

[332] *Liekefett*, S. 114 unter Hinweis auf *Sieger / Hasselbach*, BB 2000, 625.

[333] *Holzapfel / Pöllath*, Rn. 7 a.

[334] *Holzapfel / Pöllath*, Rn. 7 a.; *Picot*, Unternehmenskauf & Restrukturierung, Teil 1, Rn. 37.

[335] Das Gleiche gilt auch für andere Vorfeldvereinbarungen wie z.B. ein *memorandum of understanding*. Voraussetzung ist alleine, dass die Erwerbsabsicht des potentiellen Erwerbers genügend zum Ausdruck kommt. Vgl. hierzu *Holzapfel / Pöllath*, Rn. 8; Semler, in Hölters, Handbuch des Unternehmens- und Beteiligungskaufs, Teil VII, Rn. 20.

[336] Zur Frage, inwieweit die Zielgesellschaft in den Schutz der Absichtserklärung mit Hilfe des Instituts des Vertrags mit Schutzwirkung zugunsten Dritter einbezogen wird: *Krömker*, S. 46 ff.

d) Faktische bzw. rechtliche Unmöglichkeit der Transaktion

Schließlich ist eine Due Diligence immer dort ungeeignet, wo die Realisierung der Transaktion den Parteien von vornherein unmöglich ist.

(i) Mangelnde Liquidität des potentiellen Erwerbers

Dies kann zum einen an der mangelnden Liquidität des potentiellen Erwerbers liegen. Fehlen ihm die notwendigen finanziellen Mittel, um die Transaktion zu schultern, dürfen Informationen, die gleichzeitig Gesellschaftsgeheimnisse sind, nicht an ihn weitergeben werden. Voraussetzung ist, dass seine Zahlungsfähigkeit in einem angemessenen Verhältnis zur geplanten Transaktion steht.[337] Vorrangige Aufgabe des Vorstands ist es daher, die Solvenz und Bonität des am Beteiligungskauf Interessierten (z.B. unter Zuhilfenahme von Geschäftsberichten oder Bewertungen von Rating Agenturen) genau zu überprüfen.[338]

(ii) Verweigerung der erforderlichen Genehmigungen

Des weiteren sind Konstellationen denkbar, in denen die für eine Realisierung der geplanten Transaktion benötigten Einwilligungen bzw. Genehmigungen voraussichtlich nicht erteilt werden.[339] Im Hinblick auf den Beteiligungskauf ist insofern an die ggf. notwendige kartellrechtliche Genehmigung aber auch an die nötige Einwilligung des Vorstands im Zusammenhang mit der Übertragung der Aktien im Falle ihrer Vinkulierung (§ 68 Abs. 2 Satz 1 AktG) zu denken. Wird die benötigte Zustimmung hier verweigert, macht das die geplante Transaktion undurchführbar. Mangels Geeignetheit hat der Vorstand der Zielgesellschaft mithin auch in diesen Fällen die Due Diligence zu verweigern.[340]

5. Abwägungsmaßstab

Liegen derartige Ausnahmefälle indes nicht vor, muss der Vorstand sorgfältig ermitteln, ob eine Offenlegung von Gesellschaftsgeheimnissen im objektiven Interesse des Unternehmens liegt. Dabei müssen die Chancen, die sich durch die Gestattung einer Due Diligence ergeben, und die Risiken der Informationsweitergabe gegeneinander abgewogen werden.

---

[337] *Müller*, NJW 2000, 3452, 3455.
[338] *Krömker*, S. 44; *Liekefett*, S. 115; *Ziemons*, AG 1999, 492, 494.
[339] *Schroeder*, DB 1997, 2161, 2163.
[340] Vgl. im Hinblick auf die GmbH *Götze*, ZGR 1999, 202, 213 und 228.

a) Vorteile der Gestattung einer Due Diligence

Hinsichtlich der dabei zu berücksichtigenden Vorteile gilt es zunächst einmal die Interessen zu berücksichtigen, die unmittelbar mit dem Transaktionsprozess selbst verbunden sind (vgl. hierzu (aa),(bb)). Daneben sind aber auch Erwartungen über positive zukünftige Entwicklungen mit in die Abwägung einzustellen, die an den Verkauf der Anteile geknüpft werden (vgl. dazu (cc), (dd), (ee))

(i) Verkürzung des Transaktionsprozesses

Für das Unternehmen ist es in der Schwebephase einer Transaktion besonders schwierig, am Markt überzeugend aufzutreten. Solange Unklarheit über die zukünftige Anteilsstruktur der Zielgesellschaft herrscht, werden sich die Geschäftspartner mit der Eingehung von langfristigen Geschäftsbeziehungen und Kooperationen verständlicherweise zurückhalten.[341] Negativ wäre es daher, einen einmal begonnenen Veräußerungsprozess dadurch ins Stocken geraten oder gar scheitern zu lassen, dass dem Erwerber die gewünschten internen Informationen vorenthalten werden.[342] Vielmehr liegt es stets im Interesse des Unternehmens, den Transaktionsprozess so kurz wie möglich zu gestalten. Aus diesem Grund ist es für das Unternehmen vorteilhaft, die Durchführung einer Due Diligence zügig zu gestatten und zu unterstützen, sofern der potentielle Erwerber hierauf besteht.

(ii) Erhaltung des Börsenwertes

Daneben kann die Gestattung einer Due Diligence auch im Hinblick auf die Erhaltung ihres Börsenwertes von Vorteil sein.[343] Denn wird sie im Vorfeld der Transaktion durch den Vorstand der Zielgesellschaft verweigert, wird der Interessent - wenn überhaupt - die Beteiligung nur zu einem geringeren Kaufpreis übernehmen wollen. Durch einen derartigen Risikoabschlag gleicht er dabei die Unwägbarkeiten aus, die ihm dadurch entstehen, dass er sich von dem Unternehmen vorher kein umfassendes Bild machen konnte, er mithin die „Katze im Sack" kaufen muss.

Die Konditionen der Veräußerung einer wesentlichen Beteiligung bleiben aber nicht im Verborgenen. Vielmehr werden auch die übrigen Marktteilnehmer hiervon regelmäßig Kenntnis erlangen. Bei einem Verkauf der Antei-

---

[341] *Mertens*, AG 1997, 541, 545.
[342] Vgl. auch *Körber*, NZG 2002, 263, 269.
[343] *Körber*, NZG 2002, 263, 269; *Krömker*, S. 38 f.; *Liekefett*, S. 158; *Mertens*, AG 1997, 541, 545; *Müller*, NJW 2000, 3452, 3454; *Stoffels*, ZHR 165 (2001), 362, 374; *Süßmann*, AG 1999, 162, 169; *Ziegler*, DStR 2000, 249, 253; *Ziemons*, AG 1999, 492, 496.

le zu ungünstigen Konditionen sind daher negative Kurseffekte zu befürchten, die wiederum negativen Einfluss auf die Bestimmung des Unternehmenswertes haben.[344] Dieser Zusammenhang lässt sich nach Inkrafttreten des WpÜG nun auch dem Gesetz entnehmen.[345] Nach § 31 Abs. 1 WpÜG hat der Bieter im Zuge von Übernahmeangeboten den Aktionären der Zielgesellschaft eine angemessene Gegenleistung anzubieten. Diese muss gemäß § 5 Abs. 1 WpÜG – Angebotsverordnung[346] mindestens dem gewichteten durchschnittlichen inländischen Börsenkurs der Aktien während der letzten drei Monate vor der Veröffentlichung des Angebots entsprechen.

Dem Vorstand einer Aktiengesellschaft obliegt es aber, eine langfristige und nachhaltige Entwicklung des Unternehmenswertes zu verfolgen.[347] Denn für das Unternehmen wirkt sich eine Verringerung seines Wertes negativ aus. Insbesondere können sich erhebliche Schwierigkeiten im Hinblick auf die zukünftige Kapitalbeschaffung ergeben.[348] Für den Vorstand gilt es daher, die mittel- und langfristigen Kurseffekte der Transaktion zu beachten. Daher ist die Gestattung einer Due Diligence unter diesem Gesichtspunkt immer dann im Interesse des Unternehmens, wenn der Verkauf der Anteile ohne sie zu angemessenen Konditionen nicht gelingen würde.

(iii) Positive Kurseffekte

Zu berücksichtigen ist zudem, dass das Hinzukommen eines attraktiven neuen Großaktionärs dazu führen kann, dass sich institutionelle Anleger auch dazu entscheiden, die Aktie in ihr Portfolio aufzunehmen.[349] Gleichzeitig könnte es zu Kaufempfehlungen durch Investmentbanken sowie zu Ratingerhöhungen durch Ratingagenturen kommen. Positive Kurseffekte wären die Folge.[350] Auch dieser Aspekt kann für die Gestattung einer Due Diligence sprechen.

---

[344] *Mertens*, AG 1997, 541, 545.

[345] Ein entsprechender Zusammenhang zwischen Börsenkurs und Unternehmenswert wurde schon durch das Bundesverfassungsgericht in der Entscheidung *DAT/Altana* festgestellt, BVerfG ZIP 1999, 1436, 1441.

[346] Verordnung über den Inhalt der Angebotsunterlage, die Gegenleistung bei Übernahmeangeboten und Pflichtangeboten und die Befreiung von der Verpflichtung zur Veröffentlichung und zur Abgabe eines Angebots vom 27. Dezember 2001 (BGBl. I S.4263).

[347] OLG Hamm, AG 1995, 512, 514; vgl. auch *Hüffer*, § 76, Rn. 13.

[348] *Mertens*, AG 1997, 541, 545.

[349] *Krömker*, S. 39.

[350] *Banerjea*, ZIP 2003, 1730, 1731; *Liekefett*, S. 158.

(iv) Unternehmensstrategische Vorteile

Aus dem Verkauf der Beteiligung können sich auch eine Reihe unternehmensstrategischer Vorteile ergeben. Dies gilt sicherlich in Bezug auf die von *Lutter* angeführten Sanierungsfälle (siehe 3.a)). Aber auch unterhalb dieser Extremsituationen kann es vernünftige unternehmerische Gründe geben, die Veräußerung einer wesentlichen Beteiligung durch die Gestattung einer Due Diligence zu unterstützen. Stehen solche Vorteile in Aussicht, muss sie der Vorstand der Zielgesellschaft in seine Abwägung miteinfließen lassen, wenn der Kaufinteressent das Zustandekommen der Transaktion von einer vorherigen Due Diligence abhängig macht.

Zu nennen sind insbesondere die sich aus der Transaktion möglicherweise ergebenden Synergieeffekte etwa dann, wenn die Zielgesellschaft nach der Veräußerung der Anteile Teil eines größeren Konzerns ist. Dazu gehören beispielsweise die Verbesserung der Einkaufskonditionen, Maßnahmen der Rationalisierung, der Zugang zu günstigeren Finanzierungsmöglichkeiten.[351] In Betracht kommen Synergieeffekte auch im Hinblick auf die Produktion (v.a. im Hinblick auf die Entwicklungskosten), den Vertrieb oder das *Know How.*[352] Gleichzeitig kann es zur Erschließung neuer Märkte kommen.[353]

(v) Beschaffung neuen Kapitals

Gleiches gilt im Hinblick auf die ggf. mit der Transaktion verbundenen Verbesserung der Kapitalausstattung der Zielgesellschaft.[354] Dies ist etwa der Fall, wenn der neue Aktionär verspricht, der Gesellschaft durch ein Gesellschafterdarlehen oder die Teilnahme an einer Kapitalerhöhung der Gesellschaft neues Kapital zuzuführen.[355] Interessant ist dies für die Zielgesellschaft besonders dann, wenn es ihr auf anderem Wege nicht mehr oder nur noch zu äußerst ungünstigen Konditionen möglich ist, neues Fremdkapital aufzunehmen oder neues Eigenkapital zu schaffen.

b) Risiken der Informationsfreigabe

Neben den sich eröffnenden Chancen gilt es im Rahmen der durchzuführenden Abwägung auch die mit der Due Diligence verbundenen Risiken zu beachten und zu gewichten. Bei den hierbei offenbarten Informationen handelt es sich regelmäßig auch um wettbewerbsrelevante Daten (siehe auch 1 oben). Dazu

---

351 *Schroeder*, DB 1997, 2161, 2162.
352 *Körber*, NZG 2002, 263, 269; *Linker / Zinger*, NZG 2002, 497, 500.
353 *Müller*, NJW 2000, 3452, 3453.
354 *Körber*, NZG 2002, 263, 269; *Linker / Zinger*, NZG 2002, 497, 500; *Schroeder*, DB 1997, 2161, 2162; *Stoffels*, ZHR 165 (2001), 362, 374;
355 *Krömker*, S. 37 f.

zählen u.a. Informationen über den Ertragswert des Unternehmens, über wesentliche Verträge, Patente, gesellschaftsrechtliche und arbeitsrechtliche Verhältnisse sowie über schwebende Rechtsstreitigkeiten (etwa Produkthaftungsfälle). Insofern besteht immer die abstrakte Gefahr, dass sich mit der Weitergabe dieser Informationen an die am Kauf Interessierten die Wahrscheinlichkeit ihrer weiteren Verbreitung an außenstehende Dritte erhöht. Damit einher geht die Gefahr, dass die Informationen an ein anderes Unternehmen gelangen, das dann die Informationen zum Nachteil der betroffenen Zielgesellschaft einsetzen könnte.[356]

Die Gefahr der nachteiligen Verwendung zu Lasten des Zielunternehmens bei Scheitern des Beteiligungskaufs kann im Hinblick auf den Empfänger der Informationen, also den Erwerbsinteressenten, aber auch ganz konkret sein. In Betracht zu ziehen ist vor allem eine Verbesserung der Wettbewerbs- und Marktposition oder des technischen *Know Hows* des Empfängers gegenüber der Zielgesellschaft. Daher besteht, wenn es sich bei ihm um einen unmittelbaren Konkurrenten handelt, eine höhere Gefahr, als wenn die Informationen an einen auf einem anderen Markt tätigen Erwerbsinteressenten oder einen reinen Finanzinvestor weitergegeben werden.[357] Diese Gefahr ist vom Vorstand im Vorfeld der jeweiligen Transaktion sorgfältig zu ermitteln und zu berücksichtigen.

6. Maßnahmen zur Risikobegrenzung

Doch auch wenn derartige Risiken bestehen, kann daraus nicht zwangsläufig auf die Unzulässigkeit der gewünschten Due Diligence geschlossen werden. Denn zum einen müssen sie die Vorteile der Informationsweitergabe überwiegen. Zudem ist die Informationsweitergabe im Rahmen von § 93 Abs. 1 Satz 3 nur dann ausgeschlossen, wenn den Gefahren nicht durch entsprechende Gegenmaßnahmen begegnet werden kann. Diese sind daher im Einzelfall vom Vorstand der Zielgesellschaft auf ihre Effektivität hin zu überprüfen und im Rahmen der durchzuführenden Abwägung entsprechend zu berücksichtigen.

a) Abschluss einer Geheimhaltungsvereinbarung

Das Risiko, dass die dem Interessenten im Rahmen einer Due Diligence zur Verfügung gestellten Informationen publik gemacht oder gezielt zum Nachteil der Zielgesellschaft verwendet werden, lässt sich durch den Ab-

---

[356] *Mertens*, AG 1997, 541, 544.
[357] *Körber*, NZG 2002, 263, 270; *Krömker*, S. 40; *Mertens*, AG 1997, 541, 544.

schluss einer Geheimhaltungsvereinbarung mit dem Interessenten zwar nicht ausschließen[358] aber zumindest eindämmen.

Im Hinblick auf die Weitergabe von Insiderinformationen bedarf es einer speziellen und ausdrücklichen Vertraulichkeitsvereinbarung indes nicht. Denn die Empfänger derartigen Insiderwissens ist seinerseits durch das insiderrechtliche Weitergabeverbot aus § 14 Abs. 1 Nr. 2 rechtlich zur Vertraulichkeit verpflichtet. Die Pflicht zur Vertraulichkeit wird hier dadurch geschaffen, dass die erlangte Information nicht weitergeben werden darf. Einer zusätzlichen, vertraglichen Verschwiegenheitsvereinbarung bedarf es daher auch im Hinblick auf § 15 Abs. 1 Satz 3 WpHG nicht.[359] Dies ergibt sich schon aus dem Emittentenleitfaden der BaFin, wonach vertragliche oder gesetzliche Verpflichtungen genügten und die Vereinbarung einer Vertragsstrafe nicht erforderlich sei.[360] Zwar ist jede Insiderinformation ein Geheimnis iSv § 93 Abs. 1 Satz 3 AktG. Auf der anderen Seite handelt es sich bei den im Rahmen einer Due Diligence weiterzugebenden Geheimnissen (z.B. mangels Kursbeeinflussungspotential) nicht in jedem Fall auch um eine Insiderinformation im Sinne von § 13 WpHG handeln. Aus diesem Grund ist das Vorliegen einer zusätzlichen, ausdrücklichen Vertraulichkeitsvereinbarung Grundvoraussetzung für die Gestattung einer Due Diligence durch den Vorstand der Zielgesellschaft.[361]

(i) Parteien der Vereinbarung

Da die Zielgesellschaft nicht Vertragspartei im Rahmen des Beteiligungsverkaufes ist, lässt sich die Frage nach der Drittwirkung einer Geheimhaltungsvereinbarung zwischen dem veräußernden Aktionär und dem potentiellen Erwerber zumindest nicht unproblematisch beantworten.[362] Auf den Schutz des Unternehmens durch eine derartige Vereinbarung nach den

---

[358] Vgl. *Mertens*, AG 1997, 541, 544 sowie *Stoffels*, ZHR 165 (2001), 362, 378, die auf das auch nach Abschluss einer Geheimhaltungsvereinbarung verbleibende Restrisiko missbräuchlicher Informationsverwendung durch als Kaufinteressenten getarnte Konkurrenten hinweisen, die sich auch von Vertragsstrafeklauseln nicht abschrecken lassen. Vgl. hierzu auch *Liekefett*, S. 119.

[359] *Assmann*, in Assmann / Schneider, WpHG, § 15 Rn. 117 ff; *v. Falkenhausen / Widder*, BB 2005, 225, 227; *Widder / Gallert*, NZG 2006, 451, 453; a.A.: *Kuthe*, ZIP 2004, 883, 885; *Holzborn / Israel*, WM 2004, 1948, 1952.

[360] Emittentenleitfaden, Ziffer IV.2.2.6.

[361] *Mertens*, AG 1997, 541, 544 („unerlässliche rechtliche Rahmenbedingung"); *Schroeder*, DB 1997, 2161, 2163 („dringend zu empfehlen"); Vgl. auch *Götze*, ZGR 1999, 202, 218; *Holzapfel / Pöllath*, Rn. 17a; *Körber*, NZG 2002, 263, 271; *Krömker*, S. 48 ff.; *Müller*, NJW 2000, 3452, 3455; *Roschmann / Frey*, AG 1996, 449, 452; *Stoffels*, ZHR 165 (2001), 362, 378; *Treeck*, in Festschrift für Fikentscher, S. 434, 444; *Ziegler*, DStR 2000, 249, 253.

[362] Vgl. nur *Krömker*, S. 47 und 49.

Grundsätzen des Vertrages mit Schutzwirkung zugunsten Dritter kann sich der Vorstand daher nicht verlassen. Aus diesem Grund ist es zum effektiven Schutz der Zielgesellschaft erforderlich, dass sie selbst Partei der Vereinbarung ist.[363]

(ii) Inhaltliche Anforderungen

Eine Geheimhaltungsvereinbarung muss sich dabei aus den folgenden Elementen zusammensetzen:

Zunächst wird der potentielle Erwerber verpflichtet, über die im Rahmen der Due Diligence erlangten unternehmensinternen Informationen Stillschweigen zu bewahren. Dabei werden all die Personen (Mitarbeiter und Berater) aufgelistet, die auf Seiten des Interessenten mit den Unternehmensdaten in Berührung kommen sollen. Soweit diese nicht schon beruflichen Verschwiegenheitspflichten (wie z.B. die Anwälte oder M&A Berater[364] des Interessenten) unterliegen, wird der Interessent aufgefordert, sie seinerseits vertraglich zur Verschwiegenheit zu verpflichten.[365]

Zudem wird regelmäßig der Zweck der Informationsweitergabe in der Vereinbarung bezeichnet und das Verbot festgehalten, die Daten zu anderen Zwecken als der Prüfung des Erwerbs der Zielgesellschaft zu verwenden. Damit einher geht in der Regel auch die Verpflichtung, die im Rahmen der Due Diligence erlangten Daten für den Fall des Scheiterns der Transaktionsverhandlungen entweder zu vernichten oder der Zielgesellschaft zurückzugeben.[366]

Um der Einhaltung dieser Verpflichtungen durch den Interessenten Nachdruck zu verleihen, beinhaltet eine Geheimhaltungsvereinbarung für den Fall der Missachtung die Festlegung einer empfindliche Vertragsstrafe.[367] Umgangen werden damit zumindest die Beweisprobleme hinsichtlich des Vorliegens eines Schadens und der Schadenshöhe. Die Vereinbarung einer

---

[363] Etwas anderes gilt für den *letter of intent* im Hinblick auf die Ernsthaftigkeit der Erwerbsabsicht, vgl. *Liekefett*, S. 114 (Fn. 276) sowie Teil 3:Abschnitt 1:§ 1D.IV.4.c) oben; siehe auch *Linker / Zinger*, NZG 2002, 497, 501; *Müller*, NJW 2000, 3452, 3455; *Schroeder*, DB 1997, 2161, 2163; *Krömker*, S. 49, lässt es auch ausreichen, dass die Zielgesellschaft ausdrücklich in den Schutzbereich der Geheimhaltungsvereinbarungen zwischen den Parteien des Unternehmenskaufvertrages mit einbezogen wird.

[364] Hierzu ausführlich *Rozjin*, NZG 2001, 494 ff.

[365] *Eggenberger*, S. 121; *Holzapfel / Pöllath*, Rn. 17a; *Müller*, NJW 2000, 3452, 3455; *Schroeder*, DB 1997, 2161, 2163; *Treeck*, in Festschrift für Fikentscher, S. 434, 445.

[366] *Linker / Zinger*, NZG 2002, 497, 501; *Stoffels*, ZHR 165 (2001), 362, 378.

[367] *Linker / Zinger*, NZG 2002, 497, 501; *Ziemons*, AG 1999, 492, 494;

Vertragsstrafe ändert jedoch nichts daran, dass der vermutete Bruch der Verschwiegenheit nur sehr schwer zu beweisen ist.[368] Eine gewisse Abschreckungswirkung kommt ihr gleichwohl zu.

b) Kanalisierung des Informationsflusses

Außer dem Abschluss einer Geheimhaltungshaltungsvereinbarung mit dem potentiellen Erwerber obliegt dem Vorstand der Zielgesellschaft, den Informationsfluss im Rahmen der Durchführung der Due Diligence zu kanalisieren, und zwar sowohl im Hinblick auf den Umfang als auch hinsichtlich der Modalitäten des Datentransfers.

(i) Informationsweitergabe nur soweit erforderlich

Eine zulässige Weitergabe von Informationen kommt dabei von vornherein nur soweit in Betracht, als sie auch tatsächlich für die Förderung des Transaktionsprozesses erforderlich ist.[369] Aus diesem Grund hat der Vorstand im Vorfeld der Due Diligence eine statistische Aufbereitung der Daten überall dort vorzunehmen, wo es dem potentiellen Erwerber nicht um die konkrete Einzelinformation geht, zum Beispiel im Hinblick auf die Daten der mit der Zielgesellschaft bestehenden einzelnen Arbeitsverhältnisse. Hier wird dem Interessenten regelmäßig schon mit den anonymisierten Informationen gedient sein (vgl. schon 4.b)).

(ii) Gestufte Informationsweitergabe

Außerdem kann dem Risiko der missbräuchlichen Informationsverwendung durch eine gestufte Informationsweitergabe begegnet werden. Dabei kann als Grundregel von einem Gleichlauf zwischen dem Umfang und der Detailgenauigkeit des zulässigen Informationstransfers mit dem Fortschritt des Transaktionsprozesses ausgegangen werden. Dies bedeutet, dass die zur Verfügung gestellten Informationen umso umfangreicher und detaillierter sein dürfen, je weiter sich die Erwerbsabsicht im Laufe des Erwerbsverfahrens verfestigt.[370] Wie bereits gezeigt (siehe 4.c) (bb)), ist das Vorliegen eines *letter of intent*, in dem die Erwerbsabsicht der Interessenten manifestiert wur-

---

368 *Krömker*, S. 50; *Picot*, Unternehmenskauf- und Restrukturierung, Teil 1, Rn. 35; *Stoffels*, ZHR 165 (2001), 362, 378.

369 *Linker / Zinger*, NZG 2002, 497, 499; *Müller*, NJW 2000, 3452, 3454; *Stoffels*, ZHR 165 (2001); 362, 377.

370 *Körber*, NZG 2002, 263, 270 f., der in diesem Zusammenhang zu Recht darauf hinweist, dass die von *Lutter* (Fn. 292) und *Ziemons* (Fn. 298) betonte Differenzierung zwischen sektoralen und globalen Information damit erst in Bezug auf die konkrete Durchführung (das „Wie“) der Due Diligence relevant wird. Vgl. auch *Linker / Zinger*, NZG 2002, 497, 501; *Schlitt*, in: MüKo – Aktiengesetz, § 35 WpÜG, Rn. 247.

de, Mindestvoraussetzung für die Gestattung einer Due Diligence. Aber auch im weiteren Verlauf des Erwerbsprozesses kann die Einteilung des Due Diligence Verfahrens in verschiedene Phasen sinnvoll sein.

Das ist insbesondere dann der Fall, wenn es sich bei dem Interessenten um einen Mitbewerber der Zielgesellschaft handelt. Hier bietet es sich an, ihm in der frühen Phase der Prüfung nur eine generelle Bestandsaufnahme zu gestatten. Die Freigabe sensibler Informationen sollte in diesen Fällen – wenn überhaupt - dagegen erst in einem späteren Stadium erfolgen.

Gleiches gilt, wenn sich die Transaktion im Wege des Auktionsverfahrens (sog. *controlled auction*, siehe dazu Teil 2:Abschnitt 2:§ 1B) vollzieht. Hier kommt es regelmäßig dazu, dass einzelne Interessenten nach der Einsichtnahme in die internen Dokumente im Verlauf des Verfahrens von ihren Beteiligungsplänen wieder Abstand nehmen oder letztendlich keinen Zuschlag erhalten. Dabei besteht aufgrund der Vielzahl der Informationsempfänger eine weitaus höhere Gefahr im Hinblick auf die weitere Verbreitung und missbräuchliche Verwendung sensibler Daten als im herkömmlichen Verfahren. Vom Vorstand muss das wiederum umso mehr berücksichtigt werden, sobald sich unter den Teilnehmern an der Auktion auch Konkurrenten der Zielgesellschaft befinden. Sensible Daten und Gesellschaftsgeheimnisse dürfen daher erst ab Beginn der sog. Exklusivitätsphase durch den Vorstand der Zielgesellschaft freigegeben werden.[371]

Um den Datenfluss im oben genannten Sinne steuern zu können, empfiehlt es sich für den Vorstand der Zielgesellschaft, im Vorfeld der Due Diligence gewisse prozedurale Vorkehrungen zu treffen.

(iii) Benennung fester Ansprechpartner

Dazu gehört einmal, dass eine bestimmte, in das Transaktionsvorhaben eingeweihte Auskunftsperson benannt wird, die während des Due Diligence Prozesses als alleiniger Ansprechpartner des Interessenten fungieren und die Informationsweitergabe koordinieren soll.[372] Damit kann verhindert werden, dass Informationen unkontrolliert, undokumentiert und ohne Kenntnis des Vorstands durch beliebige Mitarbeiter in den Besitz des potentiellen Erwerbers kommen.

---

371 *Körber*, NZG 2002, 263, 270; Stoffels, ZHR 165 (2001), 362, 376; *Treeck*, in Festschrift für Fikentscher, S. 434, 436.
372 *Schroeder*, DB 1997, 2161, 2163.

*(iv) Einrichtung eines Datenraums (***data room***)*

In die gleiche Richtung geht es, die Due Diligence nur in einem eigens dafür eingerichteten Datenraum (*data room*) zu gestatten (vgl. auch Teil 2:Abschnitt 2:§ 2A.II). In ihm befinden sich nur die im Rahmen der durch den Erwerber im Vorfeld übermittelten *Due Diligence Request List* angeforderten Unterlagen. Sollten die Unterlagen den prüfenden Beratern oder Mitarbeitern des Interessenten nicht ausreichen, können sie an weitere Informationen nur über konkrete Anfragen an das Zielunternehmen bzw. die bestimmte Kontaktperson gelangen.[373] Gleiches gilt hinsichtlich der Anfertigung von Kopien. Durch diese Vorgehensweise wird eine unkontrollierte Einsichtnahme in alle in den Geschäftsräumen der Zielgesellschaft vorhandenen Unterlagen vermieden. Vielmehr hat es der Vorstand der Zielgesellschaft in der Hand, sensible Daten gezielt von der Offenlegung auszunehmen.[374]

c) Einschaltung eines neutralen Dritten

Stellt sich das Risiko einer missbräuchlichen Verwertung der unternehmensinternen Informationen als besonders groß dar, verbleibt dem Vorstand als risikominimierende Lösung die Möglichkeit, die Due Diligence nur unter der Auflage zu gestatten, dass sie allein durch neutrale[375] Fachleute - wie z.B. Rechtsanwälte oder Wirtschaftsprüfer etc. - durchgeführt wird. Diese werden gemeinsam von der Zielgesellschaft und dem Kaufinteressenten beauftragt und angewiesen, die ausgewerteten Informationen und Unterlagen selbst nicht an letzteren weiterzugeben. Stattdessen sollen sie ihm nur einen abgekürzten Due Diligence Bericht mit einer Auswertung ihrer Prüfungsergebnisse präsentieren.[376] Anders als von einem Teil der Literatur[377] gefordert, kann es sich bei dieser Vorgehensweise jedoch nicht um die einzig zulässige Form der Informationsweitergabe handeln. Denn meist wird die Einschaltung eines neutralen Dritten in den Due Diligence Prozess nicht den Interessen der Vertragsparteien gerecht. Vielmehr ist es regelmäßig erforderlich, dass dem potentiellen Erwerber die Informationen zur selbständigen Prüfung an sich vorliegen. Nur so ist er in der Lage, das mit der Transaktion verbundene Risikopotential aus seinem eigenen Blickwinkel heraus unter Berücksichtigung

---

[373] *Holzapfel / Pöllath*, Rn. 14

[374] *Holzapfel / Pöllath*, Rn. 14; *Körber*, NZG 2002, 263, 271; *Loges*, DB 1997, 965; *Mertens*, AG 1997, 541, 547; *Schroeder*, DB 1997, 2161, 2163;

[375] Neutral bedeutet dabei, dass sie weder mit der Zielgesellschaft noch mit dem potentiellen Erwerber in einem laufenden Mandatsverhältnis stehen.

[376] Vgl. hierzu *Holzapfel / Pöllath*, Rn. 17 a; *Linker / Zinger*, NZG 2002, 497, 501; *Meincke*, WM 1998, 749, 751; *Müller*, NJW 2000, 3452, 3455; *Schroeder*, DB 1997, 2161, 2163; *Ziegler*, DStR 2000, 249, 253.

[377] *Bihr*, BB 1998, 1198, 1199; *Lutter*, ZIP 1997, 613, 618; *Ziemons*, AG 1999, 492, 497.

seiner spezifischen Bedürfnisse zu bewerten und auf eine entsprechende Vertragsgestaltung hinzuwirken.[378] Der abstrakte Bericht einer neutralen Partei hilft ihm dabei in der Regel nicht weiter. Die Einsschaltung eines neutralen Dritten im vorgenannten Sinn wird daher in der Praxis auf einzelne Informationen (z.B. Patente) in Ausnahmefällen (potentieller Erwerber ist unmittelbarer Mitbewerber) beschränkt sein.[379]

7. Zwischenergebnis zur aktienrechtlichen Verschwiegenheitspflicht

Meist werden die vorgenannten Sicherheitsvorkehrungen ausreichend sein, um die mit einer Due Diligence verbundenen Gefahren einer missbräuchlichen Verwendung der übermittelten Informationen auszugleichen. Ist dies jedoch nicht der Fall und überwiegen die Vorteile aus dem Beteiligungskauf die konkret bestehenden Risiken nicht, hat sich der Vorstand im Rahmen seines pflichtgemäßen Ermessens gegen die Weitergabe der internen Informationen im Zuge einer Due Diligence zu entscheiden.

Kommt er dagegen im Rahmen seiner Abwägung dazu, dass die Durchführung einer Due Diligence im objektiven Interesse des Unternehmens liegt und sich die bestehenden Risiken durch entsprechende Geheimhaltungsmaßnahmen reduzieren lassen, kann er eine Due Diligence gestatten, ohne gegen § 93 Abs. 1 Satz 3 AktG zu verstoßen. Für die Beantwortung der Frage nach der insiderrechtlichen Beurteilung der Informationsweitergabe iSv § 14 Abs. 1 Nr. 2 WpHG bedeutet dies, dass der Vorstand dann zumindest „in Erfüllung seiner Aufgaben" handelt.

V. Schutzzweckorientierte Auslegung

Bei der Frage, ob die Weitergabe der Informationen befugt erfolgt, muss auch der Schutzzweck der Insidervorschriften des WpHG sowie der ihnen zugrundeliegenden Marktmissbrauchsrichtlinie beachtet werden.

1. Schutzzweck und Reichweite des Weitergabeverbots

Ziel der Insiderrechts ist es, die Funktionsfähigkeit der Finanzmärkte aufrechtzuerhalten und das Vertrauen der Anleger zu stärken.[380]

Auf den ersten Blick ließe sich dieses Ziel dadurch erreichen, dass die Zahl möglicher Insider durch ein möglichst umfassendes Weitergabeverbot auf ein Minimum beschränkt wird. So wurde in der Vergangenheit auch ver-

---

[378] Vgl. *Kiethe*, NZG 1999, 976, 979; *Krömker*, S. 53; ausführlich auch *Liekefett*, S. 125 ff.
[379] *Körber*, NZG 2002, 263, 272; *Krömker*, S. 52 ff.; *Werner*, ZIP 2000, 989, 991 f.;
[380] Vgl. die Erwägungsgründe 2, 12 und 15 zur Marktmissbrauchsrichtlinie sowie BT – Drucksache 12 / 6679, S. 33 f.; vgl. auch *Caspari*, NZG 2005, 98, 101.

treten, dass die Befugnis zur Weitergabe auf die Fälle beschränkt sei, in denen sie als zwingend erforderlich erscheine.[381] Würde man § 14 Abs. 1 Nr. 2 WpHG aber in dieser Weise interpretieren, hätte dies eine unverhältnismäßige Beschränkung der unternehmerischen Tätigkeit der Emittenten zur Folge, da auch in Informationsflüsse eingegriffen würde, die für die Funktionsfähigkeit anerkannter rechtlicher und wirtschaftlicher Institutionen erforderlich sind. Eine derart weitgehende Beschränkung kann aber durch § 14 Abs. 1 Nr. 2 WpHG gerade nicht gewollt sein. Denn sowohl die Marktmissbrauchsrichtlinie als auch die Gesetzesbegründung zu den Insidervorschriften des WpHG erkennen diese Erfordernisse an, wenn sie eine Weitergabe durch Insider dann erlauben, wenn sie in „Erfüllung ihrer Arbeit oder ihres Berufes oder in Erfüllung ihrer Aufgaben" erfolgt. Schon aus diesem Grund kann nicht von einem absoluten Geltungsanspruch des Insiderrechts ausgegangen werden.

Umgekehrt wäre es zu weit, eine befugte Weitergabe bereits dann zu bejahen, wenn nur „vernünftige Gründe" für eine Übermittlung der Insiderinformation sprechen und der Informationsempfänger einer gesetzlichen oder vertraglichen Verschwiegenheitspflicht unterliegt.[382] Gerade letzteres führt auch nicht zu einer sinnvollen Einschränkung. Denn erlangt der Empfänger Kenntnis von Insiderinformationen, wird er selber zum Insider und unterliegt damit seinerseits dem Weitergabeverbot aus § 14 Abs. 1 Nr. 2 WpHG.[383] Dann ist es aber nicht nachvollziehbar, warum es aus insiderrechtlicher Sicht[384] einer zusätzlichen Verschwiegenheitspflicht bedürfen soll. Ein derartiges Verständnis würde bedeuten, dass eine „nur" insiderrechtliche Verschwiegenheitspflicht im Vergleich zu einer vertraglich vereinbarten oder qua Berufsrecht bestehenden Verschwiegenheitspflicht weniger Beachtung findet. Dies ist aber nicht einzusehen.[385]

Richtig ist vielmehr der Ansatz, der die Interessen des Emittenten an der Weitergabe von Insiderinformationen und die Ziele des Insiderrechts ge-

---

[381] *Assmann*, AG 1994, 237, 247.
[382] So aber *Götz*, DB 1995, 1949, 1950.
[383] Dies gilt vor Inkrafttreten des AnSVG zumindest im Hinblick auf den Primärinsider. Nach Inkrafttreten das AnSVG macht das Erfordernis einer zusätzlichen Verschwiegenheitspflicht noch weniger Sinn, da jetzt jedermann unabhängig von einer bestimmungsgemäßen Kenntniserlangung dem insiderrechtlichen Weitergabeverbot unterliegt. Vgl. insoweit Teil 3:Abschnitt 1:§ 1B.I sowie *von Falkenhausen / Widder*, BB 2005, 225, 226.
[384] Der Abschluss einer Geheimhaltungsvereinbarung ist jedoch aus aktienrechtlicher Sicht im Hinblick auf die Zulässigkeit der Informationsweitergabe nach § 93 Abs. 1 Satz 3 AktG erforderlich (vgl. Teil 3:Abschnitt 1:§ 1D.IV.6.a) oben), vgl. auch *Liekefett*, S. 183.
[385] *von Falkenhausen / Widder*, BB 2005, 225, 226; *Sethe*, ZBB 2006, 243, 250; zum alten Recht *Assmann*, AG 1997, 50, 55; *Schmidt-Diemitz*, DB 1996, 1809, 1810; *Schwark*, Kapitalmarktrechts - Kommentar, § 14 Rn. 32; siehe auch *Ziegler*, DStR 2000, 249, 253 f.

geneinander abwägen möchte und dadurch versucht, sie in Einklang zu bringen.[386]

Auch die BaFin erkennt die Funktionserfordernisse rechtlicher und wirtschaftlicher Institutionen an und sucht die Lösung des Problems in einer im Einzelfall vorzunehmenden Interessenabwägung.[387]

2. Interessen des Unternehmens an der Weitergabe

Im Hinblick auf das Interesse des Unternehmens an der Weitergabe der Informationen im Zuge einer Due Diligence im Vorfeld eines Beteiligungskaufes ist wiederum die Wertung des § 93 Abs. 1 Satz 3 AktG zu berücksichtigen. Danach muss untersucht werden, ob das Zielunternehmen ein erhebliches eigenes Interesse an der Durchführung der Transaktion hat. Dies ist im Hinblick auf die zu erwartenden positiven Kurseffekte und die Versorgung mit neuem Kapital (siehe IV.5.a) (cc), (ee) oben) dann der Fall, wenn es um den Erwerb einer wesentlichen Beteiligung geht. Insbesondere kann es zu den angesprochenen unternehmensstrategischen Vorteilen und Synergieeffekten (vgl. IV.5.a)(dd) oben) durch die beabsichtigte Transaktion nur in den Fällen kommen, in denen der zukünftige Aktionär anders als bei einer reinen Finanzinvestition auch unternehmerisch tätig sein möchte. Auch dies wird regelmäßig nur beim Erwerb einer wesentlichen Beteiligung anzunehmen sein (dazu VI unten).[388] Zeichnet sich folglich im Vorfeld der Transaktion ab, dass sich für den Emittenten aufgrund der geplanten, unternehmerischen Beteiligung des Interessenten die aufgezeigten möglichen Vorteile auch tatsächlich ergeben werden, besteht ein erhebliches eigenes Interesse des Unternehmens, mit diesem zu kooperieren und so die Transaktion zu fördern. Dazu gehört dann auch, ihm die notwendigen internen Informationen im Zuge einer Due Diligence offenzulegen.

Hinzu kommt, dass nur durch eine umfassende vorherige Information des Interessenten verhindert werden kann, dass der zukünftige Anteilseigner erst nach Erwerb der Beteiligung erkennt, dass seine Erwartungen an die Transaktion nicht erfüllt wurden. Dies liegt insofern auch im Interesse des Zielunternehmens, als sich der Erwerber in solch einem Fall gezwungen se-

---

386 *Assmann*, AG 1997, 50, 55; *Marsch – Barner*, in: Semler / Volhard, Arbeitshandbuch für Unternehmensübernahmen, Band 1, § 7 Rn. 123; *Schäfer*, in: Schäfer § 14 WpHG Rn. 23; *Assmann / Cramer*, in Assmann / Schneider, WpHG, 3. Auflage, § 14 Rn. 48 ziehen insoweit einen Vergleich zur sog. Immanenztheorie zur Bestimmung der Grenzen des Kartellverbots aus § 1 GWB.

387 Vgl. hierzu das Schreiben der BaFin GZ: WA 21-W2210-2005/0028 vom 18.05.2005.

388 *Bihr*, BB 1998, 1198, 1201; *Körber*, NZG 2002, 263, 267; *Krömker*, NZG 2003, 418, 422; *Schwark*, Kapitalmarktrechts - Kommentar, § 14 Rn. 41; *Ziemons*, AG 1999, 492, 498 f.

hen kann, seine enttäuschten Erwartungen durch entsprechende Maßnahmen (z.B. Zerschlagung bzw. Stillegung des Unternehmens etc.) zu korrigieren.[389]

3. Gefährdung des Kapitalmarktes

Hinsichtlich der Gewichtung der insiderrechtlichen Gründe, die gegen eine Weitergabe sprechen können, muss primär untersucht werden, inwieweit das Schutzgut der Insiderregelungen, nämlich die Funktionsfähigkeit des organisierten Kapitalmarkts, durch die Weitergabe von Insiderinformationen im Vorfeld eines Beteiligungsverkaufes überhaupt betroffen ist. In der Tat erlangt der potentielle Erwerber durch die Durchführung der Due Diligence einen Informationsvorsprung gegenüber den sonstigen Kapitalmarktteilnehmern. Dadurch entsteht eine Situation, die durch das Insiderrecht gerade verhindert werden soll. Zugleich muss aber beachtet werden, dass es eine Ungleichbehandlung nur unter Gleichen geben kann.[390] Im Folgenden soll daher erörtert werden, ob und inwieweit sich der hier in Frage stehende Erwerb einer wesentlichen Beteiligung von den „herkömmlichen" Wertpapiergeschäften unterscheidet.

a) Erwerbsvorgang außerhalb des amtlichen Börsenhandels

Ein erster Unterschied liegt schon darin, dass es sich bei den hier in Frage stehenden Fällen stets um Erwerbsvorgänge handelt, die sich außerhalb des amtlichen Börsenhandels vollziehen. Denn Due Diligence Prüfungen werden im Vorfeld von Beteiligungsverkäufen regelmäßig nur bei sog. *face – to – face* Geschäften durchgeführt. Hieraus kann aber nicht gefolgert werden, dass allein aus diesem Grund eine Gefährdung des Kapitalmarktes von vornherein ausgeschlossen ist.[391] Richtig ist zwar, dass im Hinblick auf die der Due Diligence zugrundeliegenden Transaktion nicht dazu kommt, dass das erlangte Wissen bei der betreffenden Transaktion zum Nachteil der übrigen Marktteilnehmer verwendet wird.[392] Denn insoweit wird nur die Entscheidung über die Durchführung des Beteiligungserwerbs sowie die damit verbundenen einzelnen Modalitäten beeinflusst. Nicht ausgeschlossen ist aber auch die missbräuchliche Verwendung der erlangten Insiderinformationen außerhalb der Transaktion, etwa bei späteren Aktienkäufen im börslichen Handel. Aus diesem Grund wird durch eine Due Diligence auch bei außerbörslichen

---

[389] Vgl. *Cahn*, Der Konzern 2005, 5, 8; *Ziemons*, AG 1999, 492, 498.
[390] *Hemeling*, ZHR 169 (2005), 274, 284.
[391] *Kiethe*, NZG 1999, 976, 980, *Schroeder*, DB 1997, 2161, 2165, *Stoffels*, ZHR 165 (2001), 362, 380 (Fn. 79) sowie *Werner*, ZIP 2000, 989, 992 gehen zwar nicht so weit, stufen diesen Umstand nichtsdestotrotz als wichtig ein.
[392] *Assmann*, AG 1997, 50, 56; *ders.*, in: Assmann / Schneider, WpHG, § 14 Rn. 164; *Kiethe*, NZG 1999, 976, 981; *Schwark*, Kapitalmarktrechts - Kommentar, § 14 Rn. 40; *Ziegler*, DStR 2000, 249, 253.

Transaktionen das Vertrauen der Marktteilnehmer auf informationelle Gleichbehandlung grundsätzlich beeinträchtigt.[393]

b) Gesteigertes Informationsbedürfnis beim Erwerb einer unternehmerischen Beteiligung

Zu berücksichtigen ist aber der Umstand, dass der Erwerber einer wesentlichen Beteiligung regelmäßig auch unternehmerischen Einfluss auf die Gesellschaft ausüben will. Er trachtet dabei regelmäßig nicht nach kurzfristigen Kursgewinnen, sondern verfolgt längerfristige Vermögens- und Gewinninteressen.[394]

Dabei ist für ihn aufgrund des höheren Investitionsvolumens mit dem Erwerb einer wesentlichen Beteiligung immer auch ein höheres Risiko verbunden. Mithin ist es für ihn entscheidend, die Erfolgsaussichten seiner unternehmerischen Beteiligung richtig einzuschätzen. Er hat im Vorfeld der Transaktion gegenüber einem reinen Finanzinvestor ein gesteigertes Informationsbedürfnis.[395] Dies allein reicht zwar für die Rechtfertigung der Informationsweitergabe nicht aus, da es letztlich allein auf das Interesse des Unternehmens an der Informationsweitergabe ankommt (siehe 2).[396] Gleichwohl muss dieser Umstand aber im Hinblick auf die Beurteilung der Schwere der Rechtsgutsverletzung Beachtung finden. Denn hieraus ergibt sich, dass der Erwerber mit den anderen Anlegern nicht auf eine Stufe gestellt werden kann. Folglich kann auch nicht von einer Ungleichbehandlung der Aktionäre i.S.v. § 53 a AktG ausgegangen werden.

4. Zwischenergebnis zur schutzzweckorientierten Auslegung

Als Ergebnis der schutzzweckorientierten Auslegung kann festgehalten werden, dass die Grenzziehung zwischen befugter und unbefugter Informationsweitergabe im Wege einer Abwägung zwischen den unternehmenseigenen Interessen an der Datenübermittlung und den Zielen der Insiderregelungen zu erfolgen hat. Erstere sind in der Regel gegeben, wenn es sich bei der in Frage stehenden Beteiligung um eine wesentliche, unternehmerische Beteiligung handelt. Gleichzeitig kommt es in diesen Fällen regelmäßig nicht zu einer Ungleichbehandlung, da ein derartiger Investor nicht mit den übrigen Marktteilnehmern verglichen werden kann. Damit kann in diesen Fällen nicht von einer Gefährdung des Kapitalmarktes gesprochen werden, so dass davon aus-

---

[393] Hierauf weist zu Recht *Liekefett*, S. 173 f. hin.
[394] *Hemeling*, ZHR 169 (2005), 274, 284.
[395] *Assmann*, AG 1997, 50, 56; *Assmann*, in: Assmann / Schneider, WpHG, § 14 Rn. 164; *Stoffels*, ZHR 165 (2001), 362, 380;
[396] So auch *Hasselbach*, NZG 2004, 1087, 1089.

gegangen werden kann, dass die Weitergabe von Insiderinformationen im Zuge einer Due Diligence unter diesen Voraussetzungen in einem normalen Rahmen erfolgt und damit zulässig ist.

VI. Wesentliche Beteiligung

Nach allem kommt es damit entscheidend darauf an, wann vom Erwerb eines Aktienpakets bzw. vom Erwerb einer wesentlichen Beteiligung gesprochen werden kann.

1. Keine Legaldefinition

Im Gesetz finden sich diesbezüglich keine Hinweise. Lediglich der Begriff der „bedeutenden Beteiligung" ist legaldefiniert. Nach § 1 Abs. 9 KWG liegt eine solche Beteiligung ab einer Beteiligungsquote von 10 % am Kapital oder der Stimmrechte eines Unternehmens vor. Wird beabsichtigt eine solche Beteiligung an dem Träger einer Börse oder an einem Kredit- bzw. Finanzdienstleistungsinstituten zu erwerben, ist dies der Börsenaufsichtsbehörde (§ 3 Abs. 1 Satz 1 BörsG) bzw. der BaFin und der Deutschen Bundesbank (§ 2 b Abs. 1 Satz 1 KWG) anzuzeigen. Hintergrund dieser Bestimmungen ist die besondere Aufsichtsbedürftigkeit dieser Art von Unternehmen. Folglich wird mit ihnen ein anderer Zweck als mit den Regelungen des Insiderrechts verfolgt.[397] Bei der Untersuchung, was im Zusammenhang mit § 14 Abs. 1 Nr. 2 WpHG unter einer wesentlichen Beteiligung zu verstehen ist, kann damit nicht auf § 1 Abs. 9 KWG zurückgegriffen werden.

2. Grundregel

Der Erwerb einer wesentlichen Beteiligung kommt allgemein dann in Betracht, wenn der Erwerber nicht einzelne Aktien, sondern ein ganzes Aktienpaket kauft. Doch auch dieser Begriff ist nicht legaldefiniert. Nach einer in der Literatur immer wieder zu findenden Daumenregel ist ein derartiger Paketkauf dann anzunehmen, wenn das in Frage stehende Aktienbündel „mehr ist als die Summe der wirtschaftlichen Einzelwerte der zum Paket gehörenden Aktien."[398] Als Indiz hierfür wird die Bezahlung eines Paketaufschlages herangezogen. Dies bedeutet, dass es zu einem Erwerb der Anteile zu einem Preis über dem aktuellen Kurswert kommt. Richtig ist, dass sich ein solcher Aufschlag in der Regel als Gegenleistung für die größeren Einflussmöglichkeiten des Inhabers eines solchen Aktienpakets rechtfertigt.[399] Problematisch

---

[397] Vgl. *Liekefett*, S. 180.
[398] *Assmann*, AG 1997, 50, 56; *Assmann / Cramer*, in: Assmann / Schneider, § 14 Rn. 88 e; *Krömker*, S. 69; *Schmidt – Diemitz*, DB 1996, 1809, 1810; *Stoffels*, ZHR 165 (2001), 362, 381 (Fn. 82); *Süßmann*, AG 1999, 162, 168; *Ziemons*, AG 1999, 492, 499.
[399] Vgl. *Banerjea*, ZIP 2003, 1730, 1734.

ist jedoch, dass zum Zeitpunkt der Due Diligence der für das Aktienpaket zu zahlende Preis regelmäßig noch nicht feststeht. Vielmehr soll der Wert der in Frage stehenden Anteile durch die Due Diligence erst ermittelt werden.[400] Der Vorstand, der vor der Informationsweitergabe beurteilen können muss, ob er dabei befugt i.S.v. § 14 Abs. 1 Nr. 2 handelt, kann damit nicht auf dieses Kriterium zurückgreifen.

3. Eingrenzung mit Hilfe von Beteiligungsschwellen

Die Grundaussage der genannten Merkregel lässt sich am Besten durch die Benennung von festen Beteiligungsschwellen präzisieren. Ab wann von einer wesentlichen Beteiligung gesprochen werden kann, lässt sich dabei in erster Linie durch die Untersuchung der mit der jeweiligen Anteilsquote verbundenen Rechtsstellung des Anteilsinhabers eingrenzen.

a) Sperrminorität

Als derartiges Mindesterfordernis könnte man auf das Innehaben der sog. Sperrminorität abstellen. Damit könnte der Erwerber alle strukturverändernden Maßnahmen verhindern, die eine Änderung der Satzung möglich machen. Denn hierfür verlangt das Aktiengesetz in § 179 Abs. 2 Satz 1 eine Mehrheit von mindestens drei Viertel des bei der Beschlussfassung vertretenen Grundkapitals. Erforderlich wäre danach der Erwerb einer Beteiligung am Grundkapital, die größer ist als 25 %.[401]

b) Kontrollierende Beteiligung

Noch weitergehender wäre es, den Erwerb einer kontrollierenden Beteiligung zu verlangen. Gemäß § 29 Abs. 2 WpÜG kann ab einer Beteiligung von 30 % von einer derartigen Beteiligung ausgegangen werden. Aufgrund der tatsächlichen Hauptversammlungspräsenzen hat der Inhaber eines Aktienpakets in Höhe von 30 % regelmäßig die sog. Präsenzmehrheit.[402] Abgesehen von den vorgenannten Strukturmaßnahmen reicht regelmäßig die einfache Hauptversammlungsmehrheit aus, um eine börsennotierte Aktiengesellschaft zu kontrollieren. Der Inhaber eines derartigen Aktienpakets hat damit immer unternehmerischen Einfluss auf die Gesellschaft.

Nach Schroeder[403] forderte auch das Bundesamt für den Wertpapierhandel für die Annahme einer wesentlichen Beteiligung, dass dem Erwerber durch den

---

[400] *Liekefett*, S. 179.
[401] Vgl. *Krömker*, S. 69; *ders.*, NZG 2003, 418, 423. Auch nach *Schmidt – Diemitz*, DB 1996, 1809, 1810, kommt es im Einzelfall auf die Sperrminorität an.
[402] Vgl. hierzu die Regierungsbegründung zum WpÜG, BT – Drucksache 14 / 7034, S. 53.
[403] *Schroeder*, DB 1997, 2161, 2165.

Kauf des Aktienpakets die Präsenzmehrheit in der Hauptversammlung sichergestellt sei.

Von den Vertretern in der Literatur, die aus diesem Grund für eine Mindestquote von 30 % eintreten,[404] wird aber auch noch auf folgenden Gesichtspunkt hingewiesen. Der Erwerber habe in diesen Fällen ein nochmals gesteigertes Informationsbedürfnis. Grund dafür sei, dass er in der Folge des Beteiligungserwerbs gemäß § 35 Abs. 2 WpÜG zur Abgabe eines Angebots an alle Aktionäre der Zielgesellschaft verpflichtet sei (sog. Pflichtangebot). Damit habe die Transaktion für ihn eine über die konkrete Akquisition hinausgehende Bedeutung, da sie mit besonders schwerwiegenden wirtschaftlichen Risiken verbunden sein könne.[405] Gestatte man ihm folglich zum Ausgleich dieses Risikos in diesen Fällen eine Due Diligence, könne nicht von einer Ungleichbehandlung der Marktteilnehmer gesprochen werden.

c) Mitteilungspflicht aus § 21 WpHG

Schließlich könnte in Betracht gezogen werden, bei der Definition der „wesentlichen Beteiligung" auf die Meldeschwellen des § 21 Abs. 1 Satz 1 WpHG zurückzugreifen.[406] Beim Erreichen oder Überschreiten einer in dieser Norm aufgeführten Beteiligungsquote ist der Erwerber verpflichtet, dies der Gesellschaft und der BaFin mitzuteilen. Bis zum Inkrafttreten des Transparenzrichtlinien-Umsetzungsgesetzes (TUG)[407] am 20. Januar 2007 lag die unterste Meldeschwelle bei 5 % der Stimmrechte an einem Emittenten. In der Regierungsbegründung zu dieser Regelung wurde dabei explizit darauf hingewiesen, dass schon ab einer Beteiligung von 5 % von einer bedeutenden Beteiligung gesprochen werden könne.[408] Begründet wurde dies unter anderem damit, dass 10 % der Stimmrechte bei großen Aktiengesellschaften kapitalmäßig einen sehr hohen Grenzwert darstellen würden. Hinzu komme, dass

---

[404] *Liekefett*, S. 180 f.; *Schroeder*, DB 1997, 2161, 2165.
[405] So auch *Hasselbach*, NZG 2004, 1087, 1089.
[406] *Assmann*, in: Assmann / Schneider, WpHG, § 14 Rn. 169; *Süßmann*, AG 1999, 162, 168.
[407] Gesetz zur Umsetzung der Richtlinie 2004/109/EG des Europäischen Parlaments und des Rates vom 15. Dezember 2004 zur Harmonisierung der Transparenzanforderungen in Bezug auf Informationen über Emittenten, deren Wertpapiere zum Handel auf einem geregelten Markt zugelassen sind, und zur Änderung der Richtlinie 2001/34/EG (Transparenzrichtlinie – Umsetzungsgesetz – TUG) vom 5. Januar 2007, BGBl. I 2007, 10.
[408] Bei der Festlegung der unteren Beteiligungsschwelle auf 5 % war der Gesetzgeber bei § 21 WpHG dabei ganz bewusst vorgegangen. Insbesondere wurden nicht nur die Vorgaben der Transparenzrichtlinie (Richtlinie 88/627/EWG des Rates der Europäischen Gemeinschaften vom 12.12.1988 über die bei Erwerb und Veräußerung einer bedeutenden Beteiligung an einer börsennotierten Gesellschaft zu veröffentlichenden Informationen, ABl. EG Nr. L 348) übernommen. Denn diese legte die Meldeschwellen in Art. 4 Abs. 1 erst ab 10 % der Stimmrechte fest.

angesichts rückläufiger Präsenzen in der Hauptversammlung bereits ein 5 % Paket einen nicht unbedeutenden Einfluss auf das Unternehmen gewähre.[409]

§ 21 Abs. 1 Satz 1 WpHG wurde durch Artikel 1 Nr. 10 lit. a) TUG geändert.[410] Neben den bereits bestehenden Meldeschwellen von 5, 10, 25, 50 und 75 % wurden zusätzliche Schwellen bei 3, 15, 20 und 30 % eingeführt. Entsprechend wurde durch Artikel 1 Nr. 10 lit. b) TUG § 21 a WpHG geändert. Die Meldeschwelle bei der erstmaligen Zulassung der Aktien zum Handel an einem organisierten Markt ist ebenfalls auf 3 % gesenkt worden. Begründet wird die Abänderung der Eingangsmeldeschwelle damit, dass Erfahrungen in jüngster Vergangenheit gezeigt hätten, dass Aktionäre bereits mit einer Beteiligung unterhalb von 5 % entscheidenden Einfluss auf den Emittenten nehmen können. Durch die Absenkung auf 3 % werde ein „Anschleichen" an hohe Beteiligungen erschwert, die Kontrolle von Aktien gefördert und die Markttransparenz von Kapitalbewegungen erhöht.[411]

De lege lata wäre folglich nach diesem Ansatz eine wesentliche Beteiligung schon dann anzunehmen, wenn der Interessent ein Aktienpaket in Größe von 3 % der Stimmrechte erwerben will. Dass bereits ab dieser Größe eine wesentliche Beteiligung vorliegt, könnte auch aus dem Entwurf des Gesetzes zur Schaffung deutscher Immobilien – Aktiengesellschaften mit börsennotierten Anteilen (Real Estate Investment Trust – Gesetz / REIT – GesetzE)[412] geschlossen werden.[413] Nach § 11 Abs. 1 REIT – GesetzE müssen sich bei Immobilien – Aktiengesellschaften dauerhaft mindestens 15 % der Aktien im Streubesitz befinden. Gemäß § 11 Abs. 1 Satz 3 REIT – GesetzE ist dies nur bei den Aktien derjenigen Aktionäre der Fall, die jeweils weniger als 3 % der Aktien halten.

Auch die BaFin geht in ihrem nun veröffentlichten Emittentenleitfaden (Ziffer III.2.2.2.1.) davon aus, dass bei einem Erwerb von Stimmrechten ab den gesetzlichen Meldeschwellen eine größere Transparenz des Emittenten sowohl durch das wirtschaftliche Interesse des Emittenten als auch durch das des Erwerbers gerechtfertigt sei.[414] Aus diesem Grund handele der Emittent bei der

---

[409] BT – Drucksache 12 / 6679, S. 52.

[410] Hiezu *Bosse*, DB 2007, 39, 40 f.; *Kuhr*, SZ vom 19.01.2007, 28; *Nießen*, NZG 2007, 41, 42; *Rodewald / Unger*, BB 2006, 1917, 1918; vgl auch die Stellungnahme des Handelsrechtsausschuss des DAV zum TUG, NZG 2006, 655 sowie die des Deutschen Aktieninstituts (DAI), NZG 2006, 579, 580.

[411] BT – Drucksache 16 / 2498, S. 34.

[412] BR – Drucksache 779 / 06, S. 17.

[413] Vgl. *Nießen*, NZG 2007, 41, 42.

[414] Diese Aussage bezieht sich jedoch auf die bisherig Fassung des § 21 Abs. 1 Satz 1 WpHG, der eine Eingangsmeldeschwelle von 5 % der Stimmrechte vorsah.

Weitergabe einer Insiderinformation im Rahmen einer entsprechenden Due Diligence nicht unbefugt.

Vorteil dieser Vorgehensweise ist, dass zur Bestimmung einer wesentlichen Beteiligung auf einen Schwellenwert abgestellt wird, den u.a. das Wertpapierhandelsgesetz selbst aufstellt.

d) Beteiligungen unter 5 % als reine Finanzanlagen

Richtigerweise müssen jedoch solche Beteiligungen als wesentliche Beteiligungen ausscheiden, die weniger als 5 % des Grundkapitals der Gesellschaft ausmachen.[415] Grund hierfür ist vor allem, dass unterhalb dieser Beteiligungsquote die Möglichkeit besteht, dass der Anteilsinhaber sogar gegen seinen Willen im Wege eines sog. *Squeeze-Out* (§§ 327 a AktG ff.) aus der Gesellschaft ausgeschlossen werden kann.[416] Aus diesem Grund wird es sich bei derartigen Beteiligungen regelmäßig um reine Finanzanlagen handeln. Daran hat sich auch nichts durch das Inkrafttreten des TUG geändert.

Kommt man folglich zu dem Ergebnis, dass eine wesentliche Beteiligung erst ab 5 % des Grundkapitals vorliegt, ist noch nichts über die tatsächlich erforderliche Mindestbeteiligungsquote für die Annahme einer wesentlichen Beteiligung ausgesagt.

e) Einzelfallbetrachtung

Eine wesentliche Beteiligung kann jedoch auf der anderen Seite nicht erst ab einer Beteiligungsquote von 25 % angenommen werden. Vielmehr wird man davon ausgehen können, dass ab dieser Quote - ohne auf den konkreten Einzelfall abstellen zu müssen - immer von einer wesentlichen, unternehmerischen Beteiligung gesprochen werden kann. Im Umkehrschluss verbietet sich jedoch unterhalb dieser Schwelle eine schematische Lösung. Auf die 5 % Beteiligungsschwelle kann nicht allein deshalb abgestellt werden, weil der Gesetzgeber in einem anderen Zusammenhang hierin eine bedeutende Beteiligung sieht. Vielmehr kommt es darauf an, ob es sich tatsächlich auch um eine unternehmerische Beteiligung handelt. Denn nur wenn der Beteiligung ein unternehmerisches Moment auch im konkreten Fall anhaftet, ist die Weitergabe von Insiderinformationen aufgrund des dann festgestellten überwiegenden Unternehmensinteresses (siehe V.2) auch gerechtfertigt und i.S.v. § 14 Abs. 1 Nr. 2 WpHG zulässig. Der Kauf eines Aktienpakets ab einer Quote von 5 % ist

---

[415] Vgl. auch *Krömker*, NZG 2003, 418, 422 f.; so grundsätzlich auch *Hasselbach*, NZG 2004, 1087, 1089. Allerdings soll etwas anderes gelten, wenn zwar die zu erwerbende Beteiligung kleiner als 5 % ist, gleichzeitig aber unter Hinzurechnung der bereits gehaltenen Anteile eine wesentliche Beteiligung entsteht.

[416] Vgl. auch *Krömker*, NZG 2003, 418, 423.

Der Kauf eines Aktienpakets ab einer Quote von 5 % ist damit nur ein Indiz dafür, dass es sich um eine derartige Beteiligung handelt. Daneben kommt es aber bis zu einer Beteiligung von 25 % entscheidend darauf an, wie die Beziehung zwischen Erwerber und Zielgesellschaft konkret ausgestaltet sind.[417] Dabei kann für eine wesentliche, unternehmerische Beteiligung sprechen, dass der Erwerber ein Aufsichtsratsmandat hat. Auch liefern bestehende oder angestrebte Vertragsbeziehungen, wie z.B. Liefer-, Abnahme- oder sonstiger Kooperationsverträge, sowie etwaige Sonder-absprachen, z.B. die Verpflichtung zur Zahlung eines Sanierungsbeitrages, einen Hinweis dafür, dass der Erwerber mit dem Kauf der Beteiligung nicht nur ein reine Finanzanlage anstrebt. Festgehalten werden kann damit, dass es beim Erwerb einer Beteiligung von 5 bis 25 % entscheidend auf Umstände des jeweiligen Einzelfalls ankommt, wenn es darum geht, das in Frage stehende Aktienpaket als wesentliche, unternehmerische Beteiligung zu qualifizieren.[418]

§ 2 Besonderheiten beim Unternehmenskauf

Abschließend soll noch die Zulässigkeit der Informationsweitergabe im Rahmen einer Due Diligence im Vorfeld von Unternehmenskäufen und öffentlichen Übernahmeangeboten[419] untersucht werden.

A. Share Deal

Eine vollständige Übernahme einer börsennotierten Aktiengesellschaft durch einen außerbörslichen *Share Deal* scheitert regelmäßig am Streubesitz der Aktien (*Free Float*).[420] Darunter ist der Anteil der frei handelbaren Aktien einer börsennotierten Aktiengesellschaft gemeint, der sich nicht im Besitz von einem oder mehreren Großanlegern befindet.[421] Die Verordnung über die Zulassung von Wertpapieren zum amtlichen Markt einer Wertpapierbörse (BörsZulVO) schreibt zum Beispiel in § 9 Abs. 1 Satz 2 einen Streubesitz von 25% für den Amtlichen Handel vor. Für den Geregelten Markt gilt § 9 Abs. 1 Satz 2 BörsZulVO wegen § 69 Abs. 1 Nr. 3 BörsenO zwar keine Anwendung. Allerdings

---

[417] *Krömker*, NZG 2003, 418, 423.

[418] So auch *Krömker*, S. 69; *ders.*, NZG 2003, 418, 423, der zutreffend darauf hinweist, dass auch die Aktionärsstruktur der Zielgesellschaft in diesem Zusammenhang eine Rolle spielen kann. Denn befinden sich die restlichen Aktien in Streubesitz, kann der Einfluss des Inhabers einer kleineren Beteiligung größer sein, als es die Höhe seiner Beteiligung vermuten lässt. Liegt der Anteil sogar signifikant über 5 % kann es sogar sein, dass er in einer Hauptversammlung die Sperrminorität von 25 % erreicht, da § 179 Abs. 2 Satz 1 auf die anwesenden Stimmen abstellt. Aus diesem Grund kann auch solch eine Beteiligung als eine unternehmerische gelten.

[419] Hierzu sogleich unter § 3.

[420] *Liekefett*, S. 176.

[421] *Risse / Kästle / Gebler*, S. 75.

kann die Zulassungsstelle die Zulassung ablehnen, wenn aufgrund der niedrigen Streuung im Publikum ein ordnungsgemäßer Handel nicht gewährleistet scheint.

B. Asset Deal

§ 14 Abs. 1 Nr. 2 WpHG ist auch beim *Asset Deal* anwendbar, d.h. auch dann, wenn ein ganzer Betrieb oder Teile hiervon im Wege der Einzelrechtsnachfolge erworben werden soll. Denn anders als § 14 Abs. 1 Nr. 1 WpHG setzt das Weitergabeverbot keine Wertpapiertransaktion voraus. Maßgeblich ist allein, dass es sich bei den weiterzugebenden Informationen um Insiderinformationen über eine börsennotierte Aktiengesellschaft handelt.[422]

I. Entscheidungskompetenz

Soll der gesamte Betrieb im Wege eines *Asset Deals* veräußert werden, muss zunächst § 179a Abs. 1 Satz 1 AktG beachtet werden. Danach bedarf ein Vertrag, durch den sich eine Aktiengesellschaft zur Übertragung des ganzen Gesellschaftsvermögens verpflichtet eines Beschlusses der Hauptversammlung nach § 179 AktG. Dieser muss nach § 179 Abs. 2 Satz 1 AktG einer Dreiviertel - Mehrheit des bei der Beschlussfassung anwesenden Grundkapitals.

Die Entscheidung über die Veräußerung von Betriebsteilen ist dagegen regelmäßig eine eigenverantwortliche Geschäftsführungsmaßnahme, die in die Leitungskompetenz des Vorstandes aus § 76 Abs. 1 AktG fällt.[423] Etwas anderes gilt nur dann, wenn ein sog. „Holzmüller" – Fall gegeben ist. Dies ist dann der Fall, wenn durch die geplante Veräußerung so tief in die Mitgliedsrechte der Aktionäre eingegriffen wird, dass der Vorstand vernünftigerweise nicht annehmen darf, er dürfe die fragliche Entscheidung ausschließlich in eigener Verantwortung ohne Beteiligung der Hauptversammlung treffen.[424]

II. Abwägung

Legt man den im vorhergehenden Abschnitt für die Zulässigkeit der Informationsweitergabe herausgearbeiteten Maßstab zugrunde, ergibt sich für den Asset Deal, dass die Weitergabe von Unternehmensinterna dann nicht unbefugt ist, wenn die Veräußerung selbst im Gesellschaftsinteresse liegt. Liegt die Veräußerung nach Durchführung einer umfassenden Abwägung aller Vor- und Nachteile im Interesse des Unternehmens, so ist als Folgemaßnahme der Entscheidung für die Veräußerung auch die Offenlegung von Unternehmensinterna im Rahmen der vorgelagerten Due Diligence zulässig.[425]

---

[422] *Liekefett*, S. 177.
[423] *Krömker*, S. 18.
[424] BGHZ 83, 122, 131.
[425] *Krömker*, S. 19.

§ 3 Besonderheiten beim öffentlichen Übernahmeangebot

Auch bei einem öffentlichen Übernahmeangebot iSv § 29 Abs. 1 WpÜG spielt die Frage nach der Zulässigkeit der Informationsweitergabe im Zuge der Gestattung einer Due Diligence durch den Vorstand der Zielgesellschaft eine Rolle. Denn dieser wird die Umsetzung des Übernahmeangebots zumindest immer dann unterstützen und fördern wollen, wenn es sich um eine sog. freundliche Übernahme handelt.

Im Rahmen der richtlinienkonformen Auslegung des Weitergabeverbot des § 14 Abs. 1 Nr. 2 WpHG ist hier nun Erwägungsgrund 29 der Marktmissbrauchsrichtlinie zu berücksichtigen. Danach soll der Zugang zu Insider – Informationen über eine andere Gesellschaft und die Verwendung dieser Informationen bei einem öffentlichen Übernahmeangebot mit dem Ziel, die Kontrolle über dieses Unternehmen zu erwerben oder einen Zusammenschluss mit ihm vorzuschlagen, als solche nicht als Insider – Geschäft gelten. Zielgesellschaften können damit grundsätzlich alle Informationen im Rahmen einer Due Diligence an den Bieter weitergeben, auch wenn diese in Einzelfällen Insiderinformationen mitumfassen (vgl. im Einzelnen Teil 3:Abschnitt 2:§ 4B.II.5.a) unten).

Abschnitt 2: Due Diligence und Insiderhandelsverbot (§ 14 Abs. 1 Nr. 1 WpHG)

Während sich der vorhergehende Abschnitt mit der insiderrechtlichen Zulässigkeit der Informationsweitergabe durch den Vorstand des Zielunternehmens im Vorfeld der eigentlichen Transaktion befasst hat, hat der nun folgende Teil der Untersuchung die Verwertung der übermittelten (Insider-)Informationen bei der eigentlichen Durchführung der jeweils geplanten Transaktion im Blick. Insoweit stellt sich im Hinblick auf das Thema der Untersuchung nun die Frage, wie der Kaufinteressent die ihm im Rahmen einer Due Diligence zulässig bekannt gemacht wordenen Insiderinformationen bei seinen Entscheidungen berücksichtigen darf, ohne dabei gegen das Insiderhandelsverbot zu verstoßen. Die Verwertung der so gewonnenen Informationen ist dabei an § 14 Abs. 1 Nr. 1 WpHG zu messen. Danach ist es verboten, unter Verwendung einer Insiderinformation Insiderpapiere für eigene oder fremde Rechnung oder für einen anderen zu erwerben oder zu veräußern.

§ 1 Anwendungsbereich des Insiderhandelsverbots

Insofern stellt sich zunächst die Frage, ob der Anwendungsbereich von § 14 Abs. 1 Nr. 1 WpHG für den außerbörslichen Beteiligungskauf eröffnet ist.

A. Persönlicher Anwendungsbereich

Voraussetzung ist dabei zunächst, dass der potentielle Erwerber als möglicher Adressat der Norm in Betracht kommt.

I. Möglicher Adressatenkreis

Hier muss zunächst geklärt werden, auf wen dabei genau abgestellt werden muss. Anders als beim Weitergabeverbot, bei dem die Frage nach den jeweils relevanten Personen mit dem Vorstand der Zielgesellschaft unzweifelhaft beantwortet werden kann, muss dies beim Verwendungsverbot aus § 14 Abs. 1 Nr. 1 WpHG genauer untersucht werden.

Denn handelt es sich auf Erwerberseite nicht um natürliche Personen, sondern - wie häufig in der Praxis - um eine Kapitalgesellschaft,[426] kommen als Erwerber und damit als Adressat zunächst sowohl die jeweils handelnden vertretungsberechtigten Personen (d.h. Geschäftsführer oder Vorstand) als auch im Wege der Wissenszurechnung von Organen die jeweilige Gesellschaft selbst in Betracht. Ebenso wie einige andere Mitgliedsstaaten der EU, kennt das deutsche Recht die Strafbarkeit von Gesellschaften jedoch nicht.

---

[426] z.B. Erwerbsvehikel (sog. *Special Purpose Vehicle* – SPV) oder Erwerbsgesellschaft.

Aus diesem Grund verlangt die Marktmissbrauchsrichtlinie in Art. 2 Abs. 2, dass das Insiderhandelsverbot in diesen Fällen auch für die natürlichen Personen gilt, die an dem Beschluss beteiligt sind, das Geschäft für Rechnung der betreffenden juristischen Person zu tätigen. Einer gesonderten Umsetzung dieser Vorschrift bedurfte es indes nicht. Denn insoweit ergibt sich bereits aus § 14 StGB eine Pflichtendelegation auf die vertretungsberechtigten Organe, soweit sich das Verbot an die jeweilige Gesellschaft richtet. Entscheidend ist aber vielmehr, dass § 14 Abs. 1 Nr. 1 WpHG auch den Erwerb oder die Veräußerung „für einen anderen" umfasst, so dass sich die jeweils für die Erwerbergesellschaft handelnde Person bereits aus diesem Grund strafbar machen kann. Handelt es sich wie beim Vorstand einer Aktiengesellschaft um eine Mehrheit von Personen, die an der Entscheidung beteiligt sind, gilt es eine Strafbarkeit der Beteiligten wegen Mittäterschaft (§ 25 II StGB), Beihilfe (§ 27 StGB) oder Anstiftung (§ 26 StGB) zu untersuchen. Festgehalten werden kann damit, dass es bei der Frage nach dem persönlichen Anwendungsbereich auf die jeweils für die Erwerbergesellschaft handelnden Personen ankommt.

II. Keine Differenzierung zwischen Primär- und Sekundärinsider

Gleichlaufend zu § 14 Abs. 1 Nr. 2 WpHG, knüpft auch das Insiderhandelsverbot aus § 14 Abs. 1 Nr. 1 WpHG in personeller Hinsicht an den reinen Besitz von Insiderinformationen an. Anders jedoch als bei § 14 Abs. 1 Nr. 2 WpHG (vgl. Abschnitt 1:§ 1B.I.1) kam es in Bezug auf das Erwerbs- und Veräußerungsverbot wegen § 14 Abs. 1 Nr. 1 und Abs. 2 WpHG a.F. auch schon vor Inkrafttreten des AnSVG nicht nur hinsichtlich der Sanktionierung,[427] sondern schon auf der Ebene des Tatbestandes nicht auf personenbezogene Voraussetzungen des Handelnden, also auf die Unterscheidung zwischen Primär- und Sekundärinsider, an. Während sich der persönliche Anwendungsbereich der beiden Verbotsnormen nunmehr deckt, ergeben sich Unterschiede nun noch auf der Ebene der Sanktionierung. Denn während die Unterscheidung zwischen Primär- und Sekundärinsider im Hinblick auf das Weitergabeverbot noch von Bedeutung ist (vgl. dazu ausführlich Abschnitt 1:§ 1B.I.2), spielt sie im Hinblick auf das Verwendungsverbot wegen § 38 Abs. 1 Nr. 1 WpHG keine Rolle.

Sind die auf Erwerberseite handelnden Personen aufgrund der im Vorfeld der Transaktion durchgeführten Due Diligence in den Besitz von Insiderinformationen gelangt, fallen sie damit unproblematisch in den persönlichen Anwendungsbereich des § 14 Abs. 1 Nr. 1 WpHG.

---

[427] Insofern ergab sich die Einheitlichkeit der Sanktionierung von Primär- und Sekundärinsidern aus § 31 Abs. 1 Nr. 1 WpHG a.F.

B. Sachlicher Anwendungsbereich

Sachlich knüpft § 14 Abs. 1 Nr. 1 WpHG an die Verwendung von Insiderinformationen an. Insofern sei an dieser Stelle auf die entsprechenden Ausführungen im Zusammenhang mit dem Weitergabeverbot verwiesen (siehe Abschnitt 1:§ 1B.II.).

§ 2 Notwendigkeit einer Wertpapiertransaktion

Anders als bei § 14 Abs. 1 Nr. 2 WpHG handelt es sich bei § 14 Abs. 1 Nr.1 WpHG nicht um einen Vorfeld-, sondern um den „klassischen Insidertatbestand".[428] Ihrem Wortlaut zufolge setzt die Norm eine Wertpapiertransaktion voraus.

A. Außerbörslicher Beteiligungserwerb

Im Hinblick auf den hier interessierenden außerbörslichen Beteiligungserwerb wurde vor Inkrafttreten des AnSVG vereinzelt daran gezweifelt, ob § 14 Abs. 1 Nr. 1 WpHG auch dann anwendbar war, wenn es sich bei der Transaktion um ein sog. *face-to-face* Geschäft handelte, das außerhalb eines organisierten Marktes unmittelbar zwischen den Parteien abgewickelt wurde. Dies wurde damit begründet, dass derartige Transaktionen ohne die Zwischenschaltung eines Intermediärs erfolgten, somit keinen „Handel" darstellten und daher wegen § 1 WpHG aus dem Anwendungsbereich des Wertpapierhandelsgesetzes herausfielen. Vielmehr habe der Gesetzgeber insoweit von der Ermächtigung aus Art. 2 Abs. 3 S. 2 der Insiderrichtlinie Gebrauch gemacht, nach der die Mitgliedstaaten Transaktionen vom Insiderverbot ausnehmen konnten, die ohne Einschaltung eines Berufshändlers außerhalb eines Wertpapiermarktes erfolgten.[429] Nach Art. 9 Abs. 1 der Marktmissbrauchsrichtlinie besteht die Möglichkeit zur Schaffung eines derartigen Ausnahmetatbestandes in Zukunft nicht mehr. Denn danach gilt die Richtlinie für jedes Finanzinstrument, das zum Handel auf einem geregelten Markt zugelassen ist, unabhängig davon, ob das Geschäft selbst tatsächlich auf diesem Markt getätigt wird oder nicht. Die Frage, ob die Verwertung von Insiderinformationen im Rahmen derartiger *face-to-face* Geschäfte einen strafbaren Insiderhandel iSv § 14 Abs. 1 Nr. 1 WpHG darstellt, kann damit in Zukunft nicht mehr mit einem bloßen Hinweis auf den nicht eröffneten Anwendungsbereich der Insiderverbote des Wertpapierhandelsgesetzes verneint werden.[430]

---

[428] BT-Drucksache 12/6679, S. 47.

[429] *Hammen*, WM 2004, 1753, 1755 ff. Nach *Hopt*, ZGR 1991, 18, 44 f. soll das Insiderhandelsverbot nur für den Pakethandel zwischen Unternehmen unter Einschaltung von Banken gelten.

[430] *Cahn*, Der Konzern 2005, 5, 7 f.; zu diesem Ergebnis kommt schließlich auch *Hammen*, vgl. WM 2004, 1753, 1759 f.

B. Schuldrechtliches oder dingliches Geschäft

Ist damit geklärt, dass auch das außerbörsliche *face-to-face* Geschäft grundsätzlich in den Anwendungsbereich des WpHG fällt, stellt sich im folgenden Abschnitt die Frage, wie weit die Transaktion fortgeschritten sein muss, um von einem „Erwerb" oder einer „Veräußerung" iSv § 14 Abs. 1 Nr. 1 WpHG bzw. Art. 2 Abs. 1 Satz 1 der Marktmissbrauchsrichtlinie sprechen zu können. Da die meisten EU-Mitgliedsstaaten kein Abstraktionsprinzip kennen, geht es namentlich darum, ob in diesem Zusammenhang bereits der Abschluss des jeweiligen schuldrechtlichen Geschäfts ausreicht oder ob darüber hinaus auch die Änderung der dinglichen Rechtslage erforderlich ist. Letzteres wird teilweise mit der Begründung gefordert, dass § 14 Abs. 1 Nr. 1 WpHG nicht vom Kauf oder Verkauf eines Insiderpapiers spreche. Folglich sei über den Abschluss des Verpflichtungsgeschäfts hinaus Voraussetzung, dass sich die dingliche Zuordnung der Wertpapiere ändere.[431] Gegen eine derartige Auffassung spricht jedoch, dass es demjenigen, der über Insiderinformationen verfügt, möglich ist, mittels Wertpapiertransaktionen Gewinne zu erzielen, auch ohne dass es zum Abschluss des Verfügungsgeschäfts gekommen ist.[432] Um Strafbarkeitslücken zu vermeiden und um eine richtlinienkonforme Auslegung zu gewährleisten, ist es daher als ausreichend anzusehen, wenn eine Vertragsgestaltung vorliegt, bei der sichergestellt ist, dass der Insider den erwarteten Gewinn realisieren kann,[433] ohne dass es auf den Eintritt weiterer, nicht nur von seinem Verhalten abhängiger Bedingungen ankommt.[434] Für den außerbörslichen Erwerb eines Aktienpakets ist damit im Hinblick auf § 14 Abs. 1 Nr. 1 WpHG allein der Abschluss des schuldrechtlichen Anteilskaufvertrages entscheidend. Diesem Ergebnis steht auch weder der Wortlaut von § 14 Abs. 1 Nr. 1 WpHG noch von Art. 2 Abs. 1 Satz 1 der Marktmissbrauchsrichtlinie entgegen. Denn unter „Erwerb" und „Veräuße-

---

[431] *Schäfer*, in: Schäfer, § 14 WpHG Rn. 5. Vgl. auch *Caspar*, WM 1999, 363, 364.

[432] *Kümpel*, Bank – und Kapitalmarktrecht, Rn. 16.159 ff.; *Kümpel / Veil*, Wertpapierhandelsgesetz, S. 66 f., nennen in diesem Zusammenhang Wertpapiergeschäfte mit hinausgeschobener Fälligkeit an ausländischen Börsen als Beispiel hierfür. So sei es einem Insider an der Pariser Börse, die in den Anwendungsbereich des WpHG falle, möglich, eine positive Insiderinformation so zu verwenden, dass er einen Kaufvertrag über die betreffenden Insiderpapiere abschließt und die Papiere rechtzeitig vor dem hinausgeschobenen Fälligkeitszeitpunkt des Lieferanspruchs wieder verkauft. In der Folge, könne im Valutierungszeitpunkt (im Fall der Pariser Börse dem Monatsultimo) der Gewinn realisiert werden, ohne dass der Insider zu irgendeinem Zeitpunkt die Verfügungsgewalt über die Wertpapiere erlangt hätte. Vgl. auch *Schäfer*, in: Marsch – Barner / Schäfer, Handbuch börsennotierte AG, § 13 Rn. 43.

[433] Keine Voraussetzung ist dagegen, dass der Gewinn vom Insider auch tatsächlich realisiert wird. Vgl. *Assmann*, in: Assmann / Schneider, WpHG, § 14 Rn. 12.

[434] Vgl. hierzu OLG Karlsruhe, AG 2004, 512, 513; *Assmann*, in: Assmann / Schneider, WpHG, § 14 Rn. 12 ff.; *Kümpel*, Bank- und Kapitalmarktrecht, Rn. 16.160; *Kümpel / Veil*, Wertpapierhandelsgesetz, S. 66 f, *Schwark*, Kapitalmarktrechts - Kommentar, § 14 Rn. 7;

rung“ kann nach dem natürlichen Wortsinn auch das rein obligatorische Geschäft verstanden werden.

C. Unterlassen

Daneben stellt sich die Frage, wie es insiderrechtlich zu bewerten ist, wenn der potentielle Erwerber im Zuge der Due Diligence auf negative Insiderinformationen über das Zielunternehmen stößt und daraufhin Abstand von der geplanten Transaktion nimmt. Auch hierin könnte eine insiderrechtlich relevante Verwertung der Insiderinformation gesehen werden, obwohl es zu gar keiner Wertpapiertransaktion gekommen ist. Vielmehr nutzt der potentielle Erwerber die bislang nicht öffentliche Information in der Form, dass er den geplanten Anteilskauf unterlässt und dadurch finanzielle Nachteile vermeidet, die für ihn im Falle des durchgeführten Erwerbs dadurch entstehen würden, dass sich der Wert des Zielunternehmens nach Bekanntwerden der negativen Informationen verringert. Derartige Unterlassungsfälle fallen nach dem Wortlaut des § 14 Abs. 1 Nr. 1 WpHG jedoch gerade nicht unter insiderrechtliche Erwerbs- und Veräußerungsverbot. Um sie dennoch in den Anwendungsbereich des § 14 Abs. 1 Nr. 1 WpHG fallen zu lassen, wird vereinzelt eine teleologische Ausweitung des Tatbestandes befürwortet.[435] Möglich wäre das jedoch nur, wenn es sich dabei um ein sog. unechtes Unterlassungsdelikt handeln würde. Dazu müsste im Hinblick auf § 13 StGB das Unterlassen wertungsmäßig der Verwirklichung des Tatbestandes durch Aktives Tun entsprechen.[436] In den genannten Konstellationen werden jedoch keine Anteile durch Unterlassen erworben. Vielmehr wird der Erwerb unterlassen.[437] Damit handelt es sich um Fälle des sog. echten Unterlassens, das aber nur dann strafbar ist, wenn eine entsprechende gesetzliche Gebotsnorm existiert.[438] Dies ist aber gerade nicht der Fall. Insoweit ist der Wortlaut von § 14 Abs. 1 Nr. 1 WpHG sowie Art. 2 Abs. 1 der Marktmissbrauchsrichtlinie, der jeweils nach einem rechtsgeschäftlichen Vorgang verlangt, eindeutig. Damit ist es insiderrechtlich völlig irrelevant, wenn der potentielle Erwerber nach Kenntniserlangung negativer Insiderinformationen von dem geplanten Geschäft Abstand nimmt und es damit gar nicht mehr zum Abschluss des Anteilskaufvertrages kommt.[439] [440]

---

[435] *Claussen*, ZBB 1992, 267, 281; *Weber*, BB 1995, 157, 166.
[436] BGHSt GrS 16, 155; 19, 167.
[437] Vgl. *Schwark*, in: Kapitalmarktrechts - Kommentar, § 14 Rn. 8.
[438] BGHSt 14, 280; *Wessels / Beulke*, Strafrecht AT, Rn. 696.
[439] Vgl. *Assmann*, in: Assmann / Schneider, WpHG, § 14 Rn. 16 und 45; *ders*., AG 1994, 137, 147; *Cahn*, Der Konzern 2005, 5, 10; *ders*., ZHR 1998, 1, 43; *Claussen / Florian*, AG 2005, 745, 752; *Fromm / Russenschuck - Banerjea*, BB 2004, 2425, 2428; *Hasselbach*, NZG 2004, 1087, 1091; *Hopt*, in: Bankrechtshandbuch, § 107, Rn. 33; *Kümpel*, Bank- und Kapitalmarktrecht, Rn. 16.157; *Schäfer*, in: Schäfer, § 14 Rn. 6; *Schäfer*, in: Marsch – Barner / Schäfer, Handbuch börsennotierte AG, § 13 Rn. 44; *Schlitt*, in: MüKo – Aktiengesetz, § 35 WpÜG,

§ 3 Verwenden von Insiderinformationen

Das Insiderhandelsverbot aus § 14 Abs. 1 Nr. 1 WpHG untersagt die Verwendung einer Insiderinformation im Zusammenhang mit einer Wertpapiertransaktion. Die Norm setzt dabei Art. 2 Abs. 1 der Marktmissbrauchsrichtlinie um. Danach haben die Mitgliedsstaaten Personen, die über Insiderinformationen verfügen, zu untersagen, unter Nutzung derselben für eigene oder fremde Rechnung Finanzinstrumente, auf die sich die Information bezieht, zu erwerben oder zu veräußern. Daher gilt es im Folgenden zu klären, ob in der sich an die Due Diligence anschließende Verwertung der gewonnenen internen Informationen durch den potentiellen Erwerber eine unzulässige Verwendung bzw. Nutzung von Insiderinformationen liegt.

A. Änderung des § 14 Abs. 1 Nr. 1 WpHG durch das Anlegerschutzverbesserungsgesetz

Der jetzige Wortlaut des § 14 Abs. 1 Nr. 1 WpHG beruht auf den Änderungen der insiderrechtlichen Vorschriften des WpHG durch das AnSVG vom 28. Oktober 2004.

I. „Verwenden“ statt „Ausnutzen“

Greift das Verbot nunmehr bei einem Handel unter *Verwendung* einer Insiderinformation, war es nach § 14 Abs. 1 Nr. 1 WpHG a.F. bis dahin verboten, unter *Ausnutzung* der Kenntnis von einer Insidertatsache Insiderpapiere für eigene oder fremde Rechnung oder für einen anderen zu erwerben oder zu veräußern. Das gleiche Verbot galt wegen § 14 Abs. 2 WpHG a.F. auch für den Sekundärinsider.

Rn. 249; *Schwark*, in: Kapitalmarktrechts - Kommentar, § 14 Rn. 8; *Weimann*, DStR 1998, 1556, 1559; *Zumbansen / Lachner*, BB 2006, 613, 616.

[440] Gleiches gilt für die Fälle, in denen der Erwerber erst nach der Unterzeichnung des schuldrechtlichen Vertrages in den Besitz der negativen Informationen kommt und daraufhin versucht, von dem Geschäft wieder loszukommen. Anders als bei den geschilderten Unterlassungsfällen handelt es sich hier zwar unzweifelhaft um ein Tätigkeitsdelikt. Dennoch werden derartige Fälle zu Recht nicht als von § 14 Abs. 1 Nr. 1 WpHG erfasst angesehen. Grund dafür ist, dass eine derartige Auslegung der Norm gegen das strafrechtliche Analogieverbot verstoßen würde, vgl. *Assmann*, in: Assmann/Schneider, WpHG, § 14 Rn. 17 ff. Derartige Konstellationen dürften im Hinblick auf die im Rahmen einer Due Diligence zu gewinnenden Informationen wg. ihrer Stellung im Transaktionsprozess vor Abschluss des Kaufvertrages ohnehin auszuschließen sein. Baut der Interessent dagegen aufgrund der Insiderinformation eine bereits bestehende Beteiligung an dem Emittenten ab, liegt unzweifelhaft ein Verstoß gegen § 14 Abs. 1 Nr. 1 WpHG vor, vgl. auch *Cahn*, Der Konzern 2005, 5, 10; *Hasselbach*, NZG 2004, 1087, 1091.

1. Inhaltliche Anforderungen an ein „Ausnutzen"

Wann ein „Ausnutzen" durch die an der Transaktion Beteiligten gegeben war, konnte dem WpHG in seiner bisherigen Form in Ermangelung einer Legaldefinition nicht entnommen werden. Die Begründung zum Regierungsentwurf des Zweiten Finanzmarktförderungsgesetzes führte indes aus, dass ein Insider Insiderwissen dann ausnutze, wenn er für sich oder einen anderen seinen Wissensvorsprung in der Hoffnung und mit der Zielsetzung zunutze mache, für sich oder einen anderen einen wirtschaftlichen Vorteil zu erlangen, der als Verstoß gegen den Grundsatz der Chancengleichheit der Anleger am Wertpapiermarkt angesehen und missbilligt werden könne.[441] Dies wurde ganz überwiegend so verstanden, dass eine „Ausnutzung" der Kenntnis von einer Insidertatsache zweierlei voraussetzte. Zum einen musste die Insiderinformation überhaupt ursächlich, d.h. kausal für den Erwerb oder die Veräußerung der Insiderpapiere sein. Folglich fehlte es an einem Ausnutzen, wenn die Transaktion auch ohne Kenntnis der Insidertatsache abgeschlossen worden wäre. Insoweit bestand Einigkeit. Nach der herrschenden Ansicht in der Literatur war für die Annahme eines „Ausnutzens" darüber hinaus die Absicht des Täters erforderlich, aufgrund seiner Kenntnis von der Insidertatsache einen Sondervorteil im Sinne einer Gewinnerzielung oder Verlustvermeidung zu erlangen, den er so nicht hätte erlangen können, wäre die Information der Öffentlichkeit bekannt gewesen.[442] Dass es einer derartigen Motivation des Täters hier zusätzlich bedurfte, wurde einerseits mit einem Hinweis auf die Gesetzesbegründung begründet[443] und andererseits auf einen Vergleich mit dem Wortlaut des § 14 Abs. 1 Nr. 3 WpHG a.F. gestützt.[444] Danach war es einem Insider verboten, einem anderen die Vornahme einer Transaktion zu empfehlen. Doch anders als bei § 14 Abs. 1 Nr. 1 musste der Insider seine Kenntnis einer Insiderinformation hier gerade nicht „ausnutzen". Vielmehr genügte es nach dem Wortlaut der Vorschrift für die Erfüllung des Tatbestands bereits, dass er dabei lediglich „auf der Grundlage seiner Kenntnis" von einer Insidertatsache handelte. Daraus wurde zu Recht der Schluss gezo-

[441] BT-Drucksache 12/6679, S. 47; *Rückert*, in: Kuthe / Rückert / Sickinger, Compliance Handbuch Kapitalmarktrecht, S. 104; *Schwark*, in: Kapitalmarktrechts - Kommentar, § 14 WpHG, Rn. 12.

[442] Assmann / Cramer, in: Assmann / Schneider, WpHG, 3. Auflage, § 14 Rn. 24 f; *Cahn*, Der Konzern 2005, 5, 8; Stellungnahme des Handelsrechtsausschusses des DAV zum AnSVG, NZG 2004, 703, 704. Demgegenüber sah es *Claussen*, ZBB 1992, 267, 281 und DB 1994, 27, 31 für das Vorliegen eines „Ausnutzens" bereits als ausreichend an, dass der Insider durch die Kenntnis von der Insidertatsache zum Abschluss der Transaktion veranlasst wurde, ohne dass es auf das Vorliegen einer Gewinnerzielungsabsicht ankomme.

[443] Vgl. nur *Schäfer*, in: Schäfer, § 14 Rn. 11.

[444] *Schwark*, in: Kapitalmarktrechts - Kommentar, § 14 Rn. 12; vgl. dazu auch die Stellungnahme des Handelsrechtsausschusses des DAV zum AnSVG, NZG 2004, 703, 704.

gen, dass ein „Ausnutzen" mehr als ein rein durch die Kenntnis einer Insidertatsache kausal bedingtes Handeln sein musste.

2. Bisherige Beurteilung der Zulässigkeit einer Due Diligence im Vorfeld eines Paketerwerbs

Auch vor Inkrafttreten des AnSVG wurde thematisiert, inwieweit die Verwertung von im Rahmen einer Due Diligence gewonnenen Informationen ein unzulässiges „Ausnutzen" darstellen konnte. Dabei wurde allein die Durchführung eines unternehmerischen Plans, zu dem auch der Erwerb eines Aktienpakets gezählt wurde, als solche nicht als ein Ausnutzen einer Insidertatsache eingestuft. Zwar konnte in der Entscheidung zum Paketkauf eine Insidertatsache gesehen werden.[445] Gleichzeitig wurde jedoch zu Recht angenommen, dass die Umsetzung dieser Entscheidung, d.h. in dieser Konstellation der Erwerb der Beteiligung nicht deswegen erfolgte, weil der Käufer die Kenntnis von seinem eigenen Kaufentschluss und damit eine von ihm selbst geschaffene Insidertatsache ausnutzen wollte. Vielmehr wurde in seinem Handeln lediglich die „Ausführung" der von ihm selbst getroffenen Entscheidung gesehen.[446] Etwas anderes sollte nur dann gelten, wenn die ursprünglich Entscheidung selbst auf anderweitig erlangtem Insiderwissen beruhte.[447]

Unabhängig von dieser grundlegenden Vorüberlegung galt es die zwei Voraussetzungen zu beachten, die für die Annahme eines Ausnutzens iSv § 14 Abs. 1 Nr. 1 WpHG a.F. nötig waren (vgl. 1).

Daraus ergab sich zunächst, dass es insiderrechtlich unschädlich war, wenn die mit der Durchführung des Paketerwerbs befassten Personen von Insidertatsachen erst Kenntnis erlangt hatten, nachdem die Entscheidung für die Durchführung der Transaktion, vorliegend also der Kaufentschluss, gefällt wurde.[448] Denn hier fehlte es regelmäßig schon am nötigen Kausalzusammenhang zwischen der Kenntnis der Informationen und dem Abschluss des Geschäftes. Folgerichtig wurde es auch nicht als ein Ausnutzen angesehen, wenn sich der potentielle Erwerber während der Vertragsverhandlungen die Unterlagen des zu veräußernden Unternehmens vorlegen ließ und dadurch Kenntnis

---

[445] Vgl. nur *Schmidt – Diemitz*, DB 1996, 1809, 1812.

[446] *Assmann / Cramer*, in: Assmann / Schneider, WpHG, 3. Auflage, § 14 Rn. 31; *Kümpel*, Bank- und Kapitalmarktrecht, Rn. 16.164; Schmidt – Diemitz, DB 1996, 1809, 1812; *Streißle*, BKR 2003, 788, 789.

[447] BT-Drucksache 12/6679, S. 47; *Assmann / Cramer*, in: Assmann / Schneider, WpHG, 3. Auflage, § 14 Rn. 33; *Kümpel*, Bank- und Kapitalmarktrecht, Rn. 16.167; *Rückert*, in: Kuthe / Rückert / Sickinger, Compliance Handbuch Kapitalmarktrecht, S. 106 f.

[448] *Assmann*, ZGR 2002, 697, 701; *Kümpel*, Bank – und Kapitalmarktrecht, Rn. 16.167; *Streißle*, BKR 2003, 788, 789; *Schlitt*, in: MüKo – Aktiengesetz, § 35 WpÜG, Rn. 249.

von Insidertatsachen erhielt, sofern der Erwerb des Aktienpakets in Ausführung der ursprünglich gefassten und von Insiderwissen unbeeinflussten Entscheidung erfolgte.[449] Als Beispiel hierfür galt gerade die Einsichtnahme in die Unterlagen der Zielgesellschaft im Rahmen einer Due Diligence - Prüfung.[450] Der Erwerber sollte in diesen Fällen nicht verpflichtet sein, mit der Durchführung der Transaktion bis zu einer etwaigen Veröffentlichung des jeweiligen Insiderwissens zu warten.[451]

Unabhängig vom Fehlen eines Kausalzusammenhangs lag ein Ausnutzen aber auch dann nicht vor, wenn beide Vertragspartner Kenntnis von der Insidertatsache hatten. Dies wurde gerade im Zusammenhang mit dem hier interessierenden *face – to - face* Geschäft diskutiert. Insofern wurde angenommen, dass beide Parteien in der Regel über den gleichen Wissensstand verfügten. Damit schied ein Wissensvorsprung des Erwerbers aus, den er dazu hätte nutzen können, sich einen wirtschaftlichen Sondervorteil zu verschaffen.[452] In diesen Fällen war es daher auch selbst dann nicht als insiderrechtlich unzulässig anzusehen, wenn die durch die Due Diligence erlangten Insidertatsachen den Abschluss der Transaktion bzw. die einzelnen Parameter des Geschäfts im Sinne eines Kausalzusammenhangs beeinflussten.[453]

In jedem Fall war es für den Erwerber aber verboten, in Kenntnis der so gewonnenen Insidertatsachen weitere Aktien im börslichen oder außerbörslichen Handel (sog. *alongside purchases*) zu erwerben.[454]

---

[449] BT – Drucksache 12 / 6679, S. 47.

[450] *Hopt*, in: Bankrechts Handbuch, § 107 Rn. 61; *Kümpel*, Bank- und Kapitalmarktrecht, Rn. 16.167 (Fn.4); *Marsch –Barner*, in: Semler / Volhard, Arbeitshandbuch für Unternehmensübernahmen, Band 1, § 7 Rn. 120.

[451] *Assmann / Cramer*, in: Assmann / Schneider, WpHG, 3. Auflage, § 14 Rn. 33.

[452] *Assmann*, AG 1994, 237, 246; *Assmann / Cramer*, in: Assmann / Schneider, WpHG, 3. Auflage, § 14 Rn. 28; *Beisel*, in: Beisel / Klumpp, Unternehmenskauf, S. 36; *Fürhoff*, AG 1998, 80, 87; *Hilgendorf*, in: Park, Kapitalmarkt Strafrecht, §§ 38 I Nr. 1 –3, 12, 13, 14 WpHG Rn. 123; *Kümpel*, Bank – und Kapitalmarktrecht, Rn. 16.163; *Kümpel / Veil*, Wertpapierhandelsgesetz, S. 68; *Krauel*, S. 288; *Rittmeister*, NZG 2004, 1032, 1036; *Schäfer*, in: Schäfer, § 14 Rn. 13; *Schmidt – Diemitz*, DB 1996, 1809, 1811; *Schwark*, in: Kapitalmarktrechts - Kommentar, § 14 Rn. 23.

[453] Vgl. *Cahn*, Der Konzern 2005, 5, 8; *Holzapfel / Pöllath*, Rn. 293 b; *Krauel*, in: Wirtz, Handbuch M&A Management, S. 576 f.; *Kümpel / Veil*, Wertpapierhandelsgesetz, S. 68; *Schneider*, DB 2005, 2678; *Streißle*, BKR 2003, 788, 789.

[454] Vgl. statt aller nur *Assmann / Cramer*, in: Assmann / Schneider, WpHG, 3. Auflage, § 14 Rn. 88c; *Schmidt – Diemitz*, DB 1996, 1809, 1812.

II. Definition „Verwenden"

Dieses zugrundegelegt, gilt es im Folgenden zu untersuchen, was nun unter einer Verwendung einer Insiderinformation iSv. § 14 Abs. 1 Nr. 1 WpHG zu verstehen ist. Das WpHG selbst enthält insofern keine Legaldefinition. Auch die Begründung zum Regierungsentwurf des AnSVG geht zunächst nur auf die Frage ein, aus welchem Grund das Kriterium der „Ausnutzung" im Rahmen der Änderung des WpHG aufgegeben wurde. Danach habe der Begriff „Ausnutzen" in der Vergangenheit zu erheblichen Schwierigkeiten bei der Beweisführung geführt, da er als zweckgerichtetes Handeln zu verstehen gewesen sei. Hinzu komme, dass das „Ausnutzen" als Alleinstellungsmerkmal interpretiert worden sei und beim Hinzutreten weiterer, oft kaum zu widerlegender Motive des Täters zur Straflosigkeit geführt habe.[455] In der Folge wird der Begriff der „Verwendung" dahingehend negativ definiert, als dass nun ein solches subjektiv ausgerichtetes Handeln nicht mehr verlangt werde. Vielmehr soll der Zweck des Handelns nunmehr ausschließlich auf der Ebene der Straf- bzw. Bußgeldzumessung Berücksichtigung finden.[456] Nun folgt die einzig positiv definierende Aussage, wonach der Täter nun um den Tatbestand zu erfüllen, „die Informationen in sein Handeln miteinfließen lassen" muss.[457]

B. Kausalitätskriterium

Während damit klar ist, dass das subjektive Element einer Vorteilsabsicht durch Aufgabe des Merkmals „Ausnutzen" auf Tatbestandsebene nunmehr weggefallen ist, wird in der Literatur kontrovers darüber diskutiert, was nach neuer Rechtslage im Hinblick auf das Erfordernis eines Kausalzusammenhanges zwischen der Kenntnis einer Insiderinformation und der Durchführung der geplanten Transaktion gilt.

I. Meinungsstand zum Wegfall des Kausalitätskriteriums

1. Handeln „in Kenntnis" ausreichend

Insofern vertritt *Ziemons* die Ansicht, durch die Neuregelungen des AnSVG stelle jedes Handeln in Kenntnis einer Insiderinformation einen Verstoß gegen § 14 Abs. 1 Nr. 1 WpHG dar.[458] Sie begründet dieses Ergebnis mit einem Hinweis auf Art. 2 Abs. 3 sowie Erwägungsgrund 30 der Marktmissbrauchsrichtlinie. Nach Art. 2 Abs. 3 der Marktmissbrauchsrichtlinie findet

---

[455] BT – Drucksache 15 / 3174, S. 34; vgl. auch *Brandi / Süßmann*, AG 2004, 642, 643; *Holzborn / Israel*, WM 2004, 1948, 1951; *Kuthe*, ZIP 2004, 883, 884.
[456] BT – Drucksache 15 / 3174, S. 34; vgl. auch *Spindler*, NJW 2004, 3449, 3451.
[457] BT – Drucksache 15 / 3174, S. 34; *Assmann*, in; Assmann / Schneider, WpHG, § 14 Rn. 26.
[458] *Ziemons*, NZG 2004, 537, 540.

das Insiderverbot des Art. 2 keine Anwendung auf Geschäfte, die getätigt werden, um einer fällig gewordenen Verpflichtung zum Erwerb oder zur Veräußerung von Finanzinstrumenten nachzukommen, sofern diese Verpflichtung auf einer Vereinbarung beruht, die geschlossen wurde, bevor die betreffende Person die Insider-Information erhalten hat. Erwägungsgrund 30 der Marktmissbrauchsrichtlinie lässt sich entnehmen, dass allein die Tatsache des geplanten Erwerbs oder der geplanten Veräußerung als solche nicht als Verwendung von Insider-Informationen gelten soll. Begründet wird dies damit, dass dem Erwerb oder der Veräußerung von Finanzinstrumenten notwendigerweise eine entsprechende Entscheidung der Person vorausgehen muss, die erwirbt bzw. veräußert. *Ziemons* zufolge lasse sich diesen Passagen der Marktmissbrauchsrichtlinie entnehmen, dass bereits jedes Handeln im Besitz der Insiderinformation eine Verwendung darstelle. Ein darüber hinausgehender Kausalzusammenhang in dem Sinne, dass die entsprechende Handlung auch durch die Insiderinformation motiviert sein müsse, sei dagegen nicht erforderlich. Ansonsten seien die genannten Bestimmungen schlicht überflüssig.[459] Versteht man den Verwendungsbegriff wie *Ziemons* und geht man wie sie gleichzeitig davon aus, dass eine Verwendung von Insiderinformationen außer in den genannten Ausnahmefällen nur dann zulässig zum Zwecke des Kaufs von Aktien in Betracht kommt, wenn der Kauf im Sinne von Erwägungsgrund 29 der Marktmissbrauchsrichtlinie im Zuge eines auf Kontrollerwerb gerichteten öffentlichen Übernahmeangebots erfolgt,[460] ist die Durchführung einer Due Diligence bei Beteiligungserwerben unterhalb der 30% Schwelle damit grundsätzlich als unzulässig anzusehen.

Diekmann und *Sustmann*[461] kommen zu einem weitgehend identischen Ergebnis. Ansatzpunkt ihrer Argumentation ist jedoch die Begründung zum Regierungsentwurf des AnSVG wonach der Tatbestand des § 14 Abs. 1 Nr. 1 WpHG nur dann erfüllt sei, wenn der Täter die Insiderinformationen in sein Handeln miteinfließen lasse.[462] Selbst wenn das Motiv der durchzuführenden Transaktion nicht in der gewonnenen Insiderinformation, sondern vielmehr in dem zuvor getroffene Erwerbsentschluss liege, sei es nach diesem Verständnis nur schwerlich vorstellbar, dass die Ergebnisse einer Due Diligence nicht in das Handeln des Erwerbers miteinflössen. Vielmehr dienten diese gerade dazu, die Annahmen der zuvor getroffenen Entscheidung zu bestätigen.[463]

---

[459] *Ziemons*, NZG 2004, 537, 540 (Fn. 18).
[460] *Ziemons*, NZG 2004, 537, 539.
[461] *Diekmann / Sustmann*, NZG 2004, 929, 931. In diese Richtung auch *Koch*, DB 2005, 267, 269.
[462] Vgl. BT-Drucksache 15/3174, S. 34 und II. oben.
[463] *Diekmann / Sustmann*, NZG 2004, 929, 931; *Merkner / Sustmann*, NZG 2005, 729, 732; vgl. auch *Grothaus*, ZBB 2005, 62, 63; *Koch*, DB 2005, 267, 269.

Damit kommen sie wie *Ziemons* zu dem Ergebnis, dass die Durchführung einer Due Diligence im Vorfeld eines Beteiligungserwerbs außer im Falle eines öffentlichen Übernahmeangebots stets unzulässig sein sollen. Ein anderes Verständnis sei im Hinblick auf die zu erwartenden „erheblichen Schwierigkeiten in der Praxis" zwar wünschenswert, jedoch im Hinblick auf den jetzigen Wortlaut des Gesetzes und der Regierungsbegründung wenn auch nicht unmöglich, so aber auf jeden Fall mit Unsicherheiten behaftet.[464]

Für ein Verständnis des § 14 Abs. 1 Nr. 1 WpHG, dass ein Verwenden stets bei einem Handeln in Kenntnis einer Insiderinformation anzunehmen ist, wird auch Erwägungsgrund 18 der Marktmissbrauchsrichtlinie als Begründung angeführt. Danach kann eine Ausnutzung[465] von Insiderinformationen schon dann vorliegen, wenn Finanzinstrumente erworben oder veräußert werden und der Betreffende dabei weiß oder hätte wissen müssen, dass es sich bei der ihm vorliegenden Information um eine Insiderinformation handelt.[466]

2. Kein Wegfall des Kausalitätserfordernisses

Ein Großteil der Literatur dagegen will ein Handeln „in Kenntnis" einer Insiderinformation nicht für die Annahme eines unzulässigen Verwendens bzw. einer unzulässigen Nutzung ausreichen lassen. Vielmehr soll es nach wie vor erforderlich sein, dass zwischen der Kenntnis einer Insiderinformation und der Entscheidung zum Erwerb einer Beteiligung ein Kausalzusammenhang besteht.[467] Mit der Änderung des § 14 Abs. 1 Nr. 1 WpHG sei nur

---

[464] *Diekmann / Sustmann*, NZG 2004, 929, 931.

[465] Der Wortlaut der Marktmissbrauchsrichtlinie ist an dieser Stelle verwirrend, da Art. 2 I die Nutzung von Insiderinformationen untersagt. M.E. handelt es sich dabei allerdings nur um eine Ungenauigkeit der Verfasser der Richtlinie; vgl. auch *Cahn*, Der Konzern 2005, 5 (Fn.7).

[466] *Koch*, DB 2005, 267, 269.

[467] *Assmann*, in: Assmann / Schneider, WpHG, § 14 Rn. 25; *Baur*, Die Bank 2004, Nr. 10, S. 14; *Bürgers*, BKR 2004, 424, 425; *Brandi / Süßmann*, AG 2004, 642, 645; *Cahn*, Der Konzern 2005, 5, 8 f.; *Fromm – Russenschuck / Banerjea*, BB 2004, 2425, 2426; *Hemeling*, ZHR 169 (2005), 274, 285; *Holzborn / Israel*, WM 2004, 1948, 1951; *Koch*, DB 2005, 267, 269; *Krauel*, in: Wirtz, Handbuch M&A Management, S. 578; *Krause / Pötzsch*, in Assmann / Pötzsche / Schneider, WpÜG, § 35 Rn. 245; *Kümpel / Veil*, Wertpapierhandelsgesetz, S. 67; *Rückert*, in: Kuthe / Rückert / Sickinger, Compliance Handbuch Kapitalmarktrecht, S. 105; *Schäfer*, in: Marsch – Barner / Schäfer, Handbuch börsennotierte AG, § 13 Rn. 54; *Schlitt / Schäfer*, AG 2004, 346, 354; *Schneider*, DB 2005, 2678; vgl. auch Handelsrechtsausschuss des DAV, Stellungnahme zum Regierungsentwurf eines Gesetzes zur Verbesserung des Anlegerschutzes (Anlegerschutzverbesserungsgesetz – AnSVG), NZG 2004, 703, 704; Gemeinsame Stellungnahme des Deutschen Aktieninstituts e.V. und des Bundesverbandes der Deutschen Industrie e.V. zum Entwurf eines Gesetzes zur Verbesserung des Anlegerschutzes (Anlegerschutzverbesserungsgesetz – AnSVG) vom 25.03.2004, S. 5; Zentraler Kreditausschuss, Stellungnahme zum Anlegerschutzverbesserungsgesetz, S. 4.

das Erfordernis einer darüber hinaus gehenden Gewinnerzielungsabsicht des Erwerbers weggefallen.

II. Argumente gegen den Wegfall des Kausalitätserfordernisses

1. Wortlaut des § 14 Abs. 1 Nr. 1 WpHG

Gestützt werden kann dieses Ergebnis schon auf den reinen Wortlaut des § 14 Abs. 1 Nr.1 WpHG. Allein, dass der Gesetzgeber insofern die Formulierung „unter Verwendung" und eben nicht „im Besitz" gewählt habe, zeigt schon, dass das Kausalitätserfordernis durch die Änderungen des WpHG nicht gänzlich entfallen sein kann.[468]

2. Wortlaut der Marktmissbrauchsrichtlinie

Gleiches ergibt sich unter Berücksichtigung des dem § 14 Abs. 1 Nr. 1 WpHG zugrundeliegenden Art. 2 Abs. 1 der Marktmissbrauchsrichtlinie, der wie folgt lautet:

> *(1) Die Mitgliedsstaaten untersagen Personen im Sinne von Unterabsatz 2, die **über eine Insiderinformation verfügen**, unter **Nutzung** derselben für eigene oder fremde Rechnung direkt oder indirekt Finanzinstrumente, auf die sich die Information bezieht, zu erwerben oder zu veräußern oder dies zu versuchen.*

Mit der Formulierung, dass der Handelnde zunächst einmal „über Insiderinformationen verfügen" muss, können die Verfasser der Richtlinie sinnvollerweise nur gemeint haben, dass der Handelnde, um überhaupt als Insider in Betracht zu kommen, im Besitz der jeweiligen Information sein muss.[469] Da die Marktmissbrauchsrichtlinie sich aber nicht mit der Feststellung begnügt, dass demjenigen dann allein aus diesem Grund der Erwerb oder die Veräußerung verboten ist, kann die gewählte Formulierung nur so verstanden werden, dass dem Merkmal der „Nutzung" ein eigenständiger Sinngehalt zukommen muss. Kurz gesagt, unter „Nutzung" ist mehr zu verstehen als nur ein Handeln in Kenntnis.[470] Vielmehr muss nach Art. 2 Abs. 1 der Marktmissbrauchsrichtlinie die Insiderinformation für den Erwerb oder die Veräußerung der Finanzinstrumente auch tatsächlich kausal geworden sein. Anders ausgedrückt, ist ein Handeln unter „aktivem Gebrauchmachen" von einer In-

---

[468] Vgl. auch *Assmann*, in: Assmann / Schneider, WpHG, § 14 Rn. 25; *Beisel*, in: Beisel / Klumpp, Unternehmenskauf, S. 36.

[469] *Cahn*, Der Konzern 2005, 5, 9.

[470] Vgl. *Beisel*, in: Beisel / Klumpp, Unternehmenskauf, S. 36 f.; *Cahn*, Der Konzern 2005, 5, 9; *Fromm – Russenschuck / Banerjea*, BB 2004, 2425, 2427; *Rückert*, in: Kuthe / Rückert / Sickinger, Compliance Handbuch Kapitalmarktrecht, S. 105.

siderinformation erforderlich.[471] Im Hinblick auf eine richtlinienkonforme Interpretation des § 14 Abs. 1 Nr. 1 WpHG, ergibt sich, dass auch das Tatbestandsmerkmal des Verwendens in diesem Sinne zu verstehen ist.

3. Begründung des Regierungsentwurfs

Zudem gilt es die Begründung des Regierungsentwurfes zum Anlegerschutzverbesserungsgesetz zu beachten.[472] Anhaltspunkte zur Frage nach der Kausalität liefert dabei einerseits das dort formulierte Erfordernis, dass der Täter, um den Tatbestand des § 14 Abs. 1 Nr. 1 WpHG zu erfüllen, die Information „in sein Handeln miteinfließen lassen“ muss. Schon allein dadurch verlangt der Gesetzgeber, dass die Informationen irgendeine Form der Auswirkung auf dessen Handeln haben und damit kausal für dieses sein muss.[473] Hinzu kommt, dass nach der Regierungsbegründung die Erfüllung einer Verbindlichkeit, die in gleicher Weise auch ohne Kenntnis der Insiderinformation erfolgt wäre, nicht gegen das Insiderhandelsverbot verstoßen soll.[474] Hierbei handelt es sich aber genau um die Problematik der Kausalität der Kenntnis der Insiderinformation für den anschließenden Handel. Falsch wäre es jedoch, das Tatbestandsmerkmal des Verwendens so zu interpretieren, dass es nur die Fälle der Erfüllung einer Verbindlichkeit aus dem Anwendungsbereich des § 14 Abs. 1 Nr. 1 WpHG herausfiltern soll. Richtigerweise muss es so verstanden werden, dass Insiderinformationen dann nicht im Sinne des Insiderhandelsverbotes verwendet werden, wenn diese rechtlich oder praktisch keinen Einfluss auf das Handeln des Täters haben können.[475]

Zum anderen lässt sich der Regierungsbegründung entnehmen, dass die Abschwächung des Tatbestandsmerkmals der „Ausnutzung“ hin zur bloßen „Verwendung“ lediglich auf die angestrebte Vermeidung von Beweisschwierigkeiten zurückzuführen ist (vgl. hierzu ausführlich A.II.). Hinweise, dass das Gesetz im Hinblick auf das Insiderhandelsverbot darüber hinaus nun auch auf das Erfordernis eines Kausalzusammenhangs verzichtet, finden sich dagegen nirgends.

4. Vergleich mit US - amerikanischer Lösung

Instruktiv bei der Lösung der aufgezeigten Auslegungsschwierigkeiten bei der Anwendung des neuen Insiderrechts könnte ein rechtsvergleichender

---

[471] *Assmann*, in: Assmann / Schneider, § 14 Rn. 25.
[472] BT-Drucksache 15 / 3174.
[473] *Fromm / Russenschuck / Banerjea*, BB 2004, 2425, 2427.
[474] BT-Drucksache 15 / 3174, S. 34.
[475] *Fromm / Russenschuck / Banerjea*, BB 2004, 2425, 2427; *Koch*, DB 2005, 267, 269; vgl. insofern auch die Stellungnahme des Handelsrechtsausschusses des DAV zum AnSVG, NZG 2004, 703, 704.

Blick auf die Ausgestaltung des insiderrechtlichen Kausalitätserfordernis in anderen Rechtsordnungen sein. Hierbei bietet sich als Vergleichsobjekt die US - amerikanische Rechtspraxis an.

a) Vorreiterrolle des US-amerikanischen Insiderrechts

Während in der EU bis zum Inkrafttreten der Insiderrichtlinie keine einheitliche Regelung der Insiderproblematik vorhanden war und man sich speziell in Deutschland bis zum Inkrafttreten des Zweiten Finanzmarktförderungsgesetzes auf ein System der Selbstregulierung[476] verständigt hatte, hat sich in den USA seit Mitte der 30 er Jahre des letzten Jahrhunderts ein komplexes System von Insiderregelungen entwickelt. Daher kam dem US-Insiderrecht stets ein Vorbildcharakter zu, der zu einer Welle insiderrechtlicher Gesetzgebungsmaßnahmen auch in Europa führte. Demzufolge liegt es nahe, auch im Hinblick auf das Kausalitätskriterium auf die dort gesammelten Erkenntnisse und Erfahrungen zurückzugreifen.[477]

b) Exkurs: Überblick über die gesetzlichen Regelungen des US-amerikanische Insiderrechts

Der Untersuchung der Rechtslage im Hinblick auf ein Kausalitätskriterium sei zum besseren Verständnis ein kurzer Überblick über die US-amerikanischen Insiderregelungen vorangestellt. Dabei kann jedoch im Hinblick auf das eigentliche Thema der Untersuchung jeweils nur auf die wesentlichen und hier relevanten Grundlagen eingegangen werden.

(i) Ausgangspunkt: Common Law

Ausgangspunkt der Entwicklung eines Insiderverbots auf Bundesebene waren die Bestimmungen des Rechts der Einzelstaaten. Die Haftung eines Geschäftspartners als Insider kam danach nur dann in Betracht, wenn zwischen den Parteien eine Treuebeziehung bestand, die den Inhaber von Insiderinformationen zur Aufdeckung seines Wissens verpflichtete. Hieraus entwickelte sich die sog. *disclose or abstain rule*, nach der bis heute noch das Insiderhandelsverbot in den USA bezeichnet wird. Der Insider hatte danach zwei mögliche Alternativen, um einer Haftung zu entgehen: Er konnte einmal die entsprechenden Informationen seinem Geschäftspartner offen legen (= *to disclose*) oder er konnte davon absehen (= *to abstain*), sie zu einer für ihn

---

[476] Vgl. *Assmann*, in: Assmann / Schneider, WpHG, vor § 12 Rn. 1 u. 5; *Koch*, Insidergeschäfte und die Haftung gegenüber den Anlegern, S.5 (abrufbar unter: http://www.uni-leipzig.de/bankinstitut/dokumente/2003-07-17-02.pdf); *Kümpel*, Bank- und Kapitalmarktrecht, 16.51 f.

[477] Vgl. *Bainbridge*, An Overview of US Insider Trading Law: Lessons for the EU, UCLA Research Paper No.05-5, 1 (abrufbar unter http://ssrn.com/abstract=654703).

günstigen Wertpapiertransaktion auszunutzen.[478] Unklar und umstritten war dabei jedoch, wem gegenüber die Treuepflicht des Insiders bestehen musste.[479] Darüber hinaus wurden die entstandenen Grundsätze nur sehr eingeschränkt angewendet. So sollte einerseits eine Pflicht zur Offenlegung des Insiderwissens nur im Rahmen von Geschäften mit Alt-Aktionären bestehen. Demgegenüber konnten negative Informationen bei einem Verkauf von Anteilen an Neu-Aktionäre verschwiegen werden, da hier zuvor noch keine Treuebeziehung zwischen den Vertragsparteien existiert hatte. Zudem wurden nur *face – to - face* Geschäfte erfasst. Anonyme Geschäfte dagegen, d.h. solche, die über die Börse vermittelt wurden, konnten folgenlos für Insidergeschäfte genutzt werden.[480] Da das *common law* mithin nicht auf die Erfassung derartiger Insidergeschäfte zugeschnitten war,[481] war es möglich, in weiten Bereichen folgenlos Insidergeschäfte tätigen zu können.

(ii) Federal Securities Laws

Auch aufgrund dieser unbefriedigenden Rechtslage kam es zum Erlass der Kapitalmarktgesetze des Bundes (*Federal Securities Laws*). 1933 verabschiedete der US-Kongress zunächst das Wertpapiergesetz (*Securities Act - SA*),[482] das Bestimmungen zur Emission von Wertpapieren enthält. 1934 folgte dann der Erlass des Wertpapierhandelsgesetzes (*Securities Exchange Act – SEA*),[483] das den Handel mit Wertpapieren, d.h. den sog. Sekundärmarkt, regelt.[484] Eine abstrakte Regelung, die sich ausdrücklich mit der Problematik des Insiderhandels beschäftigt, kommt darin jedoch nicht vor.[485] Als Anknüpfungspunkt für die Behandlung von Insiderfällen diente den Bundesgerichten und der das Marktgeschehen beaufsichtigenden Wertpapierbehörde *SEC* (*Securities and Exchange Commission*) die Regelung in *Section 10 (b) SEA*:[486]

---

[478] *Koch* (Fn. 476) S. 5; *Weber*, Insiderrecht und Kapitalmarktschutz, S. 46.

[479] *Weber*, Insiderrecht und Kapitalmarktschutz, S. 46 f.

[480] Vgl. ausführlich *Koch* (Fn. 476) S. 2 f; *Weber*, Insiderrecht und Kapitalmarktschutz, S. 47.

[481] Vgl. *Shulman*, 43 Yale L. J. 227 (1933).

[482] 15 U.S.C. §§ 77a ff.

[483] 15 U.S.C. §§ 78a ff.

[484] Beide Regelungen beruhen letztlich auf dem von Roosevelt initiierte *New Deal Program*, das als Antwort auf den Börsencrash von 1929 angesehen werden kann und das das Vertrauen der Anleger in die Stabilität und Integrität des Wertpapiermarktes wiederherstellen sollte, vgl. *Voss*, Das US – amerikanische Insiderkonzept, S. 7.

[485] Vgl. *Steinberg*, Insider Trading – A Comparative Perspective, S. 4 (abrufbar unter http://www.imf.org/external/np/leg/sem/2002/cdmfl/eng/steinb.pdf). Auch Section 16 (b) S.E.A. setzt sich nicht generell mit dem Insiderproblem auseinander, vgl. *Weber*, Insiderrecht und Kapitalmarktschutz, S. 48 (Fn. 14).

[486] 15 U.S.C. § 78 j

It shall be unlawful for any person, directly or indirectly, by the use of any means or instrumentality of interstate commerce or of the mails, or of any facility of any national securities exchange [...]

(b) to use or employ, in connection with the purchase or sale of any security registered on a national securities exchange or any security not so registered, or any securities – based swap agreement [...],any manipulative or deceptive device or contrivance in contravention of such rules and regulations as the Commission may prescribe as necessary or appropriate in the public interest or for the protection of the investors.

Zwar enthält auch *Section 10 (b) SEA* keine ausdrücklichen Aussagen im Hinblick auf verbotene Insidergeschäfte. Jedoch wird die *SEC* (*Commission*) ermächtigt, Regelungen zu erlassen, die Manipulations- oder Täuschungshandlungen im Zusammenhang mit Wertpapiertransaktionen untersagen.

(iii) Rule 10b – 5

Von dieser Ermächtigung machte die *SEC* jedoch erst 1942 und damit acht Jahre nach Erlass des *SEA* Gebrauch, als sie die berühmte *Rule 10b - 5*[487] erließ:

It shall be unlawful for any person, directly or indirectly, by the use of any means or instrumentality of interstate commerce, or of the mails or of any facility of any national securities exchange,

(a) to employ any device, scheme, or artifice to defraud,

(b) to make any untrue statement of a material fact or to omit to state a material fact necessary in order to make the statements made, in the light of the circumstances under which they were made, not misleading, or

(c) to engage in any act, practice, or course of business which operates or would operate as a fraud or deceit upon any person,

in connection with the purchase or sale of any security.

Auffällig ist, dass auch *Rule 10b – 5* keinerlei direkten Bezug auf Insidergeschäfte im Wertpapierhandel nimmt. Nichtsdestotrotz wird in Absatz (c), d.h. in dem Verbot jeglichen Handelns, das im Zusammenhang mit dem Kauf oder Verkauf von Wertpapieren als Betrug oder Täuschung zu werten ist, der Ausgangspunkt bzw. die Keimzelle für alle bis heute in der US-amerikanischen Rechtssprechung entwickelten Insiderverbote gesehen.[488] Da-

---

[487] 17 C.F.R. § 240.10b-5.

[488] Vgl. *Weber*, Insiderrecht und Kapitalmarktschutz, S. 49, unter Hinweis auf Chief Justice *Rehnquist* in *Blue Chip Stamps vs. Manor Drug Stores*, 421 U.S. 723, 737 (1975), wonach die

bei wurde die Norm zunächst nur als eine schriftliche Fixierung der bestehenden Grundsätze des *common law* verstanden.[489] Insbesondere sah man nach wie vor nur *face – to - face* Geschäfte von der neuen Regel erfasst.[490] Erst in der Entscheidung *Speed v. Transamerica Corp.* entschied ein Bundesgericht, dass *Rule 10b – 5* eine eigenständige Bedeutung zukommt und eine von den Prinzipien des *common law* unabhängige Pflichtenstellung des Insiders kodifiziert.[491] Dies eröffnete nun die Möglichkeit, im Rahmen der Interpretation von *Rule 10b – 5* nach einem neuen, eigenständigen Regelungsgrund für das Verbot von Insidergeschäften zu suchen.

c) Possession Versus Use Debate

Die vorgenannten Regelungen stellen dabei lediglich einen gesetzlichen Anknüpfungspunkt dar. Die genaue Ausgestaltung des Insiderhandelsverbots blieb den Gerichten überlassen.[492] Das gilt auch im Hinblick auf das Kausalitätserfordernis. Auch hier fehlt eine eindeutige gesetzliche Regelung.[493] Vielmehr sind die Voraussetzungen bis heute höchst umstritten.[494]

Im Vordergrund der Diskussion steht dabei die sog. *Possession Versus Use Debate.*[495] Anknüpfungspunkt für ein Kausalitätserfordernis ist dabei

---

Entwicklung des Insiderrechts auf der Basis von *Section 10 (b)* und *Rule 10b - 5* vergleichbar sei mit einer „judicial oak which has grown from little more than a legislative acorn".

489 *Koch* (Fn. 476) S. 4 f.

490 *Weber*, Insiderrecht und Kapitalmarktschutz, S. 49.

491 99 F. Supp. 808 (D.Del. 1951), aff'd, 253 F.2d 369 (3d Cir. 1956).

492 *Steinberg* (Fn. 485), S. 16.

493 Eine konkrete Aussage zur Kausalität hat der US Kongress lediglich jeweils in einer Norm des Insider Trading Sanctions Act (ITSA) von 1984 (Public Law No. 98 – 376) bzw. des Insider Trading and Securities Fraud Enforcement Act (ITSFEA) von 1988 (Public Law No. 100 – 704) getroffen, die den Securities Exchange Act im Hinblick auf mögliche Sanktionen (Section 21 A SEA / 15 U.S.C. § 78u - 1) und die Rechtsverfolgung (Section 20 A SEA / 15 U.S.C. § 78t - 1) ergänzten. Beide Regelungen knüpfen dabei allein an den reinen Besitz einer Insiderinformation an. Umstritten ist jedoch, welches Gewicht dieser Aussage beizumessen ist, da es sich hierbei um Regelungen auf der Sanktionenebene handelt. Vgl. die Nachweise bei *Nagy*, 67 U. Cin. L. Rev. 1129, 1153 f.; siehe auch *Smith*, 35 Cal. W. L. Rev. 371, 377 sowie *Swanson*, 52 Kann. L. Rev. 147, 182 f.

494 Zu beachten ist dabei, dass sich die Frage nach dem Kausalitätskriterium völlig unabhängig von der jeweils verfolgten Haftungstheorie stellt. Denn diese Insidertheorien haben regelmäßig nur Einfluss auf den Kreis der möglichen Insider (vgl. Teil 3:Abschnitt 2:§ 3B.II.4.d)(ii)(2) unten).

495 Zur *Possession vs. Use Debate* siehe: *Bainbridge*, Insider Trading, S. 86 ff.; *Bloomenthal*, Securities Law Handbook 2006, S. 744 ff.; *Cheek*, C 903 ALI – ABA 439; *Hazen*, Principles of Securities Regulation, S. 276 ff.; *Horwich*, 52 Bus. Law. 1235; *Lowenfels / Bromberg*, 57 Bus. Law. 1; *Nagy*, 67 U. Cin. L. Rev. 1129; *Neumann*, 7 Wash. U. J. L. & Pol'y 189; *Ratner / Hazen*, Securities Regulation, S. 166; *Schoen*, 148 U. Pa. L. Rev. 239; *Sinai*, 55 Bus. Law. 743; *Warner*, 83 B. U. L. Rev. 281; *Smith*, 35 Cal. W. L. Rev. 371; *Sonderquist / Gabaldon*,

Section 10 (b) SEA und die darunter von der *SEC* erlassene *Rule 10b – 5*, die beide darauf abstellen, dass die untersagten Handlungen in Verbindung mit dem Kauf oder dem Verkauf eines Wertpapiers („*in connection with the purchase or sale of any security*") geschehen. Die Diskussion dreht sich im Wesentlichen um die Frage, ob das Tatbestandsmerkmal „*in connection with*" weit oder restriktiv auszulegen ist. Eine weite Interpretation würde dazu führen, dass der Insider bei einer Wertpapiertransaktion nur in wissentlichem Besitz (*knowing possession*) einer Insiderinformation sein muss, um dieses Tatbestandsmerkmal zu erfüllen. Die restriktivere Auslegung käme dagegen zu dem Ergebnis, dass der Insider die Information im Zuge der Transaktion darüber hinaus auch tatsächlich genutzt (*use*) haben muss.

(i) Entwicklung in der Rechtsprechung

Belebt wurde die Diskussion, als in den Jahren nach 1990 drei Bundesgerichte sich mit dem Problem zu befassen hatten und in ihren Entscheidungen zu entgegengesetzten Ergebnissen kamen.[496]

In der Entscheidung *United States v. Teicher*[497] stützte der *Second Circuit* seine Entscheidung auf den *possession test*. Danach soll es für die Begründung einer Haftung nicht erforderlich sein, dass eine kausale Verbindung zwischen der veruntreuten Insiderinformation und der vom Insider durchgeführten Transaktion nachgewiesen werden könne. Es müsse daher nicht der Beweis geführt werden, dass der Insider die Transaktion wegen der in seinem wissentlichen Besitz befindlichen Insiderinformationen Wertpapiere ge- oder verkauft habe. Ausreichend sei vielmehr der alleinige Nachweis, dass der Insider zum Zeitpunkt der Transaktion auch tatsächlich im wissentlichen Besitz der Information gewesen sei.[498] Begründet wurde dies vor allem damit, dass sowohl *Section 10 (b)* als auch *Rule 10b – 5* lediglich voraussetzten, dass eine betrügerische Handlung in Zusammenhang mit einer Wertpapiertransaktion erfolgen muss. Um alle betrügerischen Praktiken zu erfassen, die im Zusammenhang mit dem Handel von Wertpapieren stünden, müsse das Tatbestandsmerkmal möglichst flexibel ausgelegt werden.[499] Daneben führte das

---

Securities Law, S. 153 ff.; *Swanson*, 52 Kan. L. Rev. 147, 181 ff.; siehe auch *Weber*, Insiderrecht und Kapitalmarktschutz, S. 68 f.

[496] *Swanson*, 52 Kan. L. Rev. 147, 183.

[497] 987 F.2d 112 (2d Cir. 1993).

[498] „The government need not prove a causal relationship between the misappropriated material nonpublic information and the defendants' trading. That is, the government need not prove that the defendants purchased or sold securities because of the material non - public information that they knowingly possessed. It is sufficient if the government proves that the defendants purchased or sold securities while knowingly in possession of the material nonpublic information"; vgl. 987 F.2d 112, 119 (2d Cir. 1993)

[499] 987 F.2d 112, 120 (2d Cir. 1993).

Gericht vor allem Beweisschwierigkeiten an, die der *use test* mit sich bringen würde.[500]

Fünf Jahre später verwarf der *Eleventh Circuit* die Entscheidung des Second Circuit.[501] In dem Rechtsstreit *SEC v. Adler*[502] kam das Gericht zu dem Ergebnis, dass der beklagte Insider die Insiderinformation nutzen und nicht nur besitzen müsse, um für eine Verletzung von *Rule 10b – 5* haftbar gemacht werden zu können.[503] Jedoch erkannte das Gericht an, dass in der Regel ein Rückschluss auf eine Nutzung der Insiderinformation gezogen werden könne, wenn der Insider zum Zeitpunkt der Transaktion im Besitz der Informationen gewesen sei. Allerdings habe der Beklagte die Möglichkeit, diesen Schluss zu widerlegen. Dazu müsse er den Beweis erbringen, dass es keine kausale Verbindung (*causal connection*) zwischen der Information und dem Handel gab, die Information mithin nicht genutzt wurde.[504] Im Rahmen dieser Entscheidung griff der *Eleventh Circuit* die in *Teicher* für die Anwendung des *possession test* angeführten Argumente des *Second Circuit* auf. Insbesondere sei nicht nachvollziehbar, wie der Schluss allein von der Formulierung *„in connection with"* auf eine möglichst weite Interpretation gezogen werden könne.[505]

Fünf Monate nach der Entscheidung des *Eleventh Circuit* im Fall *Adler* beschäftigte sich der *Ninth Circuit* in einem Strafprozess[506] mit der *Possession Versus Use Debate.* Das Gericht entschied, dass es Sache der Ankläger sei, dem mutmaßlichen Insider nachzuweisen, dass er die nichtöffentlichen Informationen auch tatsächlich im Zuge seiner Transaktion verwendet hat. Denn nur die Nutzung einer Insiderinformation führe zu einem tatsächlichen Vorteil und könne Ansatzpunkt für betrügerische Absichten sein.[507] Im Rahmen seiner Entscheidung bezog sich das Gericht immer wieder auf die *Adler*

---

500 987 F.2d 112, 119 f. (2d Cir. 1993) unter Hinweis auf: "[...] special difficulty of policing securities trading, in which traders can almost always assert legitimate reasons for their buying and selling."

501 Vgl. die Gegenüberstellung der beiden Urteile bei *Bloomenthal*, Securities Law Handbook 2006, S. 744 ff.

502 137 F.3d 1325 (11th Cir. 1998).

503 137 F.3d 1325, 1340 (11th Cir. 1998).

504 137 F.3d 1325, 1337 (11th Cir. 1998): "[...] when an insider trades while in possession of material non-public information, a strong inference arises that such information was used by the insider in trading. The insider can attempt to rebut the inference by adducing evidence that there was no causal connection between the information and the trade i.e., that the information was not used."

505 137 F.3d 1325, 1335 (11th Cir. 1998): "We find it difficult to understand how this [first] factor is relevant to the choice between a knowing possession and a use test."

506 *United States v. Smith*, 155 F.3d 1051 (9th Cir. 1998).

507 155 F.3d. 1051, 1066 (9th Cir. 1998).

Entscheidung des *Eleventh Circuit*. Da es sich jedoch um ein Strafverfahren handelte, konnte das Gericht nicht den vom *Eleventh Circuit* vorgeschlagenen Schluss vom Besitz auf die tatsächliche Nutzung ziehen.[508] Der Hauptunterschied dieser Entscheidung im Vergleich zu den Urteilen des *Second* und *Eleventh Circuit* liegt in dem Anknüpfungspunkt der Begründung. Dabei wurde nicht mehr auf das Tatbestandsmerkmal *„in connection with"* abgestellt. Vielmehr griff man das Vorsatzerfordernis auf, das vom *Supreme Court* im Hinblick auf *Rule 10b-5* aufgestellt wurde und auch vom *Ninth Circuit* in der Vergangenheit immer beachtet wurde.[509] Vorsatz setze danach die Absicht zu manipulieren oder zu betrügen voraus.[510] Damit habe vor allem der *Second Circuit* in seiner Entscheidung *Teicher* den Blick nicht auf das Wesentliche gerichtet. *Section 10 (b) SEA* und *Rule 10b – 5* untersagten nicht jedwede Handlung im Zusammenhang mit dem Kauf oder Verkauf von Wertpapieren. Vielmehr seien nur durch Manipulationen oder betrügerische Handlungen beeinflusste Transaktionen verboten. Mit der Anwendung des *possession test* bestünde aber gerade die Gefahr, dass die Anwendung des Insiderverbots nicht nur auf solche vorsätzlichen Handlungen beschränkt sei.[511]

(ii) Erlass von Rule 10b5 – 1

Die SEC, die den *possession test* favorisiert,[512] sah sich durch die Entscheidungen des *Eleventh* und *Ninth Circuit* der Gefahr ausgesetzt, dass der *use test* mehr und mehr akzeptiert würde.[513] Aus diesem Grund hielt sie es für geboten, den Anwendungsbereich von *Rule 10b – 5* zu definieren.[514] Im August 2000 erließ sie in der Folge die neue *Rule 10b5 - 1.*[515]

---

[508] 155 F.3d 1051, 1069 (9th Cir. 1998).

[509] So z.B. in der Entscheidung *SEC v. Fehn*, 97 F.3d 1276, 1289 (9th Cir. 1996).

[510] So der *Supreme Court* in *Ernst & Ernst v. Hochfelder*, 425 U.S. 185, 193 (1976).

[511] 155 F.3d 1051, 1068 (9th Cir. 1998): "Like our colleagues on the Eleventh Circuit, we are concerned that the SEC's "knowing possession" standard would not be – indeed, could not be – strictly limited to those situations actually involving intentional fraud." So auch *Bainbridge*, Insider Trading, S. 88.

[512] Im Jahre 1987 wurde die *SEC* vom *US Congress* im Hinblick auf den geplanten *Insider Trading Act 1987* dazu aufgefordert, eine Definition des Insiderverbots zu verfassen. Die *SEC* wählte dabei folgende Formulierung: „It shall be unlawful for any person, directly or indirectly, to purchase, sell or cause the purchase or sale of, any security while in possession of material nonpublic information concerning the issuer or its securities, if such person knows or recklessly disregards that such information has been obtained wrongfully or that such purchase or sale would constitute a wrongful use of such information." 19 Sec. Reg. & L. Rep. (BNA) 1284, 1284 (Aug. 14, 1987). Die Pläne hinsichtlich des Insider Trading Act 1987 wurden jedoch nie umgesetzt, vgl. dazu *Neumann*, 7 Wash. U.J.L. & Pol'y 189, 209 f.

[513] Vgl. *Neumann*, 7 Wash. U. J. L. & Pol'y 189, 214; *Swanson*, 52 Kan. L. Rev. 147, 190; *Warner*, 83 B.U.L. Rev. 281, 282.

[514] Proposed Rule, Selective Disclosure and Insider Trading, 64 Fed. Reg. 72.590, 72.600 (December 29, 1999): "In view of the differing opinions expressed in the three cases [...], we

Kernaussage dieser Regel ist, dass der Kauf oder der Verkauf eines Wertpapiers dann auf der Basis einer Insiderinformation erfolgte, wenn die handelnde Person sich bewusst darüber war (*was aware*), dass sie über eine solche Information verfügte.

> *Rule 10b5 – 1 – Trading "on the Basis of" Material Nonpublic Information in Insider Trading Cases*
>
> *(a) General. The "manipulative and deceptive devices" prohibited by Section 10 (b) of the Act and Rule 10b – 5 thereunder include, among other things, the purchase or sale of a security of any issuer, on the basis of material nonpuplic information about that security or issuer in breach of a duty of trust or confidence that is owed directly, indirectly or derivately, to the issuer of that security or the shareholders of that issuer, or to any other person who is the source of the material nonpuplic information.*
>
> *(b) Definition of "on the basis of." Subject to the affirmative defenses in paragraph (c) of this Section, a purchase or sale of a security is "on the basis of" material nonpublic information about that security or issuer if the person making the purchase or sale* ***was aware of*** *the material nonpublic information when the person made the purchase or sale.*

Mit dieser Formulierung, die sich nach eigenen Angaben der *SEC* am *possession test* orientiert,[516] ließen sich nach ihrer Ansicht die Ziele des Insiderhandelsverbots am effektivsten verfolgen.[517] Aus dem Wortlaut wird dabei klar, dass der Regel nicht nur eine rein definitorische Funktion dahingehend zukommen soll, wann von einer Transaktion auf der Basis einer Insiderinformation die Rede sein soll. Vielmehr stellt die *SEC* klar, dass Transaktionen, die im Bewusstsein von Insiderinformationen durchgeführt werden, gleichzeitig verbotene Transaktionen im Sinne von *Section 10 (b) SEA* und *Rule 10b – 5* sind.[518]

---

agree that it would be useful to define the scope of Rule 10b – 5, as it applies to the use / possession issue."

515 17 C.F.R. § 240.10b-5. Vgl. hierzu auch *Neumann*, 7 Wash. U.J.L. & Pol'y 189, 214 ff.

516 A.A. offenbar *Hazen*, Principle of Securities Regulation, S. 277, wonach Rule 10b5 – 1 voraussetze, dass der Insider die Information im Rahmen der jeweiligen Transaktion genutzt haben muss.

517 Final Rule, Selective Disclosure and Insider Trading, 65 Fed. Reg. 51.716, 51727 (August 24, 2000): "[...], in our view, the goals of insider trading prohibitions – protecting investors and the integrity of security markets – are best accomplished by a standard closer to the "knowing possession" standard than to the "use" standard." Siehe auch *Bloomenthal*, Securities Law Handbook 2006, S. 751; *Neumann*, 7 Wash. U.J.L. & Pol'y 189, 215 und 220 f..

518 Ausführlich *Warner*, 83 B.U.L. Rev. 281, 284.

Die *SEC* war sich dabei wohl bewusst, dass eine Regelung allein in dieser Form in mancher Hinsicht über das Ziel hinausschießen würde.[519] Folglich enthalten die folgenden Absätze Verteidigungsmöglichkeiten, die einem mutmaßlichen Insider zustehen sollen.

(c)Affirmative defenses.

1. i. Subject to paragraph (c)(1)(ii) of this section, a person's purchase or sale is not "on the basis of" material nonpublic information if the person making the purchase or sale demonstrates that:

A. Before becoming aware of the information, the person had:

1. Entered into a binding contract to purchase or sell the security,

2. Instructed another person to purchase or sell the security for the

instructing persons's account, or

3. Adopted a written plan for trading securities;

Durch diese möglichen Verteidigungsvorbringen, die in den weiteren Absätzen weiter konkretisiert werden,[520] soll nach der *SEC* ein gerechter

[519] Final Rule, Selective Disclosure and Insider Trading, 65 Fed. Reg. 51.716, 51.727 (August 24, 2000): "At the same time, we recognize that an absolute standard based on knowing possession, or awareness, could be overbroad in some respects."

[520] *Rule 10b5 - 1* lautet weiter:

B. The contract, instruction, or plan described in paragraph (c)(1)(i)(A) of this Section:

1. Specified the amount of securities to be purchased or sold and the price at which and the date on which the securities were to be purchased or sold;

2. Included a written formula or algorithm, or computer program, for determining the amount of securities to be purchased or sold and the price at which and the date on which the securities were to be purchased or sold; or

3. Did not permit the person to exercise any subsequent influence over how, when, or whether to effect purchases or sales; provided, in addition, that any other person who, pursuant to the contract, instruction or plan, did exercise such influence must not have been aware of the material nonpublic information when doing so; and

C. The purchase or sale that occurred was pursuant to the contract, instruction, or plan. A purchase or sale is not "pursuant to a contract, instruction, or plan" if, among other things, the person who entered into the contract, instruction, or plan altered or derivated from the contract, instruction, or plan to purchase or sell securities (whether by changing the amount, price, or timing of the purchase or sale), or entered into or altered a corresponding or hedging transaction or position with respect to those securities.

ii. Paragraph (c)(1)(i) of this Section is applicable only when the contract, instruction, or plan to purchase or sell securities was given or entered into in good faith and not as part of a plan or scheme to evade the prohibitions of this section.

iii. This paragraph (c)(1)(iii) defines certain terms as used in paragraph (c) of this Section.

Ausgleich zu dem grundsätzlich weiten Anwendungsbereich des Insiderhandelsverbotes im Hinblick auf den *aware test* geschaffen werden.[521]

(iii) Reaktionen

Die Reaktionen in der Literatur auf die Einführung von *Rule 10b5 - 1* waren sehr differenziert. Dabei wurde zunächst die generelle Bereitschaft der *SEC*, das Insiderverbot weiter zu konkretisieren und ihm dadurch ein Gesicht zu geben, durchweg honoriert.[522] Positiv wurde von der Praxis darüber hinaus auch bewertet, dass mit der Kodifizierung der *affirmative defenses* von der *SEC* nun anerkannt wurde, dass es innerhalb bestimmter Grenzen durchaus auch zulässigen Insiderhandel geben kann.[523]

Davon abgesehen, wurde die neue P.egelung jedoch von den Anhängern des *use test* heftig kritisiert. Dabei kristallisierten sich im Laufe der Diskussion drei Hauptkritikpunkte heraus.

Zum einen wurde die Besorgnis darüber ausgedrückt, dass die *SEC* mit *Rule 10b5 – 1* sich zwar auf den *aware test* festgelegt hat, ohne dabei an irgendeiner Stelle zu definieren, was sie genau darunter versteht.[524] Die *SEC* wies diese Kritik zurück, in dem sie sich darauf berief, dass es sich bei dem Wort *aware* um ein alltägliches englisches Wort handele, dessen Bedeutung klar sei und dessen Verwendung daher zu mehr Rechtssicherheit und Klarheit führen würde.[525]

Darüber hinaus wurde kritisiert, dass die in *Rule 10b5 – 1* genannten *affirmative defenses* zum einen zu eng und zudem auch noch abschließend seien.[526] Vorgeschlagen wurde daher, weitere, nicht in *Rule 10b5 – 1* aufgeführte Verteidigungsmöglichkeiten zuzulassen oder die neue Regel um einen Auffangtatbestand (*catch all defense*) zu erweitern. Die *SEC* lehnte dies jedoch

---

[521] Final Rule, Selective Disclosure and Insider Trading, 65 Fed. Reg. 51.716, 51.727 (August 24, 2000): “The new rule attempts to balance these considerations by means of a general rule based on “awareness” of the material nonpublic information, with several carefully enumerated affirmative defenses. This approach will better enable insiders and issuers to conduct themselves in accordance with the law.”

[522] *Neumann*, 7 Wash. U.J.L. & Pol’y 189, 216.

[523] *Swanson*, 52 Kann. L. Rev. 147, 194.

[524] Vgl. *Swanson*, 52 Kan. L. Rev. 147, 194.

[525] Final Rule, Selective Disclosure and Insider Trading, 65 Fed. Reg. 51.716, 51.727 (Fn.105) (August 24, 2000): ”We disagree. “Aware” is a commonly used and well – defined English word, meaning “having knowledge; conscious; cognizant.” We believe that “awareness” has a much clearer meaning than “knowing possession”, which has not been defined by case law.”

[526] Vgl. *Swanson*, 52 Kan. L. Rev. 147, 193 f.

wiederum mit einem Hinweis auf die dadurch gefährdete Rechtssicherheit und Klarheit ab.[527]

Schwerwiegender ist jedoch der Vorwurf, dass die *SEC* mit der neuen Regelung dem Vorsatzerfordernis des Insiderhandelsverbots nicht Rechnung trage.[528] Ansatzpunkt der Kritik ist *Section 10 (b) SEA*, der die *SEC* ermächtigt, Regelungen zum Verbot von Manipulationen oder betrügerischen Handlungen im Zusammenhang mit Wertpapiergeschäften zu erlassen.[529] Mit der Verwendung des *aware test*, der – wie gesehen – im Endeffekt dem *possession test* entspricht, lasse die *SEC* das Erfordernis der betrügerischen Absichten völlig außer acht. Dies gelte insbesondere für die Fälle, in denen die Transaktion zwar nicht durch das Insiderwissen beeinflusst worden sei, der Beschuldigte sich aber nicht auf eine der engen, abschließenden Verteidigungsvorbringen berufen könne, etwa weil der der Transaktion zugrundeliegende Investitionsplan nicht den Anforderungen der Norm entspreche.

Diese Aussage bedeutet nichts anderes, als dass der *SEC* die Regelungsbefugnis für *Rule 10b5 – 1* in der gewählten Form abgesprochen wird. Da sie vielmehr die ihr in *Section 10 (b) SEA* verliehene Autorität überschritten habe, sei *Rule 10b5 - 1* nicht anzuwenden. Diesem Vorwurf sah sich die *SEC* schon im Rechtssetzungsverfahren ausgesetzt.[530] Wohl aus diesem Grund wurde *Rule 10b5 - 1* folgende Einleitung (*Preliminary Note*) vorangestellt:

> *This provision defines when a purchase or sale constitutes trading "on the basis of" material nonpublic information in insider trading cases brought under Section 10 (b) of the Act and Rule 10b – 5 thereunder. The law of insider trading is otherwise defined by judicial opin-*

---

[527] Final Rule, Selective Disclosure and Insider Trading, 65 Fed. Reg. 51,716, 51,727 (August 24, 2000): "In our view, adding a catch-all defense or redesignating the affirmative defenses as non-exclusive safe harbors would effectively negate the clarity and certainty the rule attempts to provide."

[528] Vgl. *Bloomenthal*, Securities Law Handbook 2006, S. 751; *Swanson*, 52 Kan. L. Rev. 147, 193; *Warner*, 83 B.U.L. Rev. 281, 282 f.

[529] Vgl. Teil 3:Abschnitt 2:§ 3B.II.4.b)(ii) oben.

[530] Als Beispiel hierfür kann der Brief der Kanzlei Sullivan & Cromwell an Jonathan Katz, SEC Secretary, vom 28. April 2000 (abrufbar unter http://sec.gov/rules/proposed/s73199/sulcrom1.htm)herangezogen werden: „We question the Commission's authority to implement, by rulemaking, a "possession" rather than "use" test for fraud liability under Section 10 (b) of the Exchange Act. Although the Supreme Court has not directly addressed this issue, there is a substantial likelihood that the Court would hold that an attempt by the Commission to impose insider trading liability based on the mere "awareness" of material nonpublic information by a purchaser or seller was inconsistent with, or ran afoul of, the requirement of "scienter" mandated by existing case law."

ions construing Rule 10b – 5, and Rule 10b5 – 1 does not modify the scope of insider trading law in any other respect.

Klargestellt werden sollte, dass durch die neue Regelung nur definiert werden sollte, was unter dem Tatbestandsmerkmal „*on the basis of*" zu verstehen sei, ohne den Inhalt des Insiderrechts, der das Vorsatzerfordernis mit umfasse, sonst zu modifizieren.[531] Die Kritiker zeigen sich von dieser Reaktion der *SEC* jedoch weitgehend unbeeindruckt und blieben bis heute hartnäckig bei ihrem Vorwurf. Dabei wird jedoch auch der Versuch unternommen, das Vorsatzerfordernis (*scienter*) mit dem *aware test* in Einklang zu bringen. Diese Ansätze gehen von der Annahme aus, dass der *aware test* bereits Vorsatz im Sinne einer betrügerischen Absicht umfasse bis hin zu dem Ansatz, die Frage nach der Kausalität der Information und nach der Vorsätzlichkeit völlig unabhängig voneinander zu beantworten.[532]

Die *SEC* muss sich jedoch trotz dieser Versuche damit abfinden, dass die Diskussion im Hinblick auf das Kausalitätskriterium durch den Erlass von *Rule 10b5 - 1* keinesfalls als beendet angesehen werden kann.[533]

d) Konsequenz für die Auslegung von § 14 Abs. 1 Nr. 1 WpHG

Aufgrund der nach wie vor bestehenden Rechtsunsicherheit eignet sich das US – amerikanische Recht im Hinblick auf das Erfordernis eines Kausalzusammenhangs zwischen der Insiderinformation und dem Abschluss der Transaktion auf den ersten Blick gerade nicht als Vorbild. Vielmehr gilt es einen derartigen Zustand der Rechtsunsicherheit im europäischen wie im deutschen Recht gerade zu vermeiden. Darüber hinaus hat der Vergleich jedoch zweierlei verdeutlicht:

(i) Schlussfolgerung aus dem Vergleich des Wortlauts

Hätten die Verfasser der Marktmissbrauchsrichtlinie ein reines Handeln im Besitz einer Insiderinformation ausreichen lassen wollen, hätten sie ohne weiteres eine andere als die gewählte Formulierung wählen können. Statt aber auf den Besitz bzw. in der englischen Fassung *possession* abzustellen, verwendet die Markmissbrauchsrichtlinie den Begriff „Nutzung" bzw. „*use*". Zwar ist es nun zutreffend, dass der deutsche Gesetzgeber über den Regelungsgehalt der Marktmissbrauchsrichtlinie hätte hinausgehen können.[534] Al-

---

[531] Vgl. auch Final Rule, Selective Disclosure and Insider Trading, 65 Fed. Reg. 51,716, 51,727 (August 24, 2000): "Scienter remains a necessary element for liability under Section 10 (b) of the Exchange Act and Rule 10b – 5 thereunder, and Rule 10b5 – 1 does not change this". Vgl. hierzu auch *Bloomenthal*, Securities Law Handbook 2006, S. 751.

[532] Zusammenfassend *Warner*, 83 B.U.L. Rev. 281, 305 ff.

[533] *Swanson*, 52 Kann. L. Rev. 147, 196; *Warner*, 83 B. U. L. Rev. 281 283; a.A. *Neumann*, 7 Wash. U.J.L. & Pol'y 189, 221.

[534] Hierauf weist *Koch*, DB 2005, 267, 269 zutreffend hin.

lerdings stellt auch § 14 Abs. 1 Nr. 1 WpHG auf die Verwendung ab und eben nicht auf ein bloßes Handeln im Besitz bzw. im Bewusstsein einer Insiderinformation (vgl. schon II).[535]

(ii) Schlussfolgerung aus dem Vergleich der den Insiderregelungen zugrunde liegenden Regelungsleitbilder

Entscheidend zu berücksichtigen ist zudem auch, dass selbst die Befürworter des *possession test* und allen voran die *SEC* selbst im Zusammenhang mit der Einführung von *Rule 10b5 - 1* anerkannt haben, dass das alleinige Abstellen auf den reinen Besitz einer Insiderinformation zu einer zu weitgehenden Haftung führt. Auch wenn die Norm in Zukunft aufgrund der geschilderten Bedenken nicht zur Anwendung kommen sollte, so ist mit der Einführung der *affirmative defenses* klar geworden, dass es eines einschränkenden Korrektivs bedarf.

Hinsichtlich des Insiderhandelsverbots des § 14 Abs. 1 Nr. 1 WpHG spielt aber gerade das Bedürfnis eines einschränkenden Korrektivs vor dem Hintergrund der Regelungsperspektive des deutschen Insiderrechts eine noch viel entscheidendere Rolle als in den USA. Konkret besteht hier noch viel mehr die Gefahr, dass bei einem undifferenzierten Abstellen allein auf die Kenntnis aufgrund der dann bestehenden Überregulierung der Markt für Beteiligungen weitgehend zum Erliegen kommen könnte.[536] Dies zeigt sich, wenn man den Regelungsansatz des deutschen und des US-amerikanischen Insiderrechts miteinander vergleicht.

(1) Regelungsleitbild und Schutzzweck des deutschen Insiderrechts

Die Insiderregelungen des WpHG folgen einer streng marktbezogenen Regelungsperspektive.[537] Geschützt werden soll das Ansehen und die Funktionalität des deutschen Kapitalmarkts.[538] Im Vordergrund steht dabei das Vertrauen der Anleger in die Gewährleistung von Fairness und Chancengleichheit sowie in die Transparenz der Märkte.[539] Gleiches galt im Hinblick auf den europäischen Kapitalmarkt auch für die Insiderrichtlinie und gilt nach wie vor auch für die Marktmissbrauchsrichtlinie.[540] Unmittelbar individualschützender Charakter kommt dem Insiderhandelsverbot dagegen nicht zu. Dies zeigt sich auch darin, dass weder Richtlinie noch deutsches Insiderrecht

---

[535] *Fromm – Russenschuck / Banerjea*, BB 2004, 2425, 2426.
[536] *Cahn*, Der Konzern 2005, 1, 9.
[537] *Assmann*, in: Assmann / Cramer, WpHG, Vor § 12, RN. 47; *ders.*, AG 1994, 196, 202f. und 239; *Kümpel*, Bank- und Kapitalmarktrecht, Rn. 16.53.
[538] BT – Drucksache 12 / 6679, 45.
[539] BT – Drucksache 12 / 6679, 33. Vgl. im Hinblick auf das AnSVG, BT – Drucksache 15 / 3174, 26.
[540] Vgl. Erwägungsgründe 2, 12, 13, 15 der Marktmissbrauchsrichtlinie 2003 / 6 / EG.

bei der Frage nach der Unrechtmäßigkeit der Verwertung von Insiderinformationen auf die Existenz und Verletzung eines besonderen Treuepflicht- oder Vertragsverhältnisses des Insiders abstellen.[541]

(2) Haftungstheorien im US-amerikanischen Insiderrecht

Aufbauend auf die kodifizierten Regelungen von *Section 10 (b) SEA* und *Rule 10b - 5* (vgl. b)(iii) oben) wurden in den USA durch Rechtsprechung und *SEC* die sich mit dem Rechtsgrund einer Insiderregelung befassenden Insidertheorien entwickelt.

(aa) *Equal Access Theorie*

Das neue Insiderrecht auf Bundesebene gewann dabei zunächst durch die sog. *Equal Access Theorie* an Konturen. Diese beruht auf dem Leitbild, dass alle Investoren den gleichen Zugang zu kursrelevanten Informationen haben sollen. Im Vordergrund steht damit das Gebot der Fairness.[542]

Grundlage für die Entwicklung der *Equal Access Theorie* war das Verfahren *In Re Cady, Roberts & Co.*[543] Die *SEC* stellte dabei zunächst klar, dass auch *Rule 10b – 5* dem Insider die Wahl zwischen der Offenlegung der Information und dem Abstandnehmen von der geplanten Transaktion lasse, mithin die auch schon nach *common law* geltende *disclose or abstain rule* verkörpere.[544] Gleichzeitig betonte sie aber auch, dass das Bestehen einer Treuepflicht des Insiders gegenüber seinem Vertragspartner anders als nach altem Recht nicht mehr erforderlich sei. Folgerichtig kam die *SEC* zu dem Schluss, dass auch Insidergeschäfte, die anonym an der Börse getätigt wurden, in den Anwendungsbereich von *Rule 10b – 5* fallen.[545] Der Rechtsgrund für die Haftung eines Insiders sollte sich dabei aus zwei Grundelementen zusammensetzen. Einerseits sollte das Bestehen einer besonderen Beziehung erforderlich sein, die direkten oder indirekten Zugang zu einer Information ermöglicht, die bestimmungsgemäß nur für Zwecke der Gesellschaft und nicht zum persönlichen Vorteil irgendeiner anderen Person verwendet werden darf. Daneben sollte sich das Insiderhandelsverbot aus der Unfairness ergeben, die darin begründet liegt, dass eine Partei aus einer solchen Information

---

[541] Etwas anderes gilt lediglich noch auf der Rechtsfolgenseite der Insiderverbote bei der Unterscheidung zwischen Primär- und Sekundärinsider, *Kümpel / Veil*, Wertpapierhandelsgesetz, S. 50.

[542] *Koch* (Fn. 476), S. 6 f.; *Steinberg* (Fn. 485), S. 4 f.; *Weber*, Insiderrecht und Kapitalmarktschutz, S. 51.

[543] *In Re Cady, Roberts & Co.*, 40 S.E.C. 907 (1961).

[544] Vgl. zur *disclose or abstain rule* auch *Bainbridge*, Insider Trading: An Overview, 2 (abrufbar unter http://ssrn.com/abstract=132529).

[545] *In Re Cady, Roberts & Co.*, 40 S.E.C. 907, 910 ff.

einen Vorteil zieht, in dem Wissen, dass sie den Geschäftspartnern nicht zur Verfügung steht.[546]

Dieser Ansatz wurde in der Entscheidung des Berufungsgerichts für den Zweiten Bezirk (*Second Circuit*) in der Rechtssache *SEC v. Texas Gulf Sulphur Co.*[547] bestätigt. Gleichzeitig wurde der Tatbestand des Insiderhandelsverbots noch erweitert. Das Gericht stellte anders als die *SEC* in *Cady, Roberts & Co.* nur noch auf das rein faktische Kriterium des Informationszugangs ab. Eine „besondere Beziehung" zur Informationsquelle, die dem Insider die Kenntnisnahme möglich macht, wurde dagegen nicht mehr gefordert. Danach sollte das Insiderhandelsverbot gegenüber jedermann gelten, der im Besitz einer Insiderinformation war.[548]

(bb) *Fiduciary Duty Theorie*

Die *Equal Access Theorie* mit ihrem weiten Verständnis des Insiderhandelsverbots wurde jedoch durch den *US Supreme Court* durch die Entscheidungen in den Verfahren *Chiarella v. United States*[549] und *Dirks v. SEC* [550]verworfen. Vielmehr verhalf es der sog. *Fiduciary Duty Theorie* zur Geltung. Danach leitet sich das Insiderhandelsverbot aus einer Treuepflicht (*Fiduciary Duty*) des informierten Anlegers gegenüber dem nichtinformierten Anleger ab. Aus dieser Treuepflicht musste sich die Pflicht des Insiders ergeben, die Informationen vor der Transaktion offen zu legen.[551] Anders als der kapitalmarktrechtlich orientierte Ansatz der *Equal Access Theorie* stellt die *Fiduciary Duty Theorie* das Insiderrecht wieder in den gesellschaftsrechtlichen Kontext. Gleichzeitig wurde damit der Anwendungsbereich der *disclose or abstain rule* wieder erheblich eingeschränkt.[552]

(cc) *Misappropriation Theorie*

Ergänzt wird die *Fiduciary Duty Theorie* durch die sog. *Misappropriation Theorie*, die ebenfalls einen gesellschaftsrechtlichen Haftungsansatz ver-

---

546 *In Re Cady, Roberts & Co.*, 40 S.E.C. 907, 912.

547 *S.E.C. v. Texas Gulf Sulphur Co.*, 401 F.2d 833 (2.d Cir. 1968). Vgl. hierzu auch *Bainbridge*, Insider Trading, S. 42 ff.; *ders.* (Fn. 477), 3; *Hazen*, Principles of Securities Regulation, S. 275 f.

548 Vgl. *Koch* (Fn. 476); *Weber*, Insiderrecht und Kapitalmarktschutz, S. 56.

549 *Chiarella v. United States*, 445 U.S. 222 (1980). Siehe hierzu auch *Bainbridge*, Insider Trading, S. 49ff; *ders.* (Fn. 477), 3; *Steinberg* (Fn. 485), S. 6 f.

550 *Dirks v. S.E.C.*, 463 U.S. 646 (1983). Hierzu *Bainbridge*, Insider Trading, S. 53 ff.

551 *Chiarella v. United States*, 445 U.S. 222, 230 (1980): "Liability is premised upon a duty to disclose arising from a relationship of trust and confidence between the parties to a transaction".

552 *Weber*, Insiderrecht und Kapitalmarktschutz, S. 78.

folgt und in der Entscheidung *United States v. O'Hagan*[553] durch den *US Supreme Court* höchstrichterlich anerkannt wurde. Beide Theorien gelten nebeneinander und ergänzen sich.[554] Der wesentliche Unterschied zur *Fiduciary Duty Theorie* besteht jedoch darin, dass es hier nicht auf eine Treuebeziehung im Verhältnis vom Unternehmensinsider zum Geschäftspartner, sondern im Verhältnis vom Insider zu dessen Informationsquelle ankommt.[555] Grund der Insiderhaftung liegt danach darin, dass sich der Insider eine fremdnützige Information zur eigenen Verwendung zueignet und dadurch eine Vertrauensbeziehung zur Informationsquelle verletzt. In diesem Verhalten wird folglich eine Veruntreuung (*Misappropriation*) der Information gesehen.[556]

(3) Ergebnis: Notwendigkeit eines Kausalitätskriteriums im deutschen Recht zur Vermeidung von Überregulierung

Vergleicht man nun die Regelungsansätze des deutschen und des US – amerikanischen Insiderrechts, so wird deutlich, dass die deutsche Regelung weitestgehend mit der *Equal Access Theorie* übereinstimmt,[557] da sie wie diese das Urteil über die Unrechtmäßigkeit der Verwertung von Insiderinformationen nicht mit der Existenz eines Treuepflicht- oder Vertragsverhältnisses des Informationsträgers verbindet.[558] Ein wesentlicher Grund für das Scheitern dieses Ansatzes in den USA war, dass sie auf eine tatbestandlich nur unzureichend differenzierte Verbotsnorm zurückgreifen musste und damit im Ergebnis zu weit war.[559] Insbesondere war und ist die Frage nach dem Vorsatzerfordernis und der Kausalität noch immer völlig unklar (vgl. c) oben). Um der Gefahr der Überregulierung zu begegnen, wurden daher verschiedene Treuepflichten als Ansatzpunkt für die Haftung bestimmt. Die *Equal Access Theorie* wurde in der Folge durch die *Fiduciary Duty* und die *Misappropriation Theorie* abgelöst. Dies bedeutet nichts anderes, als dass eine einschrän-

---

553 *United States v. O'Hagan*, 117 S. Ct. 2199 (1997); vgl. auch Bainbridge (Fn. 477), 5; *Steinberg* (Fn. 485), S. 7.

554 *United States v. O'Hagan*, 117 S. Ct. 2199, 2207 (1997):"The two theories are complementary".

555 Vgl. ausführlich *Hazen*, Principles of Securities Regulation, S. 279 ff.; *Ratner / Hazen*, Securities Regulation, S. 161.

556 *Koch* (Fn.476), S.11; *Weber*, Insiderrecht und Kapitalmarktschutz, S. 99.

557 *Weber*, Insiderrecht und Kapitalmarktschutz, S. 197 f., der im Ergebnis dazu kommt, dass das deutsche Insiderrecht eine „verbesserte“ Equal Access Theorie verfolgt; siehe auch *Steinberg* (Fn. 485), S. 24.

558 *Assmann*, in: Assmann / Cramer, WpHG, Vor § 12 Rn. 47.

559 Äußerer Anlass für das Ende der Equal Access Theorie war aber ihre Unvereinbarkeit mit dem Wortlaut des Gesetzes, da Section 10 (b) und Rule 10b-5 eine Täuschung verlangten, was wiederum eine Zweierbeziehung zwischen Täuschendem und Getäuschtem voraussetzte. Die Equal Access Theorie ist aber auf anonyme Marktbeziehungen zugeschnitten, bei denen sich die Geschäftspartner gerade nicht kennen. Ausführlich *Weber*, Insiderrecht und Kapitalmarktschutz, S. 63 und 70 ff.

kende Steuerung des Anwendungsbereichs über den Begriff des Insiders gewählt wurde und eben nicht über die tatbestandliche Verbotsebene z.B. durch eine klarstellende Regelung des Kausalitätserfordernisses erfolgte.

Im Gegensatz dazu traf das der *Equal Access Theorie* entsprechende Regelungsleitbild in Deutschland bisher auf klare Tatbestandsmerkmale, so dass die genannten Kritikpunkte, mit denen sich die *Equal Access Theorie* in den USA konfrontiert sah, hier nicht verfingen.[560] Denn das Kausalitätskriterium war in § 14 Abs. I Nr. 1 WpHG a.F. durch die Verwendung des Begriffes „Ausnutzen" eindeutig formuliert und erfüllte somit die notwendige Filterfunktion. Mit der Neuregelung des WpHG wurde das Insiderrecht zwar verschärft. Die theoretische Einordnung im Hinblick auf den Regelungszweck bleibt jedoch unverändert (vgl. (1) oben).[561] Legt man dies zugrunde, muss auch dem Tatbestandsmerkmal der „Verwendung" die Funktion des notwendigen Korrektivs zukommen, um der Gefahr einer Überregulierung entgegenzutreten. Nach wie vor muss daher für das Eingreifen des Insiderhandelsverbots des § 14 Abs. 1 Nr. 1 WpHG ein kausaler Zusammenhang zwischen der Insiderinformation und der Wertpapiertransaktion gefordert werden.

III. Zwischenergebnis zum Kausalitätserfordernis

Nach allem kann damit festgehalten werden, dass auch nach der Änderung des WpHG durch das AnSVG ein kausaler Zusammenhang zwischen der Kenntnis der Insiderinformation und der jeweiligen Transaktion bestehen muss, um den Anwendungsbereich des Insiderhandelsverbots des § 14 Abs. 1 Nr. 1 WpHG zu eröffnen. Das von der Gegenansicht angeführte Argument, die Ausnahmeregelung des Art. 2 Abs. 3 der Marktmissbrauchsrichtlinie, der zufolge die Erfüllung einer vor Erhalt der Insiderinformation begründeten Verpflichtung zur Durchführung einer Transaktion mit Insiderpapieren kein Insidergeschäft darstellt, sei dann überflüssig, verfängt nicht. Vielmehr handelt es sich bei dieser Regelung um eine Klarstellung dahingehend, dass eine Partei dann nicht zum Transaktionsabbruch verpflichtet ist, wenn sie erst nach Abschluss einer schuldrechtlichen Vereinbarung Kenntnis von Insiderinformationen erlangt.[562]

---

[560] *Weber*, Insiderrecht und Kapitalmarktschutz, S. 197.

[561] *Assmann*, in: Assmann / Cramer, WpHG, Vor § 12 Rn. 49.

[562] *Fromm – Russenschuck / Banerjea*, BB 2004, 2425, 2427 unter Hinweis auf die Regierungsbegründung zum Gesetzesentwurf des AnSVG, BT – Drucksache 15 / 3174, S. 34; siehe auch *Rückert*, in: Kuthe / Rückert / Sickinger, Compliance Handbuch Kapitalmarktrecht, S. 105.

§ 4 Bedeutung im Hinblick auf die Zulässigkeit der Due Diligence

Steht damit fest, dass ein „Verwenden" iSv § 14 Abs. 1 Nr. 1 WpHG zwar keine Vorteilsabsicht jedoch nach wie vor das Erfordernis eines Kausalzusammenhangs zwischen Insiderinformation und Transaktion beinhaltet, gilt es in diesem Abschnitt zu untersuchen, wie sich diese neue Ausgangslage auf die insiderrechtliche Zulässigkeit einer Due Diligence im Vorfeld eines Paketerwerbs auswirkt.

Dabei gilt es, die folgenden Konstellationen voneinander abzugrenzen:

A. Verwendung selbst geschaffener Insiderinformationen

I. Verwendung des eigenen Erwerbsentschlusses oder der Kenntnis von Verhandlungen

Hat sich der Interessent zum Erwerb eines Aktienpakets entschlossen oder hat er gar schon Verhandlungen mit dem Verkäufer aufgenommen, so kann dies im Hinblick auf den Emittenten bei Vorliegen eines entsprechenden Kursbeeinflussungspotentials eine Insiderinformation iSv § 13 Abs. 1 WpHG darstellen.[563] Kommt es dann tatsächlich zum Kauf des Aktienpakets, fehlt es jedoch an der Kausalität zwischen dieser Insiderinformation und der durchgeführten Transaktion. Denn wie Erwägungsgrund 30 der Marktmissbrauchsrichtlinie klarstellt, muss einem Erwerb notwendigerweise eine entsprechende Entscheidung des Erwerbers vorausgehen. Klar ist dann auch, dass er die Beteiligung im weiteren Verlauf der Transaktion nicht deswegen kauft, weil er die Kenntnis von seinem eigenen Erwerbsentschluss oder über die aufgenommenen Verhandlungen verwenden will. Vielmehr erfolgt der Erwerb in Ausführung des ursprünglich gefassten Entschlusses.[564] Insofern liegt auch nach Inkrafttreten des AnSVG keine Verwendung iSv § 14 Abs. 1 Nr. 1 WpHG vor (vgl. auch § 3A.I.2 oben).[565]

---

[563] *Weimann*, DStR 1998, 1556, 1558; Aus diesem Grund kann der Erwerber gegen § 14 Abs. 1 Nr. 2 oder 3 WpHG verstoßen, wenn er seinen Erwerbsentschluss einem anderen unbefugt mitteilt oder eine Empfehlung auf der Grundlage seiner Kenntnis von diesem Entschluss zum Erwerb ausspricht. Gleichzeitig können Dritte gegen § 14 Abs. 1 Nr. 1 WpHG verstoßen, wenn sie diese Insiderinformationen verwenden.

[564] *Cahn*, Der Konzern 2005, 5, 9; *Hasselbach*, NZG 2004, 1087, 1091; *Kutzner*, Börsenzeitung v. 29.11.2005, 20; *Schäfer*, in: Marsch – Barner / Schäfer, Handbuch börsennotierte AG, § 13 Rn. 78; nach *Weimann*, DStR 1998, 1556, 1558 und *Hopt*, ZHR 1995, 135, 155, kann „niemand sein eigener Insider sein". Vgl. zur Rechtslage vor Inkrafttreten des AnSVG z.B. *Hopt*, in: Bankrechts Handbuch, § 107 Rn. 60; *Schlitt / Schäfer*, AG 2004, 346, 355; *Schmidt – Diemitz*, DB 1996, 1809, 1812.

[565] Vgl. vor allem Erwägungsgrund 30 der Marktmissbrauchsrichtlinie.

II. Verwendung der Kenntnis von einer Due Diligence

Gleiches gilt für die Durchführung einer Due Diligence. Wieder fehlt es am Kausalitätskriterium zwischen der Kenntnis der Durchführung der eigenen Due Diligence und dem sich anschließenden Erwerb.[566]

B. Verwendung von im Rahmen einer Due Diligence erlangten Insiderinformationen

Abzugrenzen von den beiden soeben dargestellten Fallgruppen, bei denen es um die Verwendung selbst geschaffener Insiderinformationen ging, sind die Konstellation, in denen der Erwerber erst aufgrund der Due Diligence in den Besitz von Insiderinformationen über den Emittenten kommt.

I. Due Diligence nach festem Erwerbsentschluss

1. Kein Kausalzusammenhang

Gelangt der Interessent im Rahmen einer Due Diligence in den Besitz positiver Insiderinformationen, hatte er sich jedoch bereits zuvor fest zum Erwerb der Beteiligung entschlossen und behielt es sich nur vor, von der geplanten Transaktion Abstand zu nehmen, falls er überraschend doch auf negative Umstände stößt, fehlt es an dem notwendigen Kausalzusammenhang zwischen Information und Transaktion, denn er wird durch sie in seinem Beschluss lediglich bestärkt.[567] Umgekehrt verwendet er sein Wissen um die Insiderinformation in verbotener Weise, wenn er motiviert durch die erlangten positiven Informationen neben dem ursprünglich beabsichtigten Erwerb weitere börsliche oder außerbörsliche Transaktionen tätigt (sog. *alongside - purchases*).[568] Treten dagegen negative Informationen zu Tage und nimmt der Erwerber daraufhin Abstand von der geplanten Transaktion, so ist dies ebenfalls insiderrechtlich unbedenklich (vgl. oben § 2C). Grundsätzlich haben sich insofern keine Änderungen zur bisherigen Rechtslage ergeben (vgl. § 3A.I.2 oben).

2. Gegenstand des ursprünglicher Erwerbsentschlusses

Nach Inkrafttreten des AnSVG gilt es jedoch zu beachten, dass das Verbot des Verwendens im Sinne eines „Miteinfließen Lassens" der Insiderinformation in den Kaufentschluss sich nicht nur auf das „Ob", sondern auch auf das „Wie" der Transaktion bezieht.[569] Folglich kommt es bei der Betrach-

---

[566] Hinsichtlich eines möglichen Verstoßes des Erwerbers gegen das Weitergabe- und Empfehlungsverbot und Dritter gegen das Verwendungsverbots, vgl. Fn. 563.
[567] Vgl. *Hasselbach*, NZG 2004, 1087, 1092.
[568] *Hasselbach*, NZG 2004, 1087, 1091.
[569] *Rückert*, in: Kuthe / Rückert / Sickinger, Compliance Handbuch Kapitalmarktrecht, S. 105, spricht insoweit von „Mitursächlichkeit".

tung des ursprünglichen Erwerbsentschlusses nicht alleine auf die Größe des zu erwerbenden Aktienpakets an. Vielmehr sind auch die konkreten Bedingungen des Erwerbs als Gegenstand des Entschlusses anzusehen.[570] Ein aufgrund der gefundenen Insiderinformation niedriger verhandelter Kaufpreis ist nach diesem Verständnis zum Beispiel nicht mehr vom ursprünglichen Kaufentschluss umfasst.

Mit anderen Worten scheidet ein unzulässiges „Verwenden" auch in den Fällen des zuvor gefassten festen Erwerbsentschlusses von vornherein nur dann aus, wenn die Transaktion auch genau zu den ursprünglich geplanten Konditionen zustande kommt. Hieran wird es in den meisten Fällen jedoch fehlen (vgl. II unten).

II. Due Diligence nach bedingtem Kaufentschluss

1. Problematik

Oft wird der Kaufentschluss vor Durchführung der Due Diligence aber noch nicht endgültig gefasst sein. Denn mit der Due Diligence wird der Interessent in vielen Fällen erst herausfinden wollen, ob die angedachte Transaktion für ihn überhaupt attraktiv ist. Und immer beeinflussen die im Rahmen einer Due Diligence gewonnenen Erkenntnisse zumindest die Bedingungen und einzelnen Parameter der Transaktion. Dies gilt vor allem für den soeben angesprochenen Kaufpreis und im Hinblick auf das auszuarbeitende Gewährleistungsregime. In diesen Fällen lässt sich ein Zusammenhang des Insiderwissens für die Transaktion in ihrer konkreten Ausgestaltung schwerlich leugnen.[571]

Betrachtet man dies vor dem Hintergrund, dass für das Vorliegen eines verbotenen Verwendens iSv § 14 Abs. 1 Nr. 1 WpHG geforderte „Miteinfließen Lassen" sehr weit gefasst ist und bereits jedweden ursächlichen Zusammenhang genügen lässt,[572] kommt man nach Inkrafttreten des AnSVG bei stringenter Anwendung der Norm zu dem Ergebnis, dass der sich der Due Diligence anschließende Paketerwerb oder Unternehmenskauf im Wege des *share deal* als unzulässiger Insiderhandel in diesen Fällen verboten wäre.

---

[570] *Weimann*, DStR 1998, 1556, 1560.

[571] Vgl. *Cahn*, Der Konzern 2005, 5, 11; *Claussen / Florian*, AG 2005, 745, 751; *Diekmann / Sustmann*, NZG 2004, 929, 931; *Grothaus*, ZBB 2005, 62, 63; *Koch*, DB 2005, 267, 269; *Kümpel / Veil*, Wertpapierhandelsgesetz, S. 68. *Merkner / Sustmann*, NZG 2005, 729, 732; *Schroeder*, DB 1997, 2161, 2165; a.A.: *Fromm – Russenschuck / Banerjea*, BB 2004, 2426, die diese Ansicht für praxisfern halten und in ihr darüber hinaus eine rechtsstaatswidrige Beweislastumkehr im Rahmen des strafbewährten Insiderhandelsverbots (§ 38 Abs. 1 Nr. 1 WpHG) sehen.

[572] *Fromm – Russenschuck / Banerjea*, BB 2004, 2425, 2426 f.

Denn die bislang zu § 14 Abs. 1 Nr. 1 WpHG a.F. geltenden Maßstäbe (vgl. § 3A.I.2 oben) können im Hinblick auf den durch das AnSVG bewirkten Wegfall des subjektiven Kriteriums des „Ausnutzens“ nicht mehr angewendet werden.[573]

2. Bedeutung für die Transaktionspraxis

Es bliebe letztlich nur noch die Möglichkeit des Unternehmenserwerbs im Wege eines *asset deals*, wenn im Vorfeld eine Due Diligence durchgeführt werden soll, die sich auch auf Insiderinformationen des Zielunternehmens bezieht.[574]

Vermeiden ließe sich der in allen anderen Konstellationen notwendige Abbruch der Transaktion darüber hinaus nur noch durch eine vorherige Veröffentlichung der im Rahmen der Due Diligence erlangten Insiderinformationen, was regelmäßig nicht im Interesse der beteiligten Parteien - insbesondere des Zielunternehmens – liegen wird.[575]

3. Drohende Konsequenzen für den Beteiligungsmarkt in Deutschland

Due Diligence Prüfungen im Rahmen wesentlicher Beteiligungserwerber mit Strafe zu bedrohen, widerspricht den internationalen Gepflogenheiten der M&A Praxis. Im Rahmen eines Unternehmenskaufs im Wege des *share deals* oder eines Paketerwerbs könnte das Instrument der Due Diligence nicht mehr eingesetzt werden und die Käufer hätten somit keine Möglichkeit mehr, sich über die Gefahren der geplanten Transaktion zu informieren. Ein derart stringentes Verständnis des Insiderhandelsverbots hätte für den deutschen Beteiligungsmarkt verheerende Folgen[576] und wäre mit dem Ziel, die Finanzplätze Deutschland und Europa zu stärken, und damit mit der Grundsausrichtung des AnSVG sowie der Marktmissbrauchsrichtlinie unvereinbar.[577] Auf der anderen Seite kann der Wunsch nach einer praxisnahen Lösung aber nicht die alleinige Begründung für eine Vereinbarkeit mit den Erfordernissen des Kapitalmarktrechts sein.[578]

---

[573] *Kümpel / Veil*, Wertpapierhandelsgesetz, S. 68.
[574] Vgl. auch *Grothaus*, ZBB 2005, 62, 64.
[575] So aber wohl *Hölters*, in: Hölters, Handbuch des Unternehmens- und Beteiligungskaufs, Teil VII Rn. 64.
[576] *Cahn*, Der Konzern 2005, 5, 9; *Schneider*, DB 2005, 2678; vgl. auch Zentraler Kreditausschuss, Stellungnahme zum Anlegerschutzverbesserungsgesetz, S. 5; hierzu auch *Ponick*, Börsenzeitung vom 09.03.2005, S. 2.
[577] Ausführlich hierzu *Schneider*, DB 2005, 2679.
[578] Vgl. *Schürnbrand*, Diskussionsbericht zu den Referaten Westermann und Hemeling, ZHR 169 (2005) 295, 296.

4. Ansätze in der Literatur

Im folgenden Abschnitt gilt es daher, die verschiedenen Lösungsansätze, ob und wie die im Rahmen einer Due Diligence erlangten Insiderinformationen insiderrechtlich zulässig verwendet werden dürfen, darzustellen und zu diskutieren.

a) Erwerb von neuen Aktien im Wege der Kapitalerhöhung nach durchgeführter Due Diligence

Keine Lösung ist es, das Problem dadurch zu umgehen, neue, noch nicht börsennotierte Aktien eines Emittenten nach Durchführung einer Due Diligence im Wege einer Kapitalerhöhung zu erwerben. Denn diese sind zwar noch nicht zum Handel zugelassen. Allerdings hängt ihr Preis zumindest mittelbar vom Börsenpreis der notierten Aktien ab. Insoweit stellen auch diese neuen Aktien Insiderpapiere iSv § 12 Satz 1 Nr. 3 dar.[579]

b) Einschaltung neutraler Dritter für die Durchführung der Due Diligence

In Anlehnung an eine zum Teil im anglo-amerikanischen Rechtsraum praktizierte Vorgehensweise ist jedoch die Möglichkeit in Betracht zu ziehen, die Informationen nicht dem Kaufinteressenten direkt zukommen zu lassen, sondern für die Durchführung der Due Diligence externe Berater, die nicht dem Transaktionsteam des Erwerbers angehören, einzuschalten.[580]

(i) Errichtung von Chinese Walls

Diese werden gegenüber dem Erwerber zur Verschwiegenheit verpflichtet, soweit Insiderinformationen betroffen sind. Man spricht insoweit von sog. *Chinese Walls*. Dabei handelt es sich im ursprünglichen Sinn um eine Informationsbarriere oder eine sonstige organisatorische Maßnahme, die verhindern soll, dass Informationen zwischen unterschiedlichen Abteilungen eines Unternehmens, einer Investmentbank oder einer Anwaltskanzlei ausgetauscht werden.[581] Bezogen auf die hier dargestellte Konstellation ist es mithin das Ziel, die externen Berater gegenüber dem Kaufinteressenten abzu-

---

[579] *Grothaus*, ZBB 2005, 62, 64.

[580] *Grothaus*, ZBB 2005, 62, 64; *Hasselbach*, NZG 2004, 1087, 1092; *Krauel*, in: Wirtz, Handbuch M&A Management, S. 578; zu beachten ist dabei, dass eine entsprechende Offenlegung der Insiderinformationen nach § 15 Abs. 1 Satz 3 WpHG bei den hier interessierenden börsennotierten Gesellschaften nur nach Abschluss einer entsprechenden Vertraulichkeitsvereinbarung zulässig ist. Ansonsten ist eine zeitgleiche Veröffentlichung durch das Zielunternehmen erforderlich.

[581] *Risse / Kästle / Gebler*, S. 37. Interessieren sich zum Beispiel zwei Kaufinteressenten für dasselbe target und werden beide von der gleichen Investmentbank betreut, muss eine Chinese Wall zwischen den einzelnen Abteilungen der Bank sicherstellen, dass es zu keinem Informationsaustausch zwischen den beiden beteiligten Beraterteams kommen kann.

schotten. Hierdurch kann sichergestellt werden, dass die Erwerbsinteressenten und die Mitglieder des Transaktionsteams nur in den Besitz von insiderrechtlich unbedenklichen Informationen gelangen.[582] Denn der beauftragte Dritte überprüft die Informationen dahingehend, ob sie die Annahmen des potentiellen Erwerbers negativ beeinflussen können, teilt sein Ergebnis diesem mit und kann die entsprechenden Dokumente ggf. zur weiteren Prüfung an ihn weitergeben. Trifft er auf kursrelevante, nicht öffentlich bekannte Informationen, greift dagegen die vereinbarte Verschwiegenheitspflicht.

(ii) Beschränkung auf „positive" Insiderinformationen?

In der Literatur wird vorgeschlagen, diese Vorgehensweise auf „positive" Insiderinformationen zu beschränken. Nur diese seien im Rahmen potentieller Akquisitionen insiderrechtlich relevant.[583] Betroffen seien damit in erster Linie die Informationen, die den Gegenstand einer Financial und Operational Due Diligence bildeten.[584] Nach dieser Ansicht dürfte das Zielunternehmen folglich nur diese Informationen nicht in den allgemein zugänglichen Datenraum einstellen, sondern sie an das externe Beraterteam weitergeben.

(iii) Stellungnahme

Diese Beschränkung wirft jedoch in zweierlei Hinsicht Probleme auf. Zum einen setzt sie voraus, dass das Zielunternehmen zu einer entsprechenden Selektion der Informationen in der Lage ist.[585]

Entscheidend ist jedoch, dass auch negative Insiderinformationen im Rahmen der sich anschließenden Transaktion verwendet werden. Lässt es der Gesetzgeber ausreichen, dass die Insiderinformation in das Handeln des Erwerbers mit einfließt, liegt ein unzulässiges Verwenden immer dann vor, wenn die Insiderinformation Einfluss auf die Modalitäten der Transaktion hat. Führt das Auffinden einer negativen Insiderinformation etwa dazu, dass sich der Erwerber umfassende Garantien einräumen lässt oder sich der Preis für das in Frage stehende Aktienpaket reduziert, so verwendet er diese Insiderinformation in verbotener Weise.

Im Ergebnis müssten damit die externen Berater mit der Durchführung der gesamten Due Diligence betraut werden. Diese Vorgehensweise ist dann zwar sicherlich die sicherste Methode für den Erwerber, insiderrechtliche Risiken zu vermeiden. Neben den entstehenden Mehrkosten und des erhöhten

---

[582] So auch *Grothaus*, ZBB 2005, 62, 64.
[583] *Hasselbach*, NZG 2004, 1087, 1092; *Krauel*, in: Wirtz, Handbuch M&A Management, S. 578.
[584] Vgl. *Brandi / Süßmann*, AG 2004, 644, 645.
[585] *Krauel*, in: Wirtz, Handbuch M&A Management, S. 578 f.

Aufwandes gilt es jedoch vor allem die bereits zuvor geschilderten Bedenken gegen die Einschaltung Dritter bei der Durchführung einer Due Diligence zu beachten (vgl. Abschnitt 1:§ 1D.IV.6.c) oben). Festzuhalten ist darüber hinaus, dass es sich bei der geschilderten Vorgehensweise strenggenommen nicht um eine Lösung des Problems handelt. Vielmehr wird das Problem, nämlich die Frage ob die im Rahmen der Due Diligence erlangten Informationen im Sinne von § 14 Abs. 1 Nr. 1 WpHG verwendet werden, durch diese Vorgehensweise nur umgangen.

c) Extensive Auslegung des Merkmals „ursprünglicher Kaufentschluss"

Wie bereits dargestellt ist es als insiderrechtlich unbedenklich anzusehen, wenn der Kaufinteressent, nachdem er sich bereits fest zum Kauf der Anteile entschlossen hat, Kenntnis von Insiderinformationen erlangt und in seinem Kaufentschluss so lediglich bestärkt wird (vgl. I oben). Vereinzelt wird offenbar unter Anknüpfung an diese Konstellation vertreten, es würde sich auch dann nicht um ein verbotenes Verwenden iSv § 14 Abs. 1 Nr. 1 WpHG handeln, wenn der potentielle Erwerber zunächst im Rahmen einer Preisrange einen Kaufentschluss gefasst hatte und die konkreten Konditionen der Transaktion erst nach Berücksichtigung der Ergebnisse der Due Diligence festgelegt würden, wobei sich diese innerhalb der gesetzten Preisrange bewegen müssten. Denn in diesem Fall führten die so erlangten Insiderinformationen keine wesentlichen Abweichungen von den Parametern des ursprünglich gefassten Kaufentschlusses herbei.[586] Vielmehr handele der Erwerber nach wie vor in Umsetzung seines ursprünglichen Plans. Umgekehrt sei von der Fassung eines neuen Kaufentschlusses dann auszugehen, wenn sich diese Parameter durch die Ergebnisse der Due Diligence maßgeblich ändern. Dies betreffe zunächst die sog. *alongside purchases*. Darüber hinaus sei aber nur dann von unzulässigem Insiderhandel auszugehen, wenn der potentielle Erwerber infolge überraschend positiver Ergebnisse der Due Diligence die gesetzte Preisrange verlasse.[587]

Problematisch ist jedoch, dass diese Ansicht einerseits bereits erhebliche Abgrenzungsschwierigkeiten mit sich bringt, wenn es darum geht, festzulegen, wann es sich um wesentliche oder unwesentliche Abweichungen vom ursprünglich gefassten Kaufentschluss handeln soll und damit im Ergebnis für die M&A Praxis wenig hilfreich ist. Darüber hinaus wird nicht erklärt, warum in den Fällen, in denen es aufgrund der im Rahmen einer Due Diligence zu Tage getretenen Insiderinformation auch nur zu unwesentlichen Abweichungen innerhalb einer vorher gesetzten Preisrange kommt, diese Informationen

---

[586] *Hasselbach*, NZG 2004, 1087, 1092.
[587] *Hasselbach*, NZG 2004, 1087, 1092.

nicht in das Handeln des Erwerbers miteinfließen sollen. Richtigerweise liegt auch in den Fällen, ein Kausalzusammenhang zwischen der Insiderinformation und der Transaktion vor, den § 14 Abs. 1 Nr.1 WpHG für die Annahme eines verbotenen Verwendens nunmehr ausreichen lässt (vgl. bereits I.2 oben).

d) Pflicht zur Durchführung einer Due Diligence

Als Ansatzpunkt für die insiderrechtliche Zulässigkeit kommt jedoch eine mögliche Pflicht des Erwerbers in Betracht, sofern es sich dabei um eine Aktiengesellschaft handelt.

(i) Pflicht des Vorstands der Erwerbergesellschaft

Eine entsprechende Pflicht des Vorstandes besteht nicht, wie bereits gesehen. Insoweit sei auf die Ausführungen im zweiten Teil der Untersuchung verwiesen (vgl. Teil 2:Abschnitt 3:§ 4B oben).

(ii) Pflicht des Aufsichtsrates der Erwerbergesellschaft

Schneider leitet darüber jedoch eine entsprechende Pflicht aus der Informationspflicht gegenüber dem Aufsichtsrat her.[588] Er verweist dabei auf die Anforderungen, die sich aus den Grundsätzen des Deutschen Corporate Governance Kodex (DCGK) für diesen ergeben. Dieser sei heute als beratendes, aber auch durch das vom DCGK aufgestellte Erfordernis der engen Zusammenarbeit von Vorstand und Aufsichtsrat als ein mit-entscheidendes und daher auch mit-unternehmerisches Organ anzusehen.[589] Um die daraus resultierenden Aufgaben erfüllen zu können, seien die Aufsichtsratsmitglieder mit umfassenden Informationen zu versorgen. Bezogen auf den Erwerb eines Aktienpakets oder eines ganzen Unternehmens sei es daher notwendig, den Mitgliedern des Aufsichtsrats konkrete Informationen über das Zielunternehmen zur Verfügung zu stellen, damit es ihnen überhaupt möglich ist, den Vorstand zu beraten oder gar die Durchführung der angestrebten Transaktion mitzuentscheiden. Folglich sei es unerlässlich, die Zielgesellschaft im Vorfeld der Transaktion mittels einer Due Diligence zu prüfen, um deren Ergebnisse dann im weiteren Verlauf dem Aufsichtsrat zukommen zu lassen.[590]

---

[588] *Schneider*, DB 2005, 2678, 2679 ff.

[589] *Schneider*, DB 2005, 2678, 2680 unter Hinweis auf die Ziffern 3.1, 3.2 und 3.5 des DCGK in der Fassung vom 02.06.2005. Die Neufassung des DGCK im Jahre 2006 (Fassung vom 12.06.2006; abrufbar unter http://www.corporate-governance-code.de/ger/kodex/index.html) hat insoweit jedoch keine Änderungen bewirkt.

[590] *Schneider*, DB 2005, 2678, 2680.

(iii) Stellungnahme

Hieraus wird der Schluss gezogen, die Regelungen des DCGK forderten die Durchführung einer Due Diligence. Zu diesem Ergebnis stünde es daher im Widerspruch, wenn man den sich anschließenden Erwerb als unzulässiges Verwenden von Insiderinformationen iSv § 14 Abs. 1 Nr. 1 WpHG qualifizieren würde, so dass es stets entweder zu einem Verstoß gegen das Insiderhandelsverbot oder gegen die Pflichten des DCGK seitens der potentiellen Erwerbers kommen würde.[591]

Bejaht man die generelle Pflicht des Erwerbsunternehmens zur Durchführung einer Due Diligence in diesen Fällen, so sagt dies richtigerweise jedoch noch nichts über die insiderrechtliche Zulässigkeit der Verwendung etwaiger dabei zu Tage getretener Insiderinformationen im Zuge der sich anschließenden Transaktion aus. Vielmehr kann dieser Pflicht immer nachgekommen werden, ohne dass sich das Problem einer verbotenen Verwendung überhaupt stellt. Denn es besteht grundsätzlich die Möglichkeit, diese Informationen vor Abschluss der Transaktion zu veröffentlichen, so dass sie ihre Eigenschaft als Insiderinformation verlieren. Soweit muss man aber gar nicht gehen. Vielmehr kann sich die Erwerbergesellschaft zur Durchführung einer Due Diligence neutraler Dritter in der geschilderten Weise bedienen (vgl. b) oben).

e) Schutzzweckorientierter Ansatz

Vielversprechend im Hinblick auf die Lösung des Problems könnte jedoch der Ansatz sein, die Reichweite des Insiderhandelsverbots aus § 14 Abs. 1 Nr. 1 WpHG unter Berücksichtigung des Schutzzweckes der insiderrechtlichen Regelungen des WpHG zu definieren.

(i) Schutzzweck des Insiderrechts

Wie bereits gesehen, verfolgen auch die neugefassten Insiderregelungen des WpHG mit ihrer streng marktbezogenen Regelungsperspektive das Ziel, das Ansehen und die Funktionalität des deutschen Kapitalmarkts zu schützen. Im Vordergrund steht dabei das Vertrauen der Anleger in die Gewährleistung von Fairness und Chancengleichheit sowie in die Transparenz der Märkte (vgl. Abschnitt 1:§ 1D.V.1 sowie § 3B.II.4.d)(ii)(1) oben). Dieses Regelungsanliegen kam vor Inkrafttreten des AnSVG gerade im Verbot des Ausnutzens einer Insiderinformation im Sinne eines zweckgerichteten Handelns zur Erlangung eines Sondervorteils gegenüber den anderen Marktteilnehmern zum Ausdruck.

---

[591] *Schneider*, DB 2005, 2678, 2680.

(ii) Teleologische Auslegung

Nach einer Ansicht soll der Schutzzweck des Insiderrechts auch bei der Auslegung des Tatbestandsmerkmal der Verwendung von Insiderinformationen zur Anwendung gebracht werden. Unter Verwendung einer Insiderinformation iSv § 14 Abs. 1 Nr. 1 WpHG sei bei teleologischer Auslegung ein Vorgang zu verstehen, in dem der Wissensvorsprung eines Insiders in ein Erwerbs- oder Veräußerungsgeschäft einfließt und ihm so objektiv die Möglichkeit der Erzielung eines Sondervorteils eröffnet.[592] Hieran anknüpfend wird die bisher zum Tatbestandsmerkmal des Ausnutzens entwickelte Argumentation im Hinblick auf die insiderrechtliche Beurteilung des außerbörslichen Pakethandels aufgegriffen. In diesem Zusammenhang war bis zum Inkrafttreten des AnSVG anerkannt, dass bei sog. *face – to - face* Geschäften auch dann kein verbotener Insiderhandel vorliegen sollte, wenn die durch die Due Diligence erlangten Insidertatsachen den Abschluss der Transaktion bzw. die einzelnen Parameter des Geschäfts im Sinne eines Kausalzusammenhangs beeinflussten. Denn insofern wurde angenommen, dass beide Parteien in der Regel über den gleichen Wissenstand verfügten (vgl. § 3A.I.2 oben).

Mit der Annahme, ein Verwenden der Insiderinformation sei nur dann gegeben, wenn gleichzeitig auch ein Wissensvorsprung existiere, kommt diese Ansicht mithin zu dem Ergebnis, dass sich an der insiderrechtlichen Zulässigkeit der Verwendung von im Rahmen einer Due Diligence zu Tage getretenen Insiderinformationen beim außerbörslichen Pakethandel nichts geändert hat.[593]

(iii) Stellungnahme

Zu bedenken ist jedoch, warum das Tatbestandsmerkmal Ausnutzen durch das AnSVG ersetzt wurde. Wie bereits dargestellt (vgl. § 3A.II oben), hat der Begriff „Ausnutzen“ in der Vergangenheit zu erheblichen Schwierigkeiten bei der Beweisführung geführt, da er als zweckgerichtetes Handeln zu verstehen gewesen ist. Zudem wurde das „Ausnutzen“ als Alleinstellungsmerkmal interpretiert, was beim Hinzutreten weiterer, oft kaum zu widerlegender Motive des Täters zur Straflosigkeit geführt hat.[594] Daher stellt die Regierungsbegründung zum AnSVG klar, dass die Erlangung eines wirtschaftlichen Sondervorteils als Zweck des Handelns im Tatbestand keine Berücksichtigung mehr findet (§ 3A.II oben).

---

592 *Assmann*, in: Assmann / Cramer, WpHG, § 14 Rn. 28; *Brandi / Süßmann*, AG 2004, 642, 645.

593 *Assmann*, in: Assmann / Cramer, WpHG, § 14 Rn. 27 f.

594 BT – Drucksache 15 / 3174, S. 34; vgl. auch *Brandi / Süßmann*, AG 2004, 642, 643; *Holzborn / Israel*, WM 2004, 1948, 1951; *Kuthe*, ZIP 2004, 883, 884.

Die vorgeschlagene, teleologische Interpretation des Tatbestandsmerkmals „Verwenden“ bedeutet aber nichts anderes, als dass das Erfordernis des „Miteinfließen Lassens“ um die ungeschriebenen Tatbestandsmerkmale des „Vorliegens eines Wissensvorsprungs“ und der „objektiven Möglichkeit eines Sondervorteils“ ergänzt wird. Das heißt aber wiederum, dass die Strafbarkeit des Insiderhandels iSv § 38 Abs. 1 Nr. 1 WpHG, § 14 Abs. 1 Nr. 1 WpHG voraussetzt, dass auch diese ungeschriebenen Tatbestandsmerkmale vom Vorsatz des Täters mitumfasst sein müssen. Der Täter muss von einem Wissensvorsprung und von der daraus resultierenden Möglichkeit eines Sondervorteils gegenüber den anderen Marktteilnehmern also gewusst oder beides gewollt haben bzw. zumindest billigend in Kauf genommen haben. Zwar ist dieses Ergebnis nicht gleichbedeutend mit dem bisher geforderten zweckgerichteten Handeln. Allerdings werden durch ein entsprechendes Verständnis des Verwendens die Beweisschwierigkeiten, deren Vermeidung Ziel der Neuregelung war, zumindest teilweise wieder akut.

5. Lösungsvorschlag: Teleologische Reduktion des § 14 Abs. 1 Nr. 1 WpHG

Aus diesem Grund ist es vorzugswürdig, den dargestellten Schutzzweck des Insiderhandelsverbots im Wege einer teleologischen Reduktion des § 14 Abs. 1 Nr. 1 WpHG zur Geltung zu bringen und auf diese Weise solche Fälle vom Erwerbsverbot auszunehmen, in denen andere Anleger nicht übervorteilt werden, bzw. die Chancengleichheit am Markt gar nicht gefährdet ist.[595]

a) Exkurs: Rechtslage beim öffentlichen Übernahmeangebot

Als Anknüpfungspunkt für eine teleologische Reduktion des Insiderhandelsverbots bietet sich Erwägungsgrund 29 der Marktmissbrauchsrichtlinie[596] an, der wie folgt lautet:

> *Der Zugang zu Insider-Informationen über eine andere Gesellschaft und die Verwendung dieser Information bei einem öffentlichen Übernahmeangebot mit dem Ziel, die Kontrolle über dieses Unternehmen zu erwerben oder einen Zusammenschluss mit ihm vorzuschlagen, sollten als solche nicht als Insider-Geschäft gelten.*

---

[595] *Cahn*, Der Konzern 2005, 5, 11; *Grothaus*, ZBB 2005, 62, 63; *Holzapfel / Pöllath*, Rn. 293b; *Koch*, DB 2005, 267, 269; *Kümpel / Veil*, Wertpapierhandelsgesetz, S. 68; im Ergebnis auch *Diekmann / Sustmann*, NZG 2004, 929, 931; *Fromm – Russenschuck / Banerjea*, BB 2004, 2425, 2427; *Kutzner*, Börsenzeitung v. 29.11.2005, 20; *Rückert*, in: Kuthe / Rückert / Sickinger, Compliance Handbuch Kapitalmarktrecht, S. 105, spricht insoweit von einer „ideologischen Reduktion“. a.A.: *Assmann*, in: Assmann / Schneider, WpHG, § 14 Rn. 27, der an diesem Ansatz kritisiert, dass ihm der „Geruch einer Ausnahmemaßnahme“ anhaftet.

[596] *Cahn*, Der Konzern 2005, 5, 11; *Koch*, DB 2005, 267, 269; *Schürnbrand*, Diskussionsbericht zu den Referaten Westermann und Hemeling, ZHR 169 (2005) 295, 296.

Zwar hat die Richtlinie und vor allem ihre Erwägungen keine unmittelbare Gesetzeskraft. Auch ist Erwägungsgrund 29 nicht in den Wortlaut des § 14 WpHG eingeflossen. Allerdings ist er dort im Rahmen der richtlinienkonformen Auslegung zu beachten.[597] Damit ist in der Abgabe eines öffentlichen Übernahmeangebots, d.h. bei einem Angebot, das auf den Erwerb der Kontrolle und damit im Hinblick auf § 29 Abs. 2 WpÜG auf den Erwerb von mindestens 30 % der Stimmrechte der Zielgesellschaft gerichtet ist, nach Durchführung einer Due Diligence kein Verstoß gegen des Insiderhandelsverbots des § 14 Abs. 1 Nr. 1 WpHG zu sehen.[598] Dies gilt auch dann, wenn der Transaktionsentschluss erst nach der Durchführung der Due Diligence getroffen wird.[599] Grund für diese Sonderregelung ist, dass im Rahmen eines Übernahmeverfahrens der Bieter regelmäßig einen gewissen Informationsvorsprung hat. Sie beruht damit auf der Überlegung, dass es nicht Aufgabe des Insiderrechts ist, diesen Informationsrückstand der Aktionäre der Zielgesellschaft zu ihrem Schutz zu neutralisieren, sondern die des Übernahmerechts.[600] Genau von einer solchen Lösung geht auch Erwägungsgrund 28 der Marktmissbrauchsrichtlinie aus, dem zufolge die Mitgliedsstaaten unbeschadet der Vorschriften der Richtlinie anderweitige Maßnahmen erlassen können, um den Schutz von Wertpapierinhabern in Übernahmesituationen zu gewährleisten.[601] In Deutschland sind dies die Regelungen des Wertpapiererwerbs- und Übernahmegesetzes (WpÜG).[602]

Nach Ansicht der BaFin ist die Abgabe eines öffentlichen Übernahmeangebots, in welchem der Bieter eine Insiderinformation tatsächlich verwendet, erst dann möglich, nachdem der Emittent die Insiderinformationen im Zuge einer entsprechenden Ad – hoc - Mitteilung veröffentlicht hat.[603]

---

[597] *Fromm – Russenschuck / Banerjea*, BB 2004, 2425, 2427; a.A.: *Grothaus*, ZBB 2005, 62, 64.

[598] *Beisel*, in: Beisel / Klumpp, Unternehmenskauf, S. 2; *Diekmann / Sustmann*, NZG 2004, 929, 931; *Fromm – Russenschuck / Banerjea*, BB 2004, 2425, 2427; *Semler*, in: Hölters, Handbuch Unternehmenskauf, S. 678. *Rückert*, in: Kuthe / Rückert / Sickinger, Compliance Handbuch Kapitalmarktrecht, S. 108; *Ziemons*, NZG 2004, 537, 539.

[599] *Beisel*, in: Beisel / Klumpp, Unternehmenskauf, S. 2; *Fromm – Russenschuck / Banerjea*, BB 2004, 2425, 2427.

[600] *Cahn*, Der Konzern 2005, 5, 11; *Fromm – Russenschuck / Banerjea*, BB 2004, 2425, 2427; *Krause / Pötzsch*, in: Assmann / Pötzsch / Schneider, WpÜG, § 35 Rn. 239; *Kümpel / Veil*, Wertpapierhandelsgesetz, S. 68 f.

[601] *Fromm – Russenschuck / Banerjea*, BB 2004, 2425, 2427.

[602] BGBl. I, S. 3822.

[603] Ziffer III.2.2.1.4.3 des Emittentenleitfadens. Kritisch hierzu *Krämer*, Börsenzeitung vom 21.07.2005, S. 5; vgl. zu den Folgen im Hinblick auf die Zulässigkeit der Informationsweitergabe durch den Vorstand der Zielgesellschaft in diesen Konstellationen, *Merkner / Sustmann*, NZG 2005, 729, 733.

b) Übertragung der Wertung auf den außerbörslichen Paketerwerb

Knüpft man an die hinter Erwägungsgrund 29 der Marktmissbrauchsrichtlinie stehende Überlegung an, wonach ein Informationsvorsprung aufgrund der Besonderheiten beim öffentlichen Übernahmeangebot im Hinblick auf die Informationsverwendung unschädlich sein soll, so muss diese a maiore ad minus auch dann zulässig sein, wenn eine auf ungleichen Zugang zu Informationen beruhende Beeinträchtigung des Vertrauens in den Kapitalmarkt schon gar nicht zu befürchten ist.[604]

(i) Erste Voraussetzung: Gleicher Informationsstand zwischen den Parteien

Das ist tatsächlich dann der Fall, wenn beide an der Transaktion beteiligten Parteien über den gleichen Kenntnisstand verfügen. Hier kann es im Rahmen der Verhandlungen nicht zu einer Übervorteilung der anderen Seite kommen. Die Gewährleistung von Fairness und Chancengleichheit ist in diesem Verhältnis in diesen Fällen nicht in Gefahr. Da der Schutzbereich des § 14 Abs. 1 Nr. 1 WpHG daher gar nicht betroffen ist, ist die Reichweite des Insiderhandelsverbots insofern im Wege einer teleologischen Reduktion zu beschränken. Die Verwendung der im Rahmen einer Due Diligence erlangten Insiderinformationen durch den Erwerber fällt damit unter der Prämisse aus dem Anwendungsbereich des § 14 Abs. 1 Nr. 1 WpHG heraus, dass der Veräußerer diese ebenfalls kennt.

Damit kommt eine teleologische Reduktion des Tatbestandes schon grundsätzlich nur im Hinblick auf außerbörsliche *face – to - face* Geschäfte in Betracht (vgl. zur bisherigen Rechtslage § 3A.I.2 oben). Denn bei Transaktionen, die unter Zwischenschaltung von Intermediären über die Börse abgewickelt werden und bei denen sich die Vertragsparteien schon gar nicht kennen, führt Insiderwissen einer Partei immer dazu, dass die betreffende Seite sich einen Sondervorteil verschafft. Genau diese Konstellation müssen die Verfasser der Marktmissbrauchsrichtlinie und des AnSVG auch vor Augen gehabt haben.[605] Denn hier macht es zum Zwecke der Erleichterung der Beweisführung Sinn, sich mit der bloßen Kausalität des Insiderwissens für die Transaktion zu begnügen.[606]

(ii) Zweite Voraussetzung: Fester Erwerbsentschluss hinsichtlich der Größe des Aktienpakets

Das vorstehend Gesagte schließt jedoch nur eine Übervorteilung des Veräußerers aus und reicht somit als Voraussetzung für die insiderrechtliche

---

[604] *Cahn*, Der Konzern 2005, 5, 11.
[605] Vgl. *Grothaus*, ZBB 2005, 62, 64.
[606] *Cahn*, Der Konzern 2005, 5, 11.

Zulässigkeit der Informationsverwendung für sich allein nicht aus. Eine teleologische Reduktion des Insiderhandelsverbotes ist vielmehr darüber hinaus nur dann möglich, wenn der Erwerber im Rahmen seines ursprünglichen Erwerbsentschlusses die Größe des zu erwerbenden Pakets festgelegt hat und dieser Entschluss seinerseits nicht durch eine Insiderinformation beeinflusst wurde. Denn nur in diesen Fällen wird auch die Chancengleichheit der anderen Anleger nicht betroffen. War der ursprüngliche Entschluss des jeweiligen Erwerbers nicht von einer Insiderinformation beeinflusst, scheidet eine Übervorteilung möglicher anderer potentieller Interessenten aus. Umgekehrt sind *alongside purchases* aus diesem Grund insiderrechtlich unzulässig (vgl. hierzu sogleich d) unten).

c) Verstoß gegen Art. 9 Abs. 1 MMR?

Die Befürwortung einer teleologischen Reduktion unter den genannten Voraussetzungen bedeutet aber nicht, dass der außerbörsliche Pakethandel per se aus dem Anwendungsbereich des Insiderrechts herausgenommen wird.[607] Ein solches Verständnis würde gegen Art. 9 Abs. 1 der Marktmissbrauchsrichtlinie verstoßen, wonach die insiderrechtlichen Regelungen auch für solche Geschäfte gelten, die tatsächlich außerhalb eines geregelten Marktes vorgenommen werden (vgl. auch § 2A oben). Vielmehr gilt es auch bei außerbörslichen *face – to - face* Geschäften sorgfältig zu prüfen, ob beide Parteien bei der jeweils konkreten Transaktion auch tatsächlich über den gleichen Kenntnisstand verfügen.[608]

d) Teleologische Reduktion auch bei alongside purchases?

Vereinzelt wird vertreten, auch dann an eine teleologische Reduktion des § 14 Abs. 1 Nr. 1 WpHG zu denken, wenn der Erwerber auf Grund einer im Rahmen der Due Diligence zu Tage getretenen Insiderinformation weitere, über seinen ursprünglichen Kaufentschluss hinausgehende Wertpapiertransaktionen abschließt (sog. *alongside purchases*).[609]

(i) Erwerb weiterer Aktienpakete

Diese Annahme geht jedoch im Hinblick auf den Zuerwerb weiterer Aktienpakete fehl. Wie gesehen liegt der Grund der insiderrechtlichen Privilegierung des außerbörslichen Pakethandels darin, dass die Fairness und Chancengleichheit am Markt in dieser Konstellation nicht gefährdet sind.

---

[607] Vgl. die hierzu geäußerten Bedenken bei *Schürnbrand*, Diskussionsbericht zu den Referaten Westermann und Hemeling, ZHR 169 (2005) 295, 296.
[608] *Cahn*, Der Konzern 2005, 5, 11.
[609] *Beisel*, in: Beisel / Klumpp, Unternehmenskauf, S. 37; *Fromm – Russenschuck / Banerjea*, BB 2004, 2425, 2427; vgl. auch *Brandi / Süßmann*, AG 2004, 642, 646.

Im Verhältnis zum Veräußerer gilt dies im Hinblick auf die Transaktionsverhandlungen nur dann, wenn dieser über den gleichen Kenntnisstand verfügt wie der Erwerber (vgl. b)(i) und c) oben).

In Bezug auf die anderen Marktteilnehmer setzt dieses Ergebnis jedoch darüber hinaus voraus, dass sich der Erwerber im Hinblick auf die Größe des zu erwerbenden Aktienpakets auf seinen ursprünglich gefassten Kaufentschluss beschränkt.[610] Dies gilt auch, wenn der ursprüngliche Entschluss zunächst nur bedingt getroffen wurde. Denn insofern sind die Insiderinformationen im Verhältnis zu den außerhalb der Transaktion stehenden übrigen Marktteilnehmern schon gar nicht kausal für den Erwerb. Tätigt der Erwerber aufgrund zu Tage getretener positiver Insiderinformationen über die Zielgesellschaft *alongside purchases*, werden die übrigen Marktteilnehmer dagegen in unzulässiger Weise übervorteilt und es liegt ein verbotenes Verwenden iSv § 14 Abs. 1 Nr. 1 WpHG vor. Dies gilt dabei unabhängig davon, ob die Transaktion über die Börse oder außerbörslich abgewickelt werden soll. Unerheblich ist auch, ob das weitere Paket von der Vertragspartei der ursprünglichen Transaktion oder von einem Dritten erworben werden soll.

Festgehalten werden kann damit, dass eine teleologische Reduktion bei *alongside purchases* ausscheidet. Sie sind daher auch de lege lata nach § 14 Abs. 1 Nr. 1 WpHG verboten.[611] Das Insiderhandelsverbot wird jedoch wegen fehlender Kausalität des Insiderwissens wiederum dann nicht verletzt, wenn das in Unkenntnis einer Insiderinformation avisierte Aktienpaket in seiner ursprünglich festgelegten Größe nicht im Rahmen einer einzelnen Transaktion erworben werden kann und die weiteren Zukäufe lediglich bezwecken, die angestrebte Beteiligungsquote zu erreichen.[612] Dem ursprünglichen Kaufentschluss kommt mithin entscheidende Bedeutung zu.[613]

(ii) Pflichtangebot nach § 35 WpÜG

Erreicht der Erwerber aufgrund des erworbenen Aktienpakets die Kontrollschwelle von 30 % iSv § 29 Abs. 2 WpÜG so ist er nach § 35 Abs. 2 Satz 1 WpÜG verpflichtet, ein Angebot abzugeben (sog. „Pflichtangebot"). Diese hat auf den Erwerb aller angetragenen Aktien zu lauten, wie aus §§ 32, 39 WpÜG

---

[610] Zutreffend *Merkner / Sustmann*, NZG 2005, 729, 732.
[611] *Assmann*, in: Assmann / Cramer, WpHG, § 14 Rn. 165; *Hasselbach*, NZG 2004, 1087, 1091; *Kümpel / Veil*, Wertpapierhandelsgesetz, S. 69; *Kutzner*, Börsenzeitung v. 29.11.2005, 20; *Merkner / Sustmann*, NZG 2005, 729, 732; *Zumbansen / Lachner*, BB 2006, 613, 616; a.A: *Brandi / Süßmann*, AG 2004, 642, 646.
[612] *Kümpel*, Bank- und Kapitalmarktrecht, 16.167.
[613] A.A.: *Holzapfel / Pöllath*, Rn. 293b, wonach es auf einen vorgefassten Plan gerade nicht ankommen soll.

folgt, wonach ein Teilerwerb ausdrücklich ausgeschlossen ist. War der ursprüngliche Paketerwerb nach den vorstehenden Grundsätzen nach Durchführung einer Due Diligence als insiderrechtlich zulässig zu qualifizieren, verletzt auch der nachfolgende Erwerb von Aktien im Rahmen des Pflichtangebots nicht das Insiderhandelsverbot des § 14 Abs. 1 Nr. 1 WpHG. Dies folgt schon daraus, dass das Angebot zur Erfüllung einer rechtlichen Verpflichtung unabhängig von der Kenntnis von Insiderinformationen abgegeben werden muss. Ansonsten könnte der Erwerber dem Pflichtangebot dadurch entgehen, dass er die Insiderinformation besitzt.[614] Insofern muss man dem gesetzlichen Pflichtangebot nach § 35 Abs. 2 Satz 1 WpÜG Vorrang vor dem generellen Verbot von *alongside purchases* einräumen.[615] Um das Spannungsfeld zwischen Insider- und Übernahmerecht jedoch zu lösen, wird hier m.E. ebenso wie nach Ansicht der BaFin beim (freiwilligen) öffentlichen Übernahmeangebot die Veröffentlichung der gefundenen Insiderinformation zeitgleich mit der Veröffentlichung des Pflichtangebots erforderlich sein.[616]

e) Anforderungen an die M&A Praxis

Die genannten Voraussetzungen, unter denen die Annahme einer teleologischen Reduktion des Insiderhandelsverbots im Hinblick auf die Zulässigkeit einer Due Diligence Prüfung gerechtfertigt ist, führen zu folgenden Anforderungen an die M&A Praxis:

(i) Sicherstellung der Informationsgleichheit

Da der potentielle Erwerber den genauen Kenntnisstand des Veräußerers in der Regel nicht kennen wird und es wie gesehen durchaus sein kann, dass dieser selbst keine Kenntnis von Insiderinformationen über sein eigenes Unternehmen hat (vgl. Abschnitt 1:§ 1B.II.4.b) oben), stellt sich damit in der Folge die Frage, wie er dennoch die insiderrechtlichen Risiken in Bezug auf die Durchführung seiner Due Diligence ausschließen kann.

Diese Problematik stellt sich eo ipso dann nicht, wenn der Veräußerer im Vorfeld der Transaktion selbst eine Due Diligence Prüfung hat durchführen lassen (sog. *Vendor Due Diligence*). Denn dann kann der Erwerber davon ausgehen, dass der Veräußerer seine Analyse ebenso sorgfältig durchgeführt hat wie er selbst.[617]

---

[614] Zutreffend insofern *Brandi / Süßmann*, AG 2004, 642, 646; *Schlitt*, in: MüKo – AktG, § 35 WpÜG Rn. 249.
[615] *Holzapfel / Pöllath*, Rn. 293b; *Krause / Pötzsch*, in: Assmann / Pötzsch / Schneider, WpÜG, § 35 Rn. 245.
[616] *Holzapfel / Pöllath*, Rn. 293b.
[617] *Merkner / Sustmann*, NZG 2005, 729, 732.

Wurde keine *Vendor Due Diligence* durchgeführt, verbleibt dem Erwerber letztlich nur, dem Veräußerer die Ergebnisse seiner Due Diligence vor Abschluss der Transaktion mitzuteilen, um ein etwaiges Informationsgefälle endgültig auszuschließen.[618]

(ii) Dokumentation des ursprünglichen Kaufentschlusses

Hinsichtlich der Gewährleistung der Chancengleichheit der anderen Anleger ergibt sich für den jeweiligen Erwerber auch bei einem nur bedingt gefassten Kaufentschluss, dass er vor Durchführung einer Due Diligence jedenfalls die Größe des avisierten Aktienpakets definieren und seinen diesbezüglichen Entschluss sorgfältig dokumentieren muss.[619] Der im Vorfeld einer zulässigen Informationsweitergabe iSv § 14 Abs. 1 Nr. 2 WpHG durch das Zielunternehmen ohnehin notwendige Abschluss eines *letter of intent* ist dabei eine Möglichkeit, die Größe des zu erwerbenden Aktienpakets festzulegen.[620]

6. Zwischenergebnis

Damit kann festgehalten werden, dass eine Due Diligence im Vorfeld eines Anteilserwerbs auch nach Änderung des § 14 Abs. 1 Nr. 1 WpHG selbst dann zulässig sein kann, wenn der Kaufentschluss nur bedingt gefasst wurde oder wenn die Ergebnisse der Due Diligence die einzelnen Parameter der Transaktion beeinflussen. Dies gilt jedoch von vornherein nur für den außerbörslichen Pakethandel. Darüber hinaus muss sichergestellt werden, dass die Parteien auch tatsächlich über die gleichen Informationen verfügen. Schließlich ist es im Hinblick auf die Chancengleichheit der anderen Anleger erforderlich, dass sich der potentieller Erwerber vor Durchführung der Due Diligence zumindest hinsichtlich der Größe des zu erwerbenden Aktienpakets festlegt und diesen Entschluss sorgfältig dokumentiert. *Alongside purchases* stellen dagegen ein insiderrechtlich verbotenes Verwenden einer Insiderinformation dar.

C. Praxis der Wertpapieraufsichtsbehörden

Abschließend gilt es zu klären, ob die gefundenen Ergebnisse im Einklang mit der Praxis der Wertpapieraufsichtsbehörden steht.

I. CESR – Leitlinien

Hinweise könnten sich dabei zunächst aus den Leitlinien des Komitees der Europäischen Wertpapieraufsichtsbehörden (*Committee of European Se-*

---

618 *Merkner / Sustmann*, NZG 2005, 729, 732.
619 *Merkner / Sustmann*, NZG 2005, 729, 732.
620 *Schlitt*, in: MüKo – AktG, § 35 WpÜG Rn. 249.

curities Regulators – CESR) zur Anwendung der Marktmissbrauchsrichtlinie ergeben. Die erste Zusammenstellung von Leitlinien wurde am 11.05.2005 veröffentlicht.[621] Das Konsultationsverfahren für die zweite Zusammenstellung lief vom 02.11.2006 bis zum 02.02.2007.[622]

1. Einordnung in den europarechtlichen Normgebungsprozess (Lamfalussy – Verfahren)

Mit dem AnSVG wurde die Marktmissbrauchsrichtlinie in deutsches Recht umgesetzt. Auf europäischer Ebene erfolgte die Rechtsetzung zum ersten Mal im Komitologieverfahren, das auf den Empfehlungen des Schlussberichts des Ausschusses der Weisen über die Regulierung der Wertpapiermärkte unter Vorsitz von Baron Alexandré Lamfalussy (sog. Lamfalussy – Bericht)[623] beruht. Dieser Bericht geht der Frage nach, wie die im Aktionsplan Finanzdienstleistungen (*Financial Services Action Plan - FSAP*)[624] skizzierten Schritte im Hinblick auf einen integrierten europäischen Finanzmarkt vollzogen werden können. Er kommt dabei zu dem Schluss, dass der bisherige Rechtsetzungsrahmen der EU zu langsam und zu komplex ist und aus diesem Grund dem raschen Wandel auf den weltweiten Finanzmärkten nicht gerecht wird. Gleichzeitig herrscht Einigkeit, dass bestehende Regeln und Vorschriften nicht einheitlich umgesetzt und Unternehmen gleicher Art nicht immer gleich behandelt werden, was die erforderliche Wettbewerbsneutralität der Aufsicht zu gefährden droht.[625] Vor diesem Hintergrund schlägt der Bericht vor, in einem neuen Rechtssetzungsverfahren einem Vier-Stufen-Konzept zu folgen.[626] Hierbei werden auf Stufe 1 durch Rat und Europäisches Parlament nur noch Rahmenbedingungen in Form von Richtlinien oder Verordnungen vorgegeben, während auf der zweiten Stufe die technischen Durchführungsmaßnahmen von der Kommission unter Mithilfe und Kontrolle bestimmter

---

621 CESR/04-505b vom 11.05.2005 (Market Abuse Directive. Level 3 – first set of CESR guidance and information on the common operation of the Directive); vgl. auch die Stellungnahme des CESR zur zuvor durchgeführten Konsultation, CESR/05-274.

622 CESR/06-562 vom 02.11.2006 (Market Abuse Directive. Level 3 – second set of CESR guidance and information on the common operation of the Directive to the market. Public Consultation). Vgl hierzu auch die Presseerklärung des CESR vom 02.11.2006, CESR/06-563.

623 Schlussbericht des Ausschusses der Weisen über die Regulierung der europäischen Wertpapiermärkte vom 15.02.2001, abrufbar unter http://ec.europa.eu/internal_market/securities/lamfalussy/index_de.htm

624 KOM (1999) 232 vom 11.05.1999,

625 Lamfalussy – Bericht (Fn. 623), S. 12.

626 Lamfalussy – Bericht (Fn. 623), S. 26 ff. Vgl. auch *Bartsch*, Effektives Kapitalmarktrecht, S. 37; *von Buttlar*, BB 2003, 2133, 2134.

Komitees[627] konkretisiert werden. Stufe 3 sieht eine intensivere Zusammenarbeit und Vernetzung der EU – Wertpapierregulierungsbehörden vor, um einheitliche Durchführungsstandards zu gewährleisten. Auf der letzten Stufe folgt letztlich eine Durchführungskontrolle durch die Kommission.

Bei der Marktmissbrauchsrichtlinie handelt es sich um eine Rahmenregelung der Stufe 1. Auf Stufe 2 wurden insgesamt drei Durchführungsrichtlinien[628] sowie eine Verordnung[629] erlassen. *CESR* übernimmt wie seine Schwesterausschüsse *CEIOPS*[630] und *CEBS*[631] insbesondere die Funktion der sogenannten Stufe 3 Komitees. Im Hinblick auf die Marktmissbrauchsrichtlinie erarbeitete *CESR* Vorschläge für die genannten technischen Durchführungsbestimmungen zur Marktmissbrauchsrichtlinie auf Stufe 2. Die ständige Arbeitsgruppe *CESR – Pol.* erarbeitet darüber hinaus u.a. die genannten Leitlinien. Dabei handelt es sich um Empfehlungen für eine europaweit harmonisierte Auslegung der Bestimmungen der Marktmissbrauchsrichtlinie und deren Durchführungsrichtlinien. Mithin handelt es sich bei Ihnen um eine Maßnahme nach Stufe 3 des Komitologieverfahrens.

2. Aussagen im Hinblick auf die Zulässigkeit der Due Diligence

a) Zusammenstellung vom 11.05.2005

Die ersten Leitlinien vom 11.05.2005 befassen sich zunächst mit zulässigen Marktpraktiken im Hinblick auf die Marktmanipulation. Ferner wird erläutert, nach welchen Kriterien die Marktmissbrauchsrichtlinie und die

---

[627] Ausschüsse der Stufe 2 sind das Banking Advisory Committee (BAC), das European Securities Committee (ESC) sowie das noch einzurichtende European Insurance und Occupational Pensions Committee.

[628] Richtlinie 2003/124/EG der Kommission vom 22.12.2003 zur Durchführung der Richtlinie 2003/6/EG des Europäischen Parlaments und des Rates betreffend die Begriffsbestimmung und die Veröffentlichung von Insider – Informationen und die Begriffsbestimmung der Marktmanipulation, ABl. EU L 339 vom 24.12.2003, S. 70 ff.; Richtlinie 2003/125/EG der Kommission vom 22.12.2003 zur Durchführung der Richtlinie 2003/6/EG des Europäischen Parlaments und des Rates in Bezug auf die sachgerechte Darbietung von Anlageempfehlungen und die Offenlegung von Interessenkonflikten, ABl. EU L 339 vom 24.12.2003, S. 73 ff.; Richtlinie 2004/72/EG der Kommission vom 29.04.2004 zur Durchführung der Richtlinie 2003/6/EG des Europäischen Parlaments und des Rates – Zulässige Marktpraktiken, Definition von Insider – Informationen in Bezug auf Warenderivate, Erstellung von Insider – Verzeichnissen, Meldung von Eigengeschäften und Meldung verdächtiger Transaktionen, ABl. EU L 162 vom 30.04.2004, S. 70 ff.

[629] Verordnung (EG) Nr. 2273 / 2003 der Kommission vom 22.12.2003 zur Durchführung der Richtlinie 2003/6/EG des Europäischen Parlaments und des Rates – Ausnahmeregelungen für Rückkaufsprogramme und Kursstabilisierungsmaßnahmen, ABl. EU L 336 vom 23.12.2003, S. 33 ff.

[630] Committee of European Insurance and Occupational Pensions Supervisors.

[631] Committee of European Banking Supervisors.

Durchführungsrichtlinie 2003/124/EG eine Marktpraxis als manipulativ einordnen.[632] In diesem Zusammenhang stellen sie einen Katalog von unzulässigen Marktmanipulationspraktiken zusammen.[633] Anzeichen dafür, dass die aus einer Due Diligence gewonnenen Informationen bei einem Unternehmenskauf missbräuchlich verwendet werden können, sind jedoch nicht erkennbar. Vielmehr finden sich keinerlei Äußerungen zum Problemkreis Due Diligence.[634]

Darüber hinaus beschäftigen sich die Leitlinien mit Art. 6 Abs. 9 der Marktmissbrauchsrichtlinie.[635] Danach werden professionelle Marktteilnehmer zur Anzeige an die zuständige Behörde verpflichtet, wenn sie begründeten Verdacht haben, dass eine Transaktion ein Insidergeschäft oder eine Marktmanipulation darstellen könnte. Die Leitlinien geben dabei Hinweise, welche Anzeichen einen solchen Verdacht begründen können.[636] Die Durchführung einer Due Diligence im Vorfeld einer M&A Transaktion wird dabei jedoch nicht als verdächtige Verhaltensweise aufgeführt.

b) Konsultationspapier vom 02.11.2006

Die Konsultation im Hinblick auf den zweiten Satz an Leitlinien befasst sich mit verschiedenen Fragen der Insiderverbote. Dabei wird unter anderem zu Diskussion gestellt, was unter einer Insiderinformation iSv Artikel 1 Absatz 1 der Marktmissbrauchsrichtlinie zu verstehen ist,[637] in welchen Fällen es legitim ist, die Veröffentlichung einer Insiderinformation zu verzögern[638] sowie mit der Frage wann Kundenorders eine Insiderinformation darstellen.[639] Konkretisierungen hinsichtlich der insiderrechtlichen Zulässigkeit einzelner Praktiken werden jedoch nicht behandelt, so dass sich auch hier keine Hinweise finden, ob Informationen aus einer Due Diligence beim anschließenden Erwerb einer Beteiligung zulässigerweise verwendet werden dürfen.

II. Emittentenleitfaden der BaFin

Die BaFin[640] hat sich ausführlich mit der aufgeworfenen Frage nach der insiderrechtlichen Zulässigkeit der Informationsverwendung nach Durchfüh-

---

[632] Chapter IV – Types of practice that CESR members would consider to constitute Market Manipulation, CESR/04-505b, S. 9 ff.

[633] CESR/04-505b, Abschnitt 4.10 bis Abschnitt 4.14, S. 11 ff.

[634] Vgl. auch *Schneider*, DB 2005, 2678, 2679.

[635] Chapter V – Possible Signals of Suspected Insider Dealing or Market Manipulation Transactions, CESR/04-505b, S. 14 ff.

[636] CESR/04-505b, Abschnitt 5.7 bis Abschnitt 5.10, S. 15 ff.

[637] CESR/06-562, S. 4 ff.

[638] CESR/06-562, S. 9 ff.

[639] CESR/06-562, S. 11 ff.

[640] Vgl. Teil 3:Abschnitt 1:§ 1B.II.3.a)zu Funktion und Aufgaben der BaFin.

rung einer Due Diligence beschäftigt. Offenbar wurde erkannt, dass die Regierungsbegründung, wonach ein Verwenden einer Insiderinformation schon immer dann vorliege, wenn der Täter die erlangten Informationen in sein Handeln mit einfließen lasse, für die Lösung des Problems allein wenig hilfreich ist. In Ziffer III.2.2.1.4 des von der BaFin herausgegebenen Emittentenleitfadens[641] stellt die BaFin ihr Verständnis des Verwendens iSv § 14 Abs. 1 Nr. 1 WpHG dar und erläutert ausführlich ihre Verwaltungspraxis bei der Durchsetzung des Insiderhandelsverbot.

Dabei hat sie im Vergleich zu Entwurfsfassung des Emittentenleitfadens zur Frage der Zulässigkeit von Paketerwerben nach Durchführung einer Due Diligence eine Kehrtwende vollzogen.[642]

1. Entwurf des Emittentenleitfadens

Ihren Ausführungen im Entwurf legte sie zunächst die Überlegung zu Grunde, dass eine Verwendung von Insiderinformationen nach neuem Recht schon immer dann anzunehmen sei, wenn der potentielle Erwerber durch die erlangten Insiderinformationen nur in seinem Entschluss bestärkt würde. In der Folge stellte sie dann klar, dass im Zuge von öffentlichen Übernahmeangeboten mit dem Ziel des Kontrollerwerbs iSv § 29 WpÜG oder mit dem Ziel des Vorschlags eines Zusammenschlusses ein Verstoß gegen § 14 Abs. 1 Nr. 1 WpHG nicht vorliegt, wenn die Bietergesellschaft Insiderinformationen erhält.[643] Anknüpfungspunkt dafür seien die Erwägungsgründe 29 und 30 der Marktmissbrauchsrichtlinie. Folglich gelte für Unternehmensübernahmen eine Ausnahmeregelung für das Verwenden von Insiderinformationen. Ein Paketerwerb unterhalb der Kontrollschwelle sei nach Durchführung einer Due Diligence seitens des potentiellen Erwerbers dagegen als verbotenes Insidergeschäft anzusehen.[644] Damit hat sie dem schon zu diesem Zeitpunkt in der Literatur aufgetauchten Lösungsvorschlag einer teleologischen Reduktion des § 14 Abs. 1 Nr. 1 WpHG eine klare Absage erteilt. Der Entwurf des Emittentenleitfadens der BaFin enthielt jedoch auf jeder Seite den Hinweis, dass in den Ausführungen nicht die endgültige Rechtsauffassung der BaFin zu sehen sei. Die M&A Praxis, die weitgehend darin übereinstimmte, dass das ur-

---

641 Vgl. zur Rechtsnatur des Emittentenleitfaden Teil 3:Abschnitt 1:§ 1B.II.3.b).

642 *Merkner / Sustmann*, NZG 2005, 729, 732. *Claussen / Florian*, AG 2005, 745, 750 f. spekulieren gar, dass es dieses Themengebiet war, welches für die lange Zeitspanne zwischen den beiden Veröffentlichungen verantwortlich war; Vgl. auch *Krämer*, Börsenzeitung vom 21.07.2005, S. 5.

643 Ziffer II.2.1.4.1. (Unternehmenskauf und Paketerwerb) des Entwurfs des Emittentenleitfadens, Stand 22.12.2004, S. 24.

644 Ziffer II.2.1.4.1. (Unternehmenskauf und Paketerwerb) des Entwurfs des Emittentenleitfadens, Stand 22.12.2004, S. 24.

sprüngliche Verständnis der BaFin an ihren Bedürfnissen vorbeiging,[645] sah daher der Veröffentlichung der endgültigen Fassung voller Erwartung entgegen und wurde nicht enttäuscht.

2. BaFin Schreiben WA 21 – W 2210 – 2005 / 0028

Erste Anzeichen für eine Kehrtwende enthielt ein nicht-öffentliches Schreiben der BaFin.[646] Darin führte die BaFin zum ersten Mal aus, dass der Paketerwerb auch unterhalb der 30 % Beherrschungsschwelle nach Durchführung einer Due Diligence das Tatbestandsmerkmal „verwenden" nach Maßgabe von § 14 Abs. 1 Nr. 1 WpHG auch dann nicht erfülle, wenn dem Erwerber im Rahmen der Prüfung Insiderinformationen bekannt werden. Denn insoweit sei das durch das Insiderhandelsverbot geschützte Rechtsgut, nämlich die Funktionsfähigkeit des Kapitalmarktes, schon nicht betroffen. Vielmehr verfügten beide Parteien nach Durchführung der Due Diligence über das gleiche Informationsniveau.

3. Emittentenleitfaden vom 15. Juli 2005

Insofern war es nicht mehr gänzlich überraschend, dass die BaFin auch in der derzeit gültigen Fassung des Emittentenleitfadens einen Paketerwerb nach Durchführung einer Due Diligence für grundsätzlich zulässig erachtet. In einem eigenen Abschnitt[647] begründet sie die Zulässigkeit dabei wie schon im vorausgegangenen Schreiben mit der Schutzrichtung des § 14 WpHG. Wie sich aus Erwägungsgrund 3 der Insiderrichtlinie sowie aus Erwägungsgrund 13 der Marktmissbrauchsrichtlinie ergebe, schütze das Insiderrecht das Vertrauen der Öffentlichkeit in die Integrität und die Funktionsfähigkeit des Kapitalmarktes. Diese sei nur dann gefährdet, wenn einzelne Marktteilnehmer durch exklusive Informationen gegenüber anderen in ungerechtfertigter Weise privilegiert würden. Dies sei gerade bei außerbörslichen Paketerwerben nicht der Fall, da hier sowohl Käufer als auch Verkäufer nach der Due Diligence den gleichen Kenntnisstand hätten. Allerdings gelte dies nur dann, wenn der Erwerber das von ihm bereits vor Durchführung der Due Diligence geplante Paket erwirbt. Die BaFin kommt damit zum Ergebnis, dass ein entsprechender Erwerb auch dann nicht unter § 14 Abs. 1 Nr. 1 WpHG fallen soll, auch wenn hierbei in der Due Diligence Prüfung erlangte Insiderinfor-

---

[645] Vgl nur *Drost*, Handelsblatt vom 21.02.2005, 27; *Flämig*, Börsenzeitung vom 29.01..2005, S. 3; *Hussla*, Handelsblatt vom 22.07.2005, S. 20; *Krämer*, Börsenzeitung vom 29.12.2004, S. 2; *Ponick*, Börsenzeitung vom 09.03.2005, S. 2.

[646] Vgl. hierzu *Jahn*, FAZ vom 14.06.2005, S. 21.

[647] Ziffer III.2.2.1.4.2. (Paketerwerb nach Due Diligence – Prüfung) des Emittentenleitfadens, Stand 15.07.2005, S. 27 f.

mationen verwendet werden.[648] Im Ergebnis favorisiert sie damit eine teleologische Reduktion des Insiderhandelsverbots. Abschließend stellt die BaFin in ihrem Emittentenleitfaden noch klar, dass ein strafbares Verwenden jedoch stets bei *alongside purchases* anzunehmen sei.

---

[648] Ziffer III.2.2.1.4.2. (Paketerwerb nach Due Diligence – Prüfung) des Emittentenleitfadens, Stand 15.07.2005, S. 27 f.

Ergebnis

Im Hinblick auf das insiderrechtliche Weitergabeverbot kann festgehalten werden, dass die Weitergabe von Insiderinformationen im Zuge einer Due Diligence zur Vorbereitung eines Beteiligungskaufes dann befugt ist und keinen Verstoß gegen § 14 Abs. 1 Nr. 2 WpHG darstellt, wenn es sich bei dem in Frage stehenden Aktienpaket um eine unternehmerische Beteiligung handelt. Denn nur dann überwiegt das unternehmerische Interesse an der Weitergabe der Insiderinformationen bei der Abwägung mit den Zielen des Insiderrechts.

Weitere Voraussetzung für die Zulässigkeit der Informationsweitergabe ist, dass die weitere Vertraulichkeit der Informationen durch entsprechende Verschwiegenheitsvereinbarungen gesichert ist.

Gestützt werden kann dieses Ergebnis vor allem auf die schutzzweckorientierte Auslegung von § 14 Abs. 1 Nr. 2 WpHG. Im Rahmen des Weitergabeverbots sind aber auch die Wertungen des § 93 Abs. 1 Satz 3 AktG zu berücksichtigen.

Durch das Inkrafttreten des AnSVG haben sich im Hinblick auf § 14 Abs. 1 Nr. 2 WpHG keinerlei Änderungen ergeben. Vielmehr entspricht das Weitergabeverbot in seiner jetzigen Form insoweit § 14 Abs. 1 Nr. 2 WpHG a.F.

Ab wann von einer wesentlichen, unternehmerischen Beteiligung gesprochen werden kann, muss im Einzelfall ermittelt werden. Als Indiz für das Vorliegen einer entsprechenden Beteiligung kann das Überschreiten der 5 % Grenze herangezogen werden. Daneben kommt es wesentlich auf die konkrete Ausgestaltung der Beziehung zwischen der Zielgesellschaft und dem neuen Anteilseigner an.

Voraussetzung für die Anwendbarkeit des Insiderhandelsverbots aus § 14 Abs. 1 Nr. 1 WpHG ist zunächst das Vorliegen einer Wertpapiertransaktion. Dabei ist es unerheblich, ob diese über die Börse abgewickelt wird oder außerbörslich im Zwei - Personen – Verhältnis. Ausreichend für die Eröffnung des Anwendungsbereichs der Norm ist schon der Abschluss allein des schuldrechtlichen Geschäfts. Eine Änderung der dinglichen Zuordnung der Wertpapiere ist dagegen nicht erforderlich. Das Unterlassen einer Wertpapiertransaktion wird von § 14 Abs. 1 Nr. 1 WpHG nicht erfasst. Das Abstandnehmen vom Erwerb eines Aktienpakets aufgrund der Kenntniserlangung negativer Insiderinformationen über das Zielunternehmen ist vielmehr insiderrechtlich irrelevant.

Die Änderung des Wortlauts des § 14 Abs. 1 Nr. 1 WpHG, wonach *de lege lata* nicht mehr das Ausnutzen einer Insiderinformation, sondern schon deren Verwenden verboten ist, bedeutet nicht, dass nun jedes Handeln in Kenntnis einer Insiderinformation insiderrechtlich unzulässig ist. Weggefallen ist allein das Erfordernis, dass der Erwerber in der Absicht handelt, sich aufgrund der ihm bekannten Insiderinformation einen Sondervorteil im Sinne einer Gewinnerzielung gegenüber den übrigen Markteilnehmern verschaffen will. Die Änderung des § 14 Abs. 1 Nr. 1 WpHG erfolgte dabei allein dazu, in der Vergangenheit aufgetretene Beweisschwierigkeiten im Rahmen der Verfolgung von Insiderhandel in Zukunft zu vermeiden.

Das Erfordernis, dass die Insiderinformation für die Wertpapiertransaktion in irgendeiner Weise kausal geworden sein muss, ist indes nicht entfallen. Dies ergibt sich schon aus dem Wortlaut des § 14 Abs. 1 Nr. 1 WpHG und der Marktmissbrauchsrichtlinie sowie aus der Begründung des Regierungsentwurfs des Anlegerschutzverbesserungsgesetzes. Gestützt werden kann dieses Ergebnis auch auf einen Vergleich mit dem US – amerikanischen Insiderrecht. Anders als in Deutschland bisher, bestand und besteht dort im Hinblick auf das Erfordernis eines Kausalzusammenhangs zwischen der Kenntnis einer Insiderinformation und der sich anschließenden Wertpapiertransaktion keine Einigkeit. Vielmehr wird diese Frage unter dem Stichwort *„Possession versus Use Debate“* heftig diskutiert. Klärung sollte die von der *SEC* neugeschaffene *Rule 10b5 – 1* bringen, wonach es für die Annahme verbotenen Insiderhandels ausreichend sein soll, dass der Erwerber im Bewusstsein einer Insiderinformation handelte. Damit gilt im Ergebnis jedes Handeln in Kenntnis einer Insiderinformation als Insiderhandel. Dem Insider verbleibt nur die Möglichkeit, sich auf einen sehr beschränkten Katalog von *affirmative defenses* zu berufen. Anders als im deutschen Insiderrecht, dessen Ziel es ist, Fairness und Chancengleichheit des Wertpapierhandels zu gewährleisten und das damit einen streng marktbezogenen Ansatz folgt, nimmt das US – amerikanische Recht mit seinem gesellschaftsrechtlichen Regelungsansatz eine Einschränkung des Insiderhandelsverbots durch eine Eingrenzung des Personenkreises vor. Eine Überregulierung wird dort so vermieden. Das deutsche Insiderrecht knüpft die Insiderverbote dagegen nicht an das Bestehen solcher gesellschaftsrechtlicher Treuebeziehungen. Sie spielen nur noch eingeschränkt und nur auf der Rechtsfolgenseite im Rahmen der Unterscheidung zwischen Primär- und Sekundärinsider eine Rolle. Eine Überregulierung kann damit nur vermieden werden, wenn an dem Erfordernis eines Kausalzusammenhangs zwischen Insiderinformation und dem Abschluss der Transaktion festgehalten wird.

Steht damit fest, dass die Insiderinformation für die Transaktion kausal gewesen sein muss, ist bei der Beurteilung der Zulässigkeit der Verwendung von im Rahmen einer Due Diligence entdeckten Informationen zwischen verschiedenen Konstellationen zu unterscheiden.

Selbst geschaffenen Insiderinformationen, wie der eigene Kaufentschluss oder auch die Durchführung einer Due Diligence beim Zielunternehmen stellen zwar Insiderinformationen dar, werden vom Erwerber jedoch nicht bei der Durchführung der Transaktion verwendet. Hier fehlt es am notwendigen Kausalzusammenhang.

Gleiches gilt, wenn es sich zwar nicht um selbst geschaffene Insiderinformationen handelt, der Erwerber jedoch auch nach Durchführung einer Due Diligence im Rahmen seines zuvor gefassten Erwerbsentschlusses handelt. Dabei gilt es jedoch zu beachten, dass das Tatbestandsmerkmal des Verwendens nunmehr jede Mitursächlichkeit der Insiderinformation für die Transaktion ausreichen lässt. Das bedeutet, dass der ursprüngliche Kaufentschluss sämtliche Parameter und Konditionen der späteren Transaktion umfassen muss, und dass sich aufgrund der im Rahmen der Due Diligence zu Tage getretenen Insiderinformationen insoweit keinerlei Änderungen mehr ergeben dürfen.

Dies entspricht jedoch nicht der Praxis. Denn meist hat der Erwerber den ursprünglichen Kaufentschluss nur bedingt gefasst. Eine endgültige Entscheidung soll erst nach der Durchführung der Due Diligence erfolgen. Sinn und Zweck der Due Diligence ist es aber darüber hinaus gerade, dass die gewonnenen Informationen Einfluss auf die konkrete Ausgestaltung des Anteilskaufvertrages haben sollen. Dies gilt vor allem im Hinblick auf den Preis und auf das zwischen den Parteien auszuarbeitende Gewährleistungsregime. Eine stringente, allein am Wortlaut des § 14 Abs. 1 Nr. 1 WpHG ausgerichtete Auslegung des Insiderhandelsverbot, käme folglich zur Unzulässigkeit der Informationsverwendung in diesen Fällen.

Insoweit ist jedoch in Anlehnung an die Rechtslage beim öffentlichen Übernahmeangebot eine teleologische Reduktion der Norm angebracht. Dies gilt jedoch nur im Hinblick auf den außerbörslichen Pakethandel. Hier besteht die Besonderheit, dass die Parteien anders als bei der Abwicklung des Geschäfts über die Börse in der Regel über den gleichen Informationsstand verfügen. Dies muss jedoch auch tatsächlich gewährleistet sein, so dass außerbörsliche Transaktionen nicht per se aus dem Anwendungsbereich des Insiderhandelsverbotes hinausfallen. Um die Chancengleichheit auch der anderen, außerhalb dieser Zweierbeziehung stehenden Anleger zu gewährleisten, ist es erforderlich, dass der Erwerber zumindest die Größe des avisierten Aktienpakets vor Durchführung der Due Diligence beim Zielunternehmen definiert und dies dokumentiert. Aus diesem Erfordernis folgt auch, dass *alongsi-*

de purchases des Erwerbes insiderrechtlich verboten sind. Das insoweit gefundene Ergebnis deckt sich auch mit der aktuellen Ansicht und Verwaltungspraxis der Bundesanstalt für Finanzdienst-leitungsaufsicht BaFin.

Im Ergebnis kann damit festgehalten werden, dass sich auch im Hinblick auf das Erwerbs- und Veräußerungsverbot des § 14 Abs. 1 Nr. 1 WpHG keine Änderungen nach Inkrafttreten des AnSVG ergeben haben.

Literaturverzeichnis

Aufsätze

Autor:	Titel:	Fundstelle:
Akerlof, George A.	The Market for “Lemons”: Quality Uncertainty and the Market Mechanism	QjoE Vol 84 (1970), 489.
Assmann, Heinz-Dieter	Das künftige deutsche Insiderrecht Teil I	AG 1994, 196
Assmann, Heinz-Dieter	Das künftige deutsche Insiderrecht Teil II	AG 1994, 237
Assmann, Heinz-Dieter	Rechtsanwendungsprobleme des Insiderrechts	AG 1997, 50
Assmann, Heinz-Dieter	Übernahmeangebote im Gefüge des Kapitalmarktrechts, insbesondere im Lichte des Insiderrechts, der Ad-hoc-Publizität und des Manipulationsverbots	ZGR 2002, 697
Bainbridge, Stephen M.	An Overview of US Insider Trading Law: Lessons for the EU?	UCLA School of Law, Research Paper No. 05-5 http://ssrn.com/abstract=654703
Bainbridge, Stephen M.	Insider Trading: An Overview	http://ssrn.com/abstract=132529).

Banerjea, Nirmal Robert	Due Diligence beim Erwerb von Aktien über die Börse	ZIP 2003, 1730
Barthel, Carl	Unternehmenswert Ermittlung vs. Due Diligence Untersuchung	DStZ 1999, 73 (Teil 1) DStZ 1999, 136 (Teil 2)
Baur, Georg	Insider im Rampenlicht	Die Bank, 10/2004, 14
Benner-Heinacher	Kollidiert die Auskunftspflicht des Vorstands mit dem Insidergesetz	DB 1995, 765
Berens, Wolfgang Strauch, Joachim	Due Diligence bei Unternehmensakquisitionen Eine empirische Untersuchung	WPg 2002, 511
Bihr, Dietrich	Due Diligence: Geschäftsführungsorgane im Spannungsfeld zwischen Gesellschafts- und Gesellschafterinteressen	BB 1998, 1199
Bosse, Christian	Wesentliche Neuregelungen ab 2007 aufgrund des Transparenzrichtlinie-Umsetzungsgesetzes für börsennotierte Unternehmen.	DB 2007, 39
Böttcher, Lars	Verpflichtung des Vorstands einer AG zur Durchführung einer Due Diligence	NZG 2005, 49
Buchta, Jens	Die Haftung des Vorstands einer Aktiengesellschaft – aktuelle Entwicklungen in Gesetzgebung und Rechtsprechung	DStR 2003, 694 (Teil 1) DStR 2003, 740 (Teil 2)

Bürgers, Tobias	DasAnlegerschutzverbesserungsgesetz	BKR 2004, 424
Brandi, Tim Oliver Süßmann, Rainer	Neue Insiderregeln und Ad-hoc-Publizität – Folgen für Ablauf und Gestaltung von M&A Transaktionen	AG 2004, 642
Cahn, Andreas	Das neue Insiderrecht	Der Konzern 2005, 5
Cahn, Andreas	Grenzen des Markt- und Anlegerschutzes durch das WpHG	ZHR 162 (1998), 1
Caspar, Matthias	Insiderverstöße bei Aktienoptionsprogrammen	WM 1999, 363
Caspari, Karl Burkhard	Anlegerschutz im Lichte der Brüsseler Richtlinien	NZG 2005, 98
Caspari, Karl Burkhard	Die geplante Insiderregelung in der Praxis	ZGR 1994, 530
Cheek, James A.	The Ever Developing Law of Insider Trading	C 903 ALI-ABA 439 (American Law Institute – American Bar Association Continuing Legal Education (CLE))
Claussen, Carsten P.	Das neue Insiderrecht	DB 1994, 27

Claussen, Carsten P. Florian, Ulrich	Der Emittentenleitfaden	AG 2005, 745
Claussen, Carsten P.	Neues zur kommenden Insidergesetzgebung	ZBB 1992, 267
Dauner-Lieb, Barbara Thiessen, Jan	Garantiebeschränkungen in Unternehmenskaufverträgen nach der Schuldrechtsreform	ZIP 2002, 108
Deutsches Aktieninstitut e.V.	Gemeinsame Stellungnahme des Deutschen Aktieninstituts e.V. und des Bundesverbandes der Deutschen Industrie e.V. zum Entwurf eines Gesetzes zur Verbesserung des Anlegerschutzes (Anlegerschutzverbesserungsgesetz – AnSVG) vom 25.03.2004	
Deutsches Aktieninstitut (DAI)	Stellungnahme des Deutschen Aktieninstituts zum Diskussionsentwurf eines Gesetzes zur Umsetzung der Transparenzrichtlinie (TUG) vom 01.05. 2006 vom 29.05.2006 mit Nachtrag vom 02.06.2006	NZG 2006, 579
Diekmann, Hans Sustmann, Marco	Gesetz zur Verbesserung des Anlegerschutzes (Anlegerschutzverbesserungsgesetz – AnSVG)	NZG 2004, 929
Diller, Martin Deutsch, Markus	Arbeitnehmer – Datenschutz contra Due Diligence	K&R 1998, 16

Dreyling, Georg	Ein Jahr Anlegerschutzverbesserungsgesetz. Erste Erfahrungen	Der Konzern 2006, 1
Drost, Frank Matthias	BaFin-Leitfaden belastet Beteiligungsmarkt	Handelsblatt v. 21.2.2005, S. 27
Flämig, Christian	Folgen für den M&A Markt	Börsenzeitung v. 29.01.05, 3
Fleischer, Holger	Die „Business Judgement Rule" im Spiegel von Rechtsvergleichung und Rechtsökonomie	FS für Herbert Wiedemann, München 2002, 827 ff.
Fleischer, Holger	Die „Business Judgement Rule": Vom Richterrecht zur Kodifizierung	ZIP 2004, 685
Fleischer, Holger Körber, Torsten	Due Diligence und Gewährleistung beim Unternehmenskauf	BB 2001, 841
Fleischer, Holger	Grundfragen der ökonomischen Theorie im Gesellschafts- und Kapitalmarktrecht	ZGR 2001, 1
Fromm – Russenschuck Banerjea, Nirmal Robert	Die Zulässigkeit des Handels mit Insiderpapieren nach Durchführung einer Due Diligence Prüfung	BB 2004, 2425
Fürhoff, Jens	Neuregelung der Ad-hoc-Publizitätspflicht auf europäischer Ebene	AG 2003, 80
Gerhardt, Michael	Normkonkretisierende Verwaltungsvorschriften	NJW 1989, 2233

Goette, Wulf	Leitung, Aufsicht, Haftung – zur Rolle der Rechtsprechung bei der Sicherung einer modernen Unternehmensführung	FS 50 Jahre BGH, 123 ff.
Götz, Jürgen	Die unbefugte Weitergabe von Insidertatsachen	DB 1995, 1949
Götze, Cornelius	Ad-hoc-Publizitätspflicht bei Zulassung einer Due Diligence durch AG-Vorstand	BB 1998, 2326
Götze, Cornelius	Auskunftserteilung durch GmbH – Geschäftsführer im Rahmen der Due Diligence beim Beteiligungserwerb	ZGR 1999, 202
Grothaus, Achim	Reform des Insiderrechts: Großer Aufwand – viel Rechtsunsicherheit – wenig Nutzen?	ZBB 2005, 62
Grunewald, Bernd	Rechts- und Sachmängelhaftung beim Kauf von Unternehmensanteilen	NZG 2003, 372
Haas, Ulrich Müller, Henning	Haftungsrisiken des GmbH Geschäftsführers im Zusammenhang mit Unternehmensverkäufen	GmbHR 2004, 1169
Hammen, Horst	Pakethandel und Insiderhandelsverbot	WM 2004, 1753
Handelrechtsausschuss des Deutschen Anwaltsvereins:	Stellungnahme zum Regierungsentwurf eines Gesetzes zur Umsetzung der Transparenzrichtlinie (Transparenzrichtlinie-Umsetzungsgesetz – TUG)	NZG 2007, 655

Handelsrechtsausschuss des DAV	Stellungnahme zum Regierungsentwurf eines Gesetzes zur Verbesserung des Anlegerschutzes (Anlegerschutzverbesserungsgesetz – AnSVG)	NZG 2004, 703
Hasselbach, Kai	Die Weitergabe von Insiderinformationen bei M&A Transaktionen mit börsen-notierten Aktiengesellschaften – Unter Berücksichtigung des Gesetzes zur Verbesserung des Anlegerschutzes vom 28.10. 2004	NZG 2004, 1087
Hauschka, Christoph	Corporate Compliance - Unternehmensorganisatorische Ansätze zur Erfüllung der Pflichten von Vorständen und Geschäftsführern	AG 2004, 461
Hauschka, Christoph	Grundsätze pflichtgemäßer Unternehmensführung	ZRP 2004, 65
Hemeling, Peter	Gesellschaftsrechtliche Fragen der Due Diligence beim Unternehmenskauf	ZHR 169 (2005), 274
Henze, Hartwig	Leitungsverantwortung des Vorstands – Überwachungspflicht des Aufsichtsrats	BB 2000, 209
Henze, Hartwig	Prüfungs- und Kontrollaufgaben des Aufsichtsrates in der Aktiengesellschaft – Die Entscheidungspraxis des Bundesgerichtshofes	NJW 1998, 3309

Hill, Hermann	Normkonkretisierende Verwaltungsvorschriften	NVwZ 1989, 401
Holzborn, Timo Bunnemann, Jan	Änderungen im AktG durch den Regierungsentwurf für das UMAG	BKR 2005, 51
Holzborn, Timo Israel, Alexander	Das Anlegerschutzverbesserungsgesetz – Die Veränderungen im WpHG, VerkProspG und BörsG und ihre Auswirkungen in der Praxis –	WM 2004, 1948
Hopt, Klaus	Grundsatz- und Praxisprobleme nach dem Wertpapierhandelsgesetz	ZHR 159 (1995), 135
Houck, Rudolph	Funktion und Durchsetzbarkeit eines „Letter of Intent"	M&A Review 2006, 65.
Huber, Ulrich	Die Praxis des Unternehmenskaufs im System des Kaufrechts	AcP 202 (2002) 179
Hussla, Gertrud	Aufsicht gibt Vorständen Sicherheit	Handelsblatt Nr. 140 vom 22.07.2005, S. 20
Hussla, Gertrud	BaFin-Leitfaden schafft Klarheit im Anlegerschutz	Handelsblatt Nr. 139 vom 21.07.2005, S. 26
Hussla, Gertrud	Nachgefragt: Kay Bommer – „Praxisnahe Hilfe für Unternehmen"	Handelsblatt Nr. 140 vom 22.07.2005, S. 20
Jahn, Joachim	BaFin schafft Freiräume für Emittenten	FAZ vom 21.07.2005, S. 19.

Kamp, Andreas Ricke, Markus	Stichwort: Informationsasymmetrie	BKR 2003, 527
Kiethe, Kurt	Vorstandshaftung aufgrund fehlerhafter Due Diligence beim Unternehmenskauf	NZG 1999, 976
Kinzl, Ulrich-Peter	Wie angemessen muss „angemessene Information“ als Grundlage für Vorstandsentscheidungen sein?	DB 2004, 1653
Klein – Blenkers, Friedrich	Die Entwicklung des Unternehmenskaufrechts	NZG 2006, 245
Knott, Hermann	Unternehmenskauf nach der Schuldrechtsreform	NZG 2002, 249
Koch, Jens	Das Gesetz zur Unternehmensintegrität und Modernisierung des Anfechtungsrechts (UMAG)	ZGR 2006, 769
Koch, Sebastian	Insidergeschäfte und die Haftung gegenüber den Anlegern	http://www2.uni-leipzig.de/bankinstitut/dokumente/2003-07-17-02.pdf
Koch, Stefan	Neuerungen im Insiderrecht und der Ad-hoc-Publizität	DB 2005, 267
Kock, Martin Dinkel, Renate	Die zivilrechtliche Haftung von Vorständen für unternehmerische Entscheidungen – Die geplante Kodifizierung der Business Judgement Rule im Gesetz zur Unternehmensintegri-	NZG 2004, 411

	tät und Modernisierung des Anfechtungsrechts	
Körber, Thomas	Geschäftsleitung der Zielgesellschaft und due diligence bei Paketerwerb und Unternehmenskauf	NZG 2002, 263
Kramer, Thorsten	BaFin geht beim Anlegerschutz auf Firmen zu	FTD v. 21.07.2005, S. 17
Kramer, Thorsten	Neue Gesetze nehmen die Firmen in die Pflicht	FTD v. 15.03.2005, S. BE 1
Krämer, Lutz	Erleichterungen bei M&A - Transaktionen	Börsenzeitung vom 22.07.2005, S. 5.
Krömker, Michael	Der Anspruch des Paketaktionärs auf Informationsoffenbarung zum Zwecke der Due Diligence	NZG 2003, 418
Krüger, Dirk Kalbfleisch, Eberhard	Due Diligence bei Kauf und Verkauf von Unternehmen – Rechtliche und steuerliche Aspekte der Vorprüfung beim Unternehmenskauf	DStR 1999, 174
Kuhr, Daniela	Anschleichen verboten	SZ vom 19.01.2007, S. 28.
Kuthe, Thorsten	Änderungen des Kapitalmarktrechts durch das Anlegerschutzverbesserungsgesetz	ZIP 2004, 883

Kutzner, Lars	BaFin-Leitfaden auf dem Prüfstand. Unternehmerisches Handeln und neues Insiderrecht	Börsen-Zeitung vom 29.11.2005, S. 20.
Langenbucher, Katja	Vorstandshandeln und Kontrolle – Zu einigen Neuerungen durch das UMAG	DStR 2005, 2083
Leisner, Anna	Verwaltungsgesetzgebung durch Erlasse	JZ 2002, 219
Linker, Anja Celina Zinger, Georg	Rechte und Pflichten der Organe einer Aktiengesellschaft bei der Weitergabe vertraulicher Unternehmensinformationen	NZG 2002, 497
Loges, Rainer	Der Einfluss der „Due Diligence“ auf die Rechtsstellung des Käufers eines Unternehmens	DB 1997, 965
Lowenfels, Lewis D. Bromberg, Alan R.	Rule 10 b-5`s „In Connection With“: A Nexus for Securities Fraud	57 Bus. Law. 1
Lutter, Marcus	Due Diligence des Erwerbers beim Kauf einer Beteiligung	ZIP 1997, 613
Marten, Kai-Uwe Köhler, Annette G.	Due Diligence in Deutschland -Eine empirische Untersuchung-	FB 1999, 337
Meincke, Eberhard	Geheimhaltungspflichten im Wirtschaftsrecht	WM 1998, 749

Merkner, Andreas Sustmann, Marco	Insiderrecht und Ad-hoc Publizität – Das Anlegerschutzverbesserungsgesetz „in der Fassung durch den Emittentenleitfaden der BaFin“	NZG 2005, 729
Merkt, Hanno	Due Diligence und Gewährleistung beim Unternehmenskauf	BB 1995, 1041
Merkt, Hanno	Rechtliche Bedeutung der „due diligence“ beim Unternehmenskauf	WiB 1996, 145
Mertens, Kai	Die Information des Erwerbers einer wesentlichen Beteiligung an einer Aktiengesellschaft durch deren Vorstand	AG 1997, 541
Meßmer, Daniel Kessler, Dirk	Rechtsanwälte und Due Diligence – Zulässigkeit, Haftung und versicherungs-rechtliche Betrachtung	NVersZ 2000, 110
Müller, Klaus	Einfluss der Due Diligence auf die Gewährleistungsrechte des Käufers beim Unternehmenskauf	NJW 2004, 2196
Müller, Klaus	Gestattung der Due Diligence durch den Vorstand der Aktiengesellschaft	NJW 2000, 3452
Müller, Klaus	Unternehmenskauf, Garantie und Schuldrechtsreform – ein Sturm im Wasserglas?	NJW 2002, 1026

Mutschler, Ulrich Mersmann, Ruth	Verfahrensmäßige Anforderungen an ordnungsgemäße Vorstandsentscheidungen im M&A Bereich	DB 2003, 79
Nagy, Donna M.	The "Possession vs. Use" Debate in the Context of Securities Trading by Traditional Insiders: Why Silence Can Never Be Golden.	67 U. Cin. L. Rev. 1129
Neumann, Jennifer L.	Insider Trading: Does „Aware" Really Resolve the „Possession" Versus „Use" Debate	7 Wash. U.J.L. & Pol'y 189 (Washington University Journal of Law & Policy, 2001)
Nießen, Tobias	Die Harmonisierung der kapitalmarktrechtlichen Transparenzregeln durch das TUG	NZG 2007, 41
North, Douglass C.	Structure and Performance: The Task of Economic History	Journal of Economic Literature, Vol. 16 (1978), 963
Oppenländer, Frank	Grenzen der Auskunftserteilung durch Geschäftsführer und Gesellschafter beim Verkauf von GmbH-Geschäftsanteilen	GmbHR 2000, 535
Pfüller, Markus	Emittenten – Leitfaden bietet Orientierung für die Praxis	Börsenzeitung vom 27.07.2005
Pollanz, Manfred	Due Diligence als künftiges Instrument einer risikoorientierten Abschlussprüfung?	BB 1997, 1351

Ponick, Ann-Kathrin	Das Ende für die Due Diligence bei börsennotierten Unternehmen?	Börsenzeitung v. 09.03.2005, 2.
Reiche, Klaus	Instrumente zur Verminderung der Informationsasymmetrie beim Unternehmenskauf	DStR 2000, 2056
Rittmeister, Maximilian	Due Diligence und Geheimhaltungspflichten beim Unternehmenskauf – Die Zulässigkeit der Gestattung einer Due Diligence durch den Vorstand oder die Geschäftsführer der Zielgesellschaft	NZG 2004, 1032
Rodewald, Jörg Tüxen, Andreas	Neuregelung des Insiderrechts nach dem Anlegerschutzverbesserungsgesetz (AnSVG). Neue Organisationsanforderungen für Emittenten und ihre Berater	BB 2004, 2249
Rodewald, Jörg Unger, Ulrike	Zusätzliche Transparenz für die europäischen Kapitalmärkte – die Umsetzung der EU – Transparenzrichtlinie in Deutschland	BB 2006, 1917
Roschmann, Christian Frey, Johannes	Geheimhaltungsverpflichtungen der Vorstandsmitglieder von Aktiengesellschaften bei Unternehmenskäufen	AG 1996, 449
Rozijn, Michael	Geheimhaltungspflichten und Kapitalschutz beim Abschluss von M&A Dienstleistungsverträgen	NZG 2001, 494

Schaefer, Hans Missling, Patrick	Haftung von Vorstand und Aufsichtsrat	NZG 1998, 441
Schlitt, Michael Schäfer, Susanne	Quick to Market – Aktuelle Rechtsfragen im Zusammenhang mit Block-Trade-Transaktionen	AG 2004, 346
Schmidt-Diemitz, Rolf	Pakethandel und das Weitergabeverbot von Insiderwissen	DB 1996, 1809
Schneider, Ingo	Unternehmenserwerb mit Informationen aus einer Due Diligence kein strafbarer Insiderhandel	DB 2005, 2678
Schoen, Karen	Insider Trading: The „Possession Versus Use“ Debate	148 U. Pa. L. Rev. 239 (University of Pennsylvania Law Review, November 1999)
Schroeder, Ulrich	Darf der Vorstand der Aktiengesellschaft dem Aktienkäufer eine Due Diligence gestatten?	DB 1997, 2161
Schürnbrand, Jan	Diskussionsbericht zu den Referaten Westermann und Hemeling	ZHR 169 (2005), 298
Schwintowski, Hans-Peter	Ökonomische Theorie des Rechts	JZ 1998, 581
Schwintowski, Hans-Peter	Verschwiegenheitspflicht für politisch legitimierte Mitglieder des Aufsichtsrats	NJW 1990, 1009

Sethe, Rolf	Die Verschärfung des insiderrechtlichen Weitergabeverbots	ZBB 2006, 243
Shulman, Harry	Civil Liability and the Securities Act	43 Yale Law Journal 227 (1933)
Sinai, Stuart	Rumors, Possession v. use, Fiduciary Duty and other current Insider Trading Considerations	55 Bus. Law 743
Sieger, Jürgen Hasselbach, Kai	Break Fee – Vereinbarungen bei Unternehmenskäufen	BB 2000, 625
Smith, Bryan C.	Possession Versus Use: Reconciling the Letter and the Spirit of the Insider Trading Regulation Under Rule 10b5-1	35 Cal. W. L. Rev. 371
Spence, Michael	Job Market Signalling	QjoE Vol. 87 (1973), 355
Spill, Joachim	Due Diligence – Praxishinweise zur Planung, Durchführung und Berichterstattung	DStR 1999, 1791
Spindler, Gerald	Kapitalmarktreform in Permanenz	NJW 2004, 3449
Spremann, Klaus	Asymmetrische Information	ZfB 1990, 561
Steinberg, Marc I.	Insider Trading – A Comparative Perspective	http://www.imf.org/external/np/leg/sem/2002/cdmfl/eng/steinb.pdf

Stoffels, Markus	Grenzen der Informationsweitergabe durch den Vorstand einer Aktiengesellschaft im Rahmen einer Due Diligence	ZHR 2001, 362
Storck, Christian	Sorgfaltspflicht zur Durchführung einer Due Diligence für den Vorstand einer AG	M&A Rundbrief 11/2004 des M&A Alumni Deutschland e.V., 7
Streißle, Jörg	Insiderrechtliche Aspekte von Pflichtangeboten	BKR 2003, 788
Süßmann, Rainer	Die befugte Weitergabe von Insidertatsachen	AG 1999, 162
Swanson, Carol B.	Insider Trading Madness: Rule 10b5-1 and the Death of Scienter	52 Kan. L. Rev. 147
Traugott, Rainer	Informationsflüsse nach Transaktionsabschluss bei Aktiengesellschaften	BB 2001, 2277
Treeck, Joachim	Die Offenbarung von Unternehmensgeheimnissen durch den Vorstand einer Aktiengesellschaft im Rahmen einer Due Diligence	FS für Wolfgang Fikentscher zum 70. Geburtstag, S. 434 f.
Triebel, Volker Hölzle, Gerrit	Schuldrechtsreform und Unternehmenskaufverträge	BB 2002, 521

Ulmer, Peter	Haftungsfreistellung bis zur Grenze grober Fahrlässigkeit bei unternehmerischen Fehlentscheidungen von Vorstand und Aufsichtsrat?	DB 2004, 859
Vaupel, Christoph F.	Zum Tatbestandsmerkmal der erheblichen Kursbeeinflussung bei der Ad hoc Publizität	WM 1999, 521
Vogt, Gabriele	Die Due Diligence – ein zentrales Element bei der Durchführung von Mergers & Acquisitions	DStR 2001, 2027
Von Buttlar, Julia	Directors Dealings: Änderungsbedarf aufgrund der Marktmissbrauchsrichtlinie	BB 2003, 2133
Von Falkenhausen, Joachim Widder, Stefan	Die befugte Weitergabe von Insiderinformationen nach dem AnSVG	BB 2005, 225
Warner, Kevin E.	Rethinking Trades „On The Basis Of" Inside Information: Some Interpretations Of SEC Rule 10b5-1	83 B.U.L. Rev. 281
Weber, Bernd	Anforderungen ist weitgehend entsprochen worden – Geschäftsführendes Vorstandsmitglied des Deutschen Aktieninstituts begrüßt den Ratgeber	Börsenzeitung vom 21.07.2005, S. 5
Weber, Bernd	Aufsicht legt Emittentenleitfaden vor – Änderungen gegenüber dem Entwurf	Börsenzeitung vom 21.07.2005, S. 1

Weber, Bernd	Bonn, Berlin, Brüssel	Börsenzeitung vom 21.07.2005, S. 1
Weber, Bernd	Finanzaufsicht veröffentlicht Leitlinien zum Anlegerschutz	Börsenzeitung vom 21.07.2005, S. 5
Weber, Martin	Der Kommissionsentwurf der Marktmissbrauchsrichtlinie	EuZW 2002, 43
Weber, Martin	Die Entwicklung des Kapitalmarktrechts 2001 / 2002	NJW 2003, 18
Weber, Ulf Andreas	Das neue deutsche Insiderrecht	BB 1995, 157
Wegmann, Jürgen Koch, Wolfgang	Due Diligence Unternehmensanalyse durch externe Gutachter. Ablauf und Technik, Folge-Due Diligence als neuer Analysestandard	DStR 2000, 1027
Weimann, Stephan	Insiderrechtliche Aspekte des Anteilserwerbs	DStR 1998, 1556
Weitnauer, Wolfgang	Der Unternehmenskauf nach neuem Kaufrecht	NJW 2002, 2511
Werner, Rüdiger	Haftungsrisiken bei Unternehmensakquisitionen: die Pflicht des Vorstands zur Due Diligence	ZIP 2000, 989
Westermann, Harm Peter	Due Diligence beim Unternehmenskauf	ZHR 169 (2005), 248

Widder, Stefan Gallert, Jan	Ad-hoc-Pflichtigkeit infolge der Weitergabe von Insiderinformationen – Sinn und Unsinn von § 15 I 3 WpHG	NZG 2006, 451
Wilsing, Hans – Ulrich	Der Regierungsentwurf des Gesetzes zur Unternehmensintegrität und Modernisierung des Anfechtungsrechts	DB 2005, 35
Wolf, Manfred Kaiser, Jochen	Die Mängelhaftung beim Unternehmenskauf nach neuem Recht	DB 2002, 411
Wunderlich, Nils-Christian	Die kaufrechtliche Haftung beim asset deal nach dem SchuldRModG	WM 2002, 981
Ziegler, Ole	„Due Diligence“ im Spannungsfeld zur Geheimhaltungspflicht von Geschäftsführern und Gesellschaftern	DStR 2000, 249
Ziemons, Hildegard	Die Weitergabe von Unternehmensinterna an Dritte durch den Vorstand einer Aktiengesellschaft	AG 1999, 492
Ziemons, Hildegard	Neuerungen im Insiderrecht und bei der Ad-hoc-Publizität durch die Marktmissbrauchsrichtlinie und das Gesetz zur Verbesserung des Anlegerschutzes	NZG 2004, 537

Zumbansen, Peer Lachner, Constantin	Die Geheimhaltungspflicht des Vorstands bei der Due Diligence: Neubewertung im globalisierten Geschäftsverkehr	BB 2006, 613

Kommentare, Lehrbücher, Monographien etc.

Autor / Hrsg.	Titel	Auflage	Jahr
Angersbach, Carsten J.	Due Diligence beim Unternehmenskauf	1	2002
Assmann, Heinz-Dieter Pötzsch, Thorsten Schneider, Uwe H.	Wertpapiererwerbs- und Übernahmegesetz	1	2005
Assmann, Heinz-Dieter Schneider, Uwe H.	Wertpapierhandelsgesetz. Kommentar	3	2003
Assmann, Heinz-Dieter Schneider, Uwe H.	Wertpapierhandelsgesetz. Kommentar.	4	2006
Bartsch, Meinhard	Effektives Kapitalmarktrecht – Zur Rechtsfolgenseite der Richtlinien im europäischen Kapitalmarktrecht	1	2005
Baumbach, Adolf Hueck, Götz Zöllner, Wolfgang	GmbH – Gesetz	16	1996
Beisel, Wilhelm Klumpp, Hans-Hermann	Der Unternehmenskauf – Gesamtdarstellung der zivil- und steuerrechtlichen Vorgänge	5	2006

Berens, Wolfgang Brauner, Hans U. Strauch, Joachim	Due Diligence bei Unternehmensakquisitionen	4	2005
Bainbridge, Stephen M.	Securities Law. Insider Trading	1	1999
Bloomenthal, Harold S.	Securities Law Handbook, 2006 edition		2006
Bötcher, Lars	Verpflichtung des Vorstands einer Aktiengesellschaft zur Durchführung einer Due Diligence beim Beteiligungskauf. Due Diligence als Verkehrssitte	1	2005
Dauner – Lieb, Barbara Ring, Gerhard	Das neue Schuldrecht	1	2003
Eggenberger, Jens	Gesellschaftsrechtliche Voraussetzungen und Folgen einer due – diligence Prüfung	1	2001
Fleischer, Holger	Informationsasymmetrie im Vertragsrecht	1	2001
Fritzen, Roland	Unternehmenskauf, Due Diligence und Garantien nach der Schuldrechtsreform	1	2004
Garner, Bryan A.	Black's Law Dictionary	2	2001

Gartzke, Ulrich	Zivilrechtliche Auswirkungen einer Due Diligence auf die Rechte und Pflichten der Vertragsparteien beim Unternehmenskauf	1	2003
Hadeler, Thorsten	Gabler Volkswirtschaftslexikon	2	1997
Hazen, Thomas Lee	Principles of Securities Regulation	1	2005
Hoffmann – Becking, Michael	Münchener Handbuch des Gesellschaftsrechts. Band 4. Aktiengesellschaft.	2	2004
Hölters, Wolfgang	Handbuch des Unternehmens- und Beteiligungskaufs	6	2005
Holzapfel, Hans Joachim Pöllath, Reinhard	Unternehmenskauf in Recht und Praxis	12	2005
Hopt, Klaus J. Wiedemann, Herbert	AktG – Großkommentar. 11. Lieferung. §§ 92 – 94	4	1999
Hüffer, Uwe	Aktiengesetz	7	2006
Issing, Otmar	Einführung in die Geldpolitik	6	1996
Jarass, Hans D. Pieroth, Bodo	Grundgesetz für die Bundesrepublik Deutschland. Der Kommentar für Ausbildung und Praxis	8	2006

Jungblut, Eric	Due Diligence	1	2003
Knott, Hermann Mielke, Werner	Unternehmenskauf	2	2006
Koch, Wolfgang Wegmann, Jürgen	Praktiker – Handbuch Due Diligence. Analyse mittelständischer Unternehmen	2	2001
Kopp, Ferdinand Schenke, Wolf Rüdiger	Verwaltungsgerichtsordnung	14	2005
Krauel, Wolfgang	Insiderhandel. Eine ökonomisch theoretische und rechtsvergleichende Untersuchung	1	2000
Krömker, Michael	Die Due Diligence im Spannungsfeld zwischen Gesellschafts- und Aktionärsinteressen	1	2002
Kropff, Bruno Semler, Johannes	Münchener Kommentar zum Aktiengesetz. Band 3. §§ 76 – 117, MitbestG, § 76 BetrVG 1952	2	2004
Kropff, Bruno Semler, Johannes	Münchener Kommentar zum Aktiengesetz. Band 9 / 1. §§ 327 a – 327 f AktG, WpÜG, SpruchG	2	2004
Kümpel, Siegfried	Bank- und Kapitalmarktrecht	3	2003

Kümpel, Siegfried Veil, Rüdiger	Wertpapierhandelsgesetz. Eine systematische Darstellung	2	2006
Kuthe, Thorsten Rückert, Susanne Sickinger, Mirko	Compliance - Handbuch Kapitalmarktrecht	1	2004
Liekefett, Kai Haakon	Due Diligence bei M&A Transaktionen. Voraussetzungen und Grenzen bei Börsengängen, Fusionen, Übernahmen, Beteiligungskäufen, Private Equity und Joint Ventures	1	2005
Löffler, Christoph	Tax Due Diligence beim Unternehmenskauf	1	2002
Lutter, Marcus Hommelhoff, Peter Bayer, Walter	GmbH – Gesetz	16	2004
Marsch – Barner, Reinhard Schäfer, Frank A.	Handbuch börsennotierte AG	1	2005
Maurer, Hartmut	Allgemeines Verwaltungsrecht	16	2006
Merkt, Hanno Göthel, Stephan	US – amerikanisches Gesellschaftsrecht	2	2006
Milgrom, Paul Roberts, John	Economics, Organization and Management	1	1992

Palandt, Otto Bassenge, Peter Brudermüller, Gerd	Bürgerliches Gesetzbuch	66	2006
Park, Tido	Kapitalmarkt-Strafrecht	1	2004
Picot, Gerhard	Handbuch Mergers und Acquisition. Planung – Durchführung – Integration	3	2005
Picot, Gerhard	Unternehmenskauf- und Restrukturierung	3	2004
Ratner, David L. Hazen, Thomas Lee	Securities Regulation in a Nutshell	8	2005
Richter, Rudolf Furubotn, Eirik G.	Neue Institutionenökonomik	3	2003
Risse, Jörg Kästle, Florian Gebler, Olaf	M&A und Corporate Finance von A-Z	1	2006
Roth, Günther H. Altmeppen, Holger	Gesetz betreffend die Gesellschaften mit beschränkter Haftung	5	2005
Schäfer, Frank A.	Wertpapierhandelsgesetz. Börsengesetz mit BörsZulV. Verkaufsprospektgesetz mit VerkPropV.	1	1999
Schimansky, Herbert Bunte, Hermann J. Lwowski, Hans J.	Bankrechts – Handbuch. Band III.	2	2001

Schwark, Eberhard	Kapitalmarktrechts Kommentar	3	2004
Sonderquist, Larry D Gabaldon, Theresa A	Securities Law	2	2004
Strasser, Brigitte	Informationsasymmetrien bei Unternehmensakquisitionen	1	2000
Tietz, Bruno Köhler, Richard Zentes, Joachim	Handwörterbuch des Marketing	2	1995
Voss, Jürgen	Das US – Amerikanische Insiderkonzept: Zwischen kapitalmarktpolitischen Gleichheitsideal und treuerechtlicher Verhaltensdogmatik	1	1984
Weber, Klaus Peter	Insiderrecht und Kapitalmarktschutz. Haftungstheorien im U.S.-amerikanischen, europäischen und deutschen Recht	1	1999
Wessels, Johannes Beulke, Werner	Strafrecht Allgemeiner Teil	36	2006
Williamson, Oliver E.	Die ökonomischen Institutionen des Kapitalismus	1	1990
Wirtz, Bernd W.	Handbuch Mergers & Acquisitions Management	1	2006
Wolfram, Jens	WpHG – Praxis für Investor Relations. Praxiserfahrungen zum Anlegerschutzverbesserungsgesetz (AnSVG)	1	2005

Zirngibl, Nikolas	Die Due Diligence bei der GmbH und der Aktiengesellschaft. Die Geschäftsführungsorgane im Konflikt zwischen Geheimhaltung und Informationsoffenlegung	1	2003
Zöllner, Wolfgang	Kölner Kommentar zum Aktiengesetz. Band 2. §§ 76 – 117 AktG und Mitbestimmung im Aufsichtsrat	2	1996

Schriften zum Unternehmensrecht

Herausgegeben von Katja Langenbucher

Band 1 Isabella Bernt: Der Überweisungsvertrag im deutschen und im französischen Recht. Eine Untersuchung zur Stellung des Kunden gegenüber der überweisenden Bank nach Umsetzung der Richtlinie 97/5/EG. 2007.

Band 2 Marcus Andreas Klie: Die Zulässigkeit einer Due Diligence im Rahmen des Erwerbs von börsennotierten Gesellschaften nach Inkrafttreten des Anlegerschutzverbesserungsgesetzes (AnSVG). 2008.

www.peterlang.de

FSC
www.fsc.org
MIX
Papier | Fördert gute Waldnutzung
FSC® C083411

Kolibri 360 GmbH
Ferdinand-Jühlke-Straße 7
99095 Erfurt, Deutschland
produktsicherheit@kolibri360.de

Druck:
CPI Druckdienstleistungen GmbH
im Auftrag der
Kolibri 360 GmbH
Ferdinand-Jühlke-Str. 7
99095 Erfurt